青岛市崂山区档案局（馆）
中共青岛市崂山区委党史研究室　编
青岛市崂山区史志办公室

崂山方志文化系列丛书

史迹觅踪

中国海洋大学出版社
CHINA OCEAN UNIVERSITY PRESS

崂山方志文化系列丛书

大道崇德

青岛市崂山区档案局（馆）
中共青岛市崂山区委党史研究室 编
青岛市崂山区史志办公室

中国海洋大学出版社
CHINA OCEAN UNIVERSITY PRESS

海上若山第一

《史迹觅踪》编委会

主　　任　　杜乐江　　郭振栋

编　　委　　张　星　　王清华　　臧先锋　　闫雪梅

　　　　　　付　莉　　王丹薇

主　　编　　张　星

副 主 编　　王清华　　臧先锋　　闫雪梅　　付　莉

编　　辑　　林先建

前　言

　　崂山历史源远流长，文化博大精深，素有"海上名山第一"的美誉。5000年前先民们已在此聚居生息，秦皇汉武、大儒名士、高僧名道、文人墨客更是对崂山眷顾有加，纷至沓来，为崂山留下了宝贵的历史遗产。道教文化、佛教文化、儒家文化、民间通俗文化在此交融，共同孕育出独具特色的崂山地域文化。

　　党的十八大以来，文化建设提升到了前所未有的战略高度。习近平总书记在党的十九大报告中指出："文化是一个国家、一个民族的灵魂。文化兴国运兴，文化强民族强"，"推动中华优秀传统文化创造性转化、创新性发展"。这为崂山区文化建设提供了难得的发展契机，注入了强大的发展动力。崂山史志工作肩负着挖掘崂山文化内涵、传承崂山文化精髓、发扬崂山文化精神的重任，汇集了一批崂山文化的热爱者，致力于研究崂山文化、记录崂山发展、传承区域文明，撰写了大量研究崂山历史文化的文章,为崂山历史文化的挖掘、保护与发展做出了积极贡献。为更好地传承发扬崂山优秀地域文化,使史志工作更好地服务于崂山经济社会的发展,特精选优秀文章荟萃成"崂山方志文化系列丛书"。

"崂山方志文化系列丛书"之《史迹觅踪》共收录文章约百篇,以文章记叙的事物为排序,内容丰富,涉及主题广泛,图文并茂,记述了崂山历史上的重要工程和建筑、崂山的著名书院、崂山的宫观寺庵洞、崂山的石刻碑记等方面的内容及这些遗迹的发现、发展、研究情况。一篇篇文章为我们展示了崂山丰富的历史文化资源,展现出热爱崂山的人们为崂山历史文化的挖掘和探索付出的努力。由这一个个的点延伸开来,我们期待一部内容全面、内涵深刻、生动饱满的崂山历史文化著作能够面世,彰显崂山文化自信。

由于水平所限,本书疏漏之处在所难免,欢迎读者不吝赐教。

编者

2018 年 10 月

目　　录

登窑口的盛衰

王瑛伦

沙子口陡阡山东侧的盆地称为登瀛地区，前面的海湾叫登瀛湾。它后毗沃野良田，背倚群山，面对福岛，南窑半岛与栲栳岛将其环抱，曾是一处优良的港湾。明清时，与沙子口同为崂山南岸重要口岸。清黄肇颚《崂山续志》载："登遥（窑）旧有口岸，设武弁，为胶州汛地。盖自古设为海防，以备不虞。嘉庆间海寇登岸，劫掠居民，则海防之弛久矣。秋间椒梨熟时，鱼筏之外，船舶綱载，与江南通贸易。"这段文字说明，登窑口既是渔船、商船停靠贸易的口岸，又是海防口汛。

登窑口何时成为口汛的呢？《沙子口街道志》载："明洪武六年（1373）六月，倭夷（日本人）入侵崂山沿海，民多受其害，'诏近海诸卫分兵讨之'。登窑口汛，置把总一、马兵二、步兵二十九。"

登窑口作为海防重地的口汛有驻兵防守，他志多有记载，但始于明洪武六年却得不到印证，恐有悖历史真实，值得商榷。第一，沙子口街道的社区中，只有姜哥庄在王姓于洪武二十三年（1390）迁来前已有姜、曹两姓居住，此外再无一个村庄是创建于明永乐之前的。洪武年间这里难找人烟，倭寇入侵此处抢掠何人？无人居住之地有设防之必要吗？第二，明永乐二年（1404）始设专司海防的即墨营，明朝防倭所设之卫所墩堡中无登窑，难有驻兵之可能。第三，"汛"是清制军队之名，千总把总外委所属之绿营兵（汉兵）曰"汛"，其分防之地称"汛地"。明朝怎会用它之后的清制军队之名？因此登窑口汛于明洪武六年倭寇入侵崂山沿海后所设根据不足，清朝设立却有案可稽。清《即墨县志》记载，顺治十五年（1659）登窑口定为迁汛，开始设兵防之。

清乾隆《即墨县志》卷四《武备·营汛·防海总汛》记载，明洪武、永乐间（1368—1424），始设官员编制，专管海防。"至万历二十一年（1594），设都指挥使司守备一员，中军千总一员，统领把总二员，哨官四员，分左右两营，各兵九百一十九名，一驻本营，一分汛女姑口。海之支流为即墨隘地，明末皆废。"明朝虽加强了海防，但并不是主要口岸都派兵驻守，到了明末，边远地区的港口防务都废止了。直到清朝"顺治十五年（1659），总督张元锡议复防兵，调胶州左营，移驻即墨，分防七汛"。张元锡把各口岸按位置和作用的重要程度分为险、要、冲、会、闲、散、迁、避八汛，登窑口定为迁汛。"七曰迁汛，避风入口，换风出口，无关

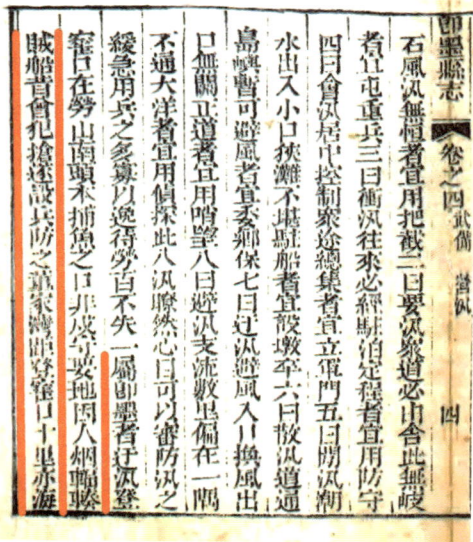

乾隆《即墨县志》对登窑口的记载

正道者，宜用哨望。""属即墨者，迁汛登窑口，在崂山南头，本捕鱼之口，非戍守要地，因人烟辐辏，贼船昔曾犯抢，遂设兵防之。"作为迁汛的登窑口，本来不在驻兵防守之列，可是这里人口密集，口内船舶聚集，所以还是派遣了军队驻扎防守。

登窑口当年驻兵的军营建在哪儿呢？就在今小河东社区的敬老院处，此前是村小学。新小学建成后，这里与其西边的民房在20世纪80年代末被改建为村幼儿园和敬老院。这处建筑几经改造，最后定型为沈鸿烈主政青岛时期改建的小河东村小学校舍。其校园前为大门洞，配有左右耳房，后列三排教室，教室东边与院墙间是走道，西是院墙。与之相配套的有小河西岸的校场，一直是学校的操场。有兵驻守，必设练兵的场地。营署距小河岸约50米，过河后的这片土地在河与沟之间，与民居自然隔离。在此练兵，兵民互不干扰，是理想的场地。这个校场一直保留到20世纪50年代末。这里除了练兵、做学校操场、农历腊月二十三赶年集，间或有文体活动外，从来不做他用，人们一直叫它"西校场"。

登窑口从顺治年间设防之后，是否一直有兵防守呢？同治《即墨县志》照录了乾隆《即墨县志》的"防海总汛"，没有改动，说明登窑口仍"设兵防之"。高密诸生孙凤云于光绪十五年（1889）所写《游崂续记》中说："至灯窑，有海防营署。"足证登窑口原是有官兵驻守之地。可是《崂山续志》却说："嘉庆间海寇登

岸，劫掠居民，则海防之弛久矣。"嘉庆晚顺治130多年，早同治40多年，当是有兵之时。黄肇颚这段话，并未否定此处是口汛，也没说海防"之无"或"之废"，只说"弛"，正是批评海防之松懈，设防不御敌，有兵不保民，形同虚设。到了清朝末年，兵防就不存在了，官署房舍自然闲置。宣统元年（1909）八月创办的由本村人王薜五任校长的公立登窑初级小学校，便利用了这处营房作为校舍。

明至晚清登窑口的地位与董家湾的沙子口比较，只高不低。这不仅在于它的汛地地位，也在于它的渔、商价值。

清《即墨县志》明确记载登窑口为设防之地，而对散汛的董家湾的记载为："亦海滨市镇，可容船偶泊回避。"仅是容船"偶泊"。其《山川》一节，称"为筏网所聚"，而非"为海舶所泊"。同治《即墨县志》山川脉络图中"登窑"之四角用"⌐"围起来，与鳌山卫、雄崖所同样标注法；在海口图中，"登窑口"后标出"登窑所"，与浮山所口、金口、鳌山卫口等一样加标以"□"，说明到清同治时，登窑口一直有口所地位。同治《即墨县志》榷税条下记载："金家口、青岛口海船，按装载货物，抽取税银，尽征尽解，无定额。仓口、沙子、登窑三小口，装载花椒、梨果同。"从商贸角度来看，清同治时，登窑和沙子口是同等地位的收税口岸。但从史书描写来看，登窑口要更繁华一些。明万历《即墨志》载："孟家湾、董家湾俱在山南九十里。三月后，土人在此行船筏捕鱼，海岸茸庐舍，市鱼者车相辐辏，至五月终止。"此处仅晚春捕鱼季节兴隆两个多月。光绪《崂山续志》记载登窑口在嘉庆年间（1796—1820），就因出口崂山果品而使港口较盛。孙凤云用"帆樯林立"四字来形容登窑港。其实登

沙子口湾

窑口不止梨果花椒的出口，木炭也应是外运的商品之一，否则那么多炭窑烧的木炭，怎么运出去？

登窑口的逐渐衰败是由于沙子口镇的兴起。沙子口是一个较晚形成的市镇，早年虽有渔、果贸易，但无村庄。清同治年间（1862—1874），董家埠的董德信和张村的王吉同先在沙子口村定居，后客商进驻增多，遂成市镇。随之，镇前沙子口湾东岸南九水河口外的码头也活跃起来，商船都在此停靠装卸货物。随着沙子口镇商号的增加，港口贸易也繁荣起来。清朝末年，登窑口除少量的崂山石材和秋季外运几船梨外，几无渔、商船舶往来，全都集中到沙子口了。到德国占领青岛时，德人海因里希·谋乐在《山东德邑村镇志》中是这样描写这两个口岸的：沙子口"有几处是很好的货栈，水果和木材由此输出。收获季节这里交通繁忙"。而登窑口"到处是塌了的货栈，贫穷的小商贩和守房子的人。在湾内常可看到大雁和野鸭"。两个港口一繁荣，一凋敝。此后，登窑口除了船舶避风，少有船只驶入，直至20世纪70年代这里变成了军港，湾内海滩被填平，现成为野生动物生息的湿地。沙子口则已建设成为青岛的最大渔港，名闻遐迩。

登窑口的变化史，反映了崂山沙子口地区的经济变化发展史。

先民改造自然的巨大工程——柳树堤

王瑛伦

柳树堤，俗名柳上，至今仍在登瀛地区延续使用的地名。它坐落于崂山沙子口街道登瀛洼的南端，前面就是大海，北面是一片不宽的沙性极大的农田，名之为"柳上后"，再往北就是河道和良田了。柳树堤西到凉水河、小河东河和黄家河的入海处，东到凉水河南向西拐弯处。它是一道平地而起的大沙梁，高四五米，顶宽也有三四米，长约400米。沙梁顶上，是一条高大的柳树林带，有些树干成年人都无法环抱，"柳上"这个名字就由这些柳树而来。树下还长一种沙蒿，沙梁坡上有零星的沙参，除此之外，少见

其他植物生长。

柳树堤是何时形成的呢？周至元先生编著的《崂山志》卷三《建置志·道路》中有"城墙堤"一条记载，文称："城墙堤：在登窑村北（是南的笔误，村北是山，不需筑堤——笔者注），清嘉庆中筑，

登瀛概貌

北收山水，南御海潮。沿堤插柳成林，故又名柳树堤。"这条记载指出了柳上形成的年代、作用和名称。但"城墙堤"之名，现在登瀛地区无人知晓，"柳树堤"也无人使用，大家都呼它作柳上。

柳上大堤修筑于清嘉庆（1796—1820）年间，1810年左右。这与民间传说关公借柳树退"长毛子"（捻军）的故事时间（1861）吻合。从嘉庆中到长毛子进犯崂山，相隔50年左右，柳树不仅能长成林，而且相当粗壮高大了，筑堤时间是可信的。周至元《崂山志》记载，捻军于咸丰十一年（1861）八月经青州进入崂山地区。登瀛地区民间传说，当年"长毛子"想夜间偷偷从海上登陆崂山，可是船进入登瀛湾，他们向岸上一看，海边排着一溜马队，严阵以待，隐约还能听到马叫声。他们怕中埋伏，没敢靠岸，退到海里。一连三夜，都是如此，最后只好撤走。其实海边没有一兵一卒，他们看到的就是柳上的柳树。民间故事中把关公请进来，加以演义，说是小河东村关帝庙里的关公显灵，立马横刀，巡视海边，并把柳上的柳树变成他的兵马，随时准备杀敌。这个故事说明柳上在清咸丰之前就已存在了。

先人们为什么要堆筑柳上大沙坝呢？周至元先生指出了两个作用：一是北收山水，二是南御海潮。这两项确实是这里发展生产的关键问题。登瀛洼南面紧连登瀛湾，此海湾滩平水浅，平常涨满潮，近岸的海水不足一米深，海水漫不上岸边的沙滩，何况沙滩顶上还筑有堤坝。所以，一

般情况，海水只在沙滩下徘徊。可是一旦因台风形成海啸，海水便越过堤坝汹涌地奔向农田，大半个登瀛洼便会泡在海水里。所有农作物都会很快打蔫枯死，地瓜、花生还会腐烂，发出难闻的气味。危害不只在当年，以后三五年，地里的盐碱也排不净，大大影响粮食收成。这个灾难每年都有可能发生，严重威胁着庄稼安全，直接关系人民的饥饱。为了拦住海水这个祸患，先民们在海堤北面从西到东筑了一道又宽又高的大沙坝。为了固沙，人们又在沙坝上栽种了柳树，而且形成了一条宽大的柳林带。"柳上"这个名字就逐渐叫开了。柳上大堤，确实起到了南御海潮保护农田的作用，海水一旦涌来，便会被挡住。可是，平地筑一条沙坝，是难以收住山水的。这"北收山水"的功效，应该是通过改变河道方向实现的。

登瀛洼有三条河穿过：一条是东山根从迷魂涧、茶涧等下来的凉水河，也叫大河；一条是洼中间从登瀛北涧下来的小河东河，也叫小河；一条是从西登瀛西涧沿西山根下来的西登瀛河，也叫黄家河。凉水河和小河东河，在离海不远处甩头右转西行，汇入黄家河，一同南流入海。三条河都是山洪宣泄的通道。它们流经泥沙淤积而成的登瀛洼，本应是毫无阻拦直奔南海湾，不会弯折。每当雨季，湍急凶猛的河水直冲河道西转的南堤坝，挖走大量坝土，再打着旋涡西下，致使人们要适时修补加固坝基。否则，不用几年，河水就会穿透堤坝，直泻南海。这足以证明，西转

的河道，不是原来河水的自然流向，而是人的意志所为。登瀛人需要凉水河、小河东河不直通大海，而是转向从西山根入海。西行的河道是人工开掘的。

登瀛洼的这三条山涧河，雨季山洪暴发，河水汹涌，惊心动魄。平日，凉水河流域广，长年有流水，而其他河水流极小，旱季河床基本是干涸的。这种河，雨季阻断交通，旱季无水可用，最让人们接受不了的是它给农业生产带来的危害。登瀛人世代传说，过去海水顺河道倒灌严重，发大潮时，小船都能驶到村前。上涌的海水渗向田间，碱化土壤，靠河的农田逐渐盐碱化，收成大受影响；顺河道倒流上来的海水，还从地下渗到了井里，南洼里的一些井水都带咸味，群众叫它渗水，浇地都不敢用。这直通大海的河道，少浇灌之利却带来盐碱之害，长此下去，农田将毁。必须改变它。

人们发现，西山根的黄家河因入海口地势较高，极少海水上犯。如果让凉水河、小河东河都从黄家河的河口入海，海水不也就不倒灌了吗？而且入海口一抬高，河道里还可以存留相当的河水，用于浇灌农田。于是一项让河改道的巨大工程就开始了。

向西开掘的河道比小河东河和凉水河都宽的多，挖出的沙土，一部分修了河坝，大部分运到南面堆筑了柳树堤，一举两得。这两项巨大的工程应是同时进行的。开河筑堤以后，田里的盐碱逐渐退了，井水慢慢地不渗了，都变成了甜水，土地逐渐良化；而叫作沙滩岚的柳上这一带，原来是一大片碱性很大的不毛之地，随着盐碱的消退，人们开始垦殖改造它，后来竟成了一片大梨园和农田；西行的宽阔的河道里，长年都有及膝深的河水流淌，足够人们浇灌农田之用。引河改道，堆筑柳上堤，其工程量是极其巨大的，它是当年登瀛人战胜自然改变命运的壮举，也是先人们发展生产的伟大业绩。智慧、勇敢、坚毅的登瀛人为了发展生产，不避艰难，敢于改天换地了。

20 世纪 60 年代初，柳上的柳树被连根除了，大堤的沙子全被用来填海造田，柳上再也不存在了。但是登瀛人的智慧和大无畏的精神是永存的。靠它，一代一代的登瀛人把自己的家园建设成了沃土良田。

登瀛凉亭的垮塌

颂 山

登瀛大条子山山体西端向南一甩，形成一个小山头，山顶整平后约30平方米，上面曾建造了一座漂亮的小凉亭，当地人称作条子山凉亭或山前凉亭。

它是1934年沈鸿烈主政青岛，拓宽沙子口至流清河公路时建造的。凉亭高4米多，面积10多平方米，水泥地面，6根钢筋混凝土立柱稳实地支撑着亭顶，顶面由铁皮铺盖，着红漆。离地面约半米高的柱间构设约40厘米宽的水泥板，也是坐凳。正北留口，供人进出。口外有小径，直通山下公路。亭内设石桌石凳一套。凉亭后坐山怀，前襟梨园，小巧玲珑，景色别致。凉亭本身就是一道风景。人在亭中一坐，可赏山，可观海，可望村，可看田，那有名的登瀛梨雪更是尽收眼底。此亭一建成，就深受群众喜爱。在周围耕作疲劳了的农民，宁肯多走些路，也愿意到亭上休息。尤其是伏天，亭中凉风习习，稍坐热汗即消，舒适痛快。所以一天到晚都会有人在此休憩。那些游山的客人，更是必停车上亭观赏一番，不少游客还在此边聚餐边赏景呢。

就是这样一个人见人爱的景点，却遭美国士兵用枪弹生生射倒。那是抗战胜利后的1946年，驻扎青岛的美国军队的五六辆吉普车，载着20多个士兵进崂山游玩。他们从流清河回来，到条子山凉亭下停了车，进亭赏玩一会儿后，竟从车内搬下一箱箱子弹，举着卡宾枪从山下呈扇形向凉亭发起了攻击。凉亭十分坚固，枪弹射到立柱上，或揭一点皮，或冲一白点，近半个小时，凉亭岿然不动。围上来的农民开始抗议他们的暴行，要求其停止枪击。他们不仅不听，反而变本加厉，爬到亭边，架上机枪，卡宾枪、机枪一齐对着立柱一米多的高处狂扫。亭柱渐渐露出了钢筋，部分钢筋被射断，但凉亭仍站立着。又扫射了一会儿后，他们号叫着冲上来，将凉亭向东北方向推倒了。大兵们一阵欢呼，庆贺"胜利"，因为他们摧毁了一个世上美景。

大河东村的村民听说凉亭被美国士兵打倒了，便自发地在村头公路上拦截这群大兵。怎奈他们持枪威胁，横冲直撞，钻过人群逃窜了。后来几个村子联合，找到国民政府，要求美军认罪赔偿。靠美国"输氧"而生存的国民党政府，自然不敢向美军问罪，最后只能无果而终。

没有一分自有土地的南窑村

颂　山

陡阡里的南窑村，过去是崂山一个少有的特殊村庄，因为全村没有属于自己所有的一分土地和山峦。

南窑村坐落于登瀛湾与流清河湾之间的南窑半岛上，东、南、西三面临海，北面过去也不与陆地相通，只有退潮时人们才取近路涉滩进出岛。早在明代，岛上建一庵，名窑石庵，又名石鼓庵，是其北边聚仙宫的脚庙。此庙一建，整个半岛也就成了庙产。到明万历二十八年（1600），该庵被太清宫购去，成为它的脚庙。从此窑石庵就成了太清宫的"协力供养"之所。但半岛上一直没有山民居住。据传直到一百四五十

年后的清乾隆年间（1736—1795），有一段姓人家自段家埠迁来为庙庵种田养护山林。此后，董、苟、王、李、朱姓等人家也相继迁来，形成了一个专为道庵服务的山村，因它建于登窑村南的炭窑处，故名为南窑村。

南窑村一角

南窑村实为太清宫的佃户村，全村人没有一户拥有自己的土地山场，全为道人护林种地。因为他们生产的粮食是供庙用，所以道人对生产过程有严格的规定。严禁用人排泄物浇灌庄稼，打场不准用牲畜，人也不得赤脚踩踏，必须扎好裤腿、穿好袜子，等等。但是相对来说，租粮较轻，一般是五年三交租，三七分成，即庙三、佃户留七。这是道人的慈悲吧。

南窑村东有海滩，春夏有大量的面条鱼可以用网捕捞；南有优良的港湾，可以泊船。这得天独厚的自然条件，使南窑村的后人们，不少人也不再给太清宫耕耘土地、养护林木了，而做了渔民。渔业捕捞也给他们带来了相当的收益。但是直到新中国成立，南窑人也没有一户在这个半岛上有一块属于自己的土地。

崂山村落漫谈

于胜勇

崂山周边山内散落着数百个村落，这些村落或依山傍海，或幽居深谷，或落高居山，或古韵悠然。它们多以石建成，分布着大大小小的石屋，窄窄的巷子蜿蜒曲折，其间小路也多以条石铺就。可以说正是由于大大小小的崂山村落的存在给崂山带来了生机，也创造了丰富的崂山文化。同时这些村落也是崂山文化酝酿、发展及沉淀的载体，故要想全面了解崂山，不能不了解崂山的村落。

若论风光秀丽，以崂东、崂南沿海一线村落为最，这些村落多依势修筑于山海之间，高低起伏、错落有致。高山、碧海、人居各得其所，令人想到两个字——"和谐"。沿海东线从雕龙嘴到青山，风光之奇秀更冠绝胶东。崂山为道家名山，道人多依洞而居，在崂山以洞命名的道观仅有白云洞及明霞洞二处，皆分布在崂东一线。其中白云洞在雕龙嘴村西山，一条长长的龙脊自洞盘踞而下，下插大海，尽处若游龙戏珠。此村被评为"中国十大最美乡村"之一。崂东南侧的青山村，其西山则为明霞洞，也是崂山名观。说起明霞洞不由得要多说几句，这个地方是我最喜欢的地方之一，周边有玄武峰小天池、瑶池、万年船、玄真洞、三丰洞诸胜，个人认为瑶池及玄真洞尤其值得一游。其下的青山村依山临海，是典型的石造之村，进入村内犹如进了一个花岗岩迷宫，游走于古井小巷之间，别有意趣。清代江如瑛《青山道中》给我们描绘了清代的青山村："不减山阴道，迂回一径通。海连松涧碧，叶落草桥红。鸥队闲云外，人家乱石中。居民浑太古，十石半渔翁。"此村被评为"首批中国传统古村落"，可谓实至名归。沿海一线的名村不止于此，关帝庙前的泉岭村、斐然亭下的返岭、天心池旁的长岭、望海楼下的黄山、铸钱洞下的砖塔岭、青岛十大胜景之一"登瀛梨

雕龙嘴村

11

雪"的登瀛，可谓星光熠熠，不一而足。

若论起文化底蕴，又以崂山腹地的村庄为最。这些村落大部分分布在崂山北麓及九水附近。其原因可能在于明清时期，即墨的士大夫们到崂山修学筑院，这些地方临近古邑，相对交通较好。在北麓的书院村位于三标山下，村内原建有康成书院，东汉经学家郑玄在此设帐授徒，是崂山历史最悠久的书院。村南有玉蕊楼遗址，黄宗昌在此撰写《崂山志》；另有巨石，名邋遢石，传为三丰真人飞升处。石门山下的月子口水库旁的南少山村有法海寺、黄嘉善上、下书院，月子口水库北青峪村建有江氏青峪书院。崂山五大书院，此处占其三，另有太古堂、镜岩楼等也筑于此，真可谓人文荟萃、底蕴深厚。

下书院

另有精妙之处的村落在九水附近。若说崂山沿海一线村落以风光见长，崂山北麓村落以人文取胜，九水周围村落则兼具二者之长，既有风物之旖旎也具人文之灿烂，其中之意不可尽言。我以前写了一篇《乌衣巷》，就是写这附近的一个村落。乌衣巷就在崂山水库的上游，一个傍山依河的村落在此形成一个三岔路口，东去北九水、西北去黄石洞、夏庄，西南则到华楼宫、五龙洞。古人早有绝句很好地描述了此地的景色："移居向南山，始惬此幽独。"及居住此地的惬意："东风吹绽杏花色，始悔城中又半年。"由此村西南可到蓝家庄，此庄处华楼山下。华楼山自古有"海上名山第一"之誉，村西有书院为华阳书院，为即墨蓝章所建。自乌衣巷向东可入崂山北九水。九水入口处有一个村名周哥庄，原为明万历（1563—1620）进士周如砥的一所庄院，是周氏父子兄弟及其文友们游山歇脚、吟诗作画、弹琴弈棋的休闲之处，后逐渐成村。由此入山有流芳、节孝二碑，皆为清代刻制。其中流芳碑直接利用山石刻制出碑状石痕，碑文刻于痕内。此种石碑崂山仅此一处。九水之内则是一系列的名村：卧龙、我乐、大崂、观崂、书院，其中大崂内有沈鸿烈所居之别墅——卧龙居，观崂内有崂山书院，书院村原有蓝氏家族在此设立的三树堂私塾……因其秀丽的景色及人文色彩，北九水被称为崂山最精华的景区。除了北九水，崂山汉河到柳树台称为南九水，与邃谷幽僻的北九水相比，这里是另一派恬静质朴的田园风光。自汉河村起，溯流而上一直到柳树台，村落之间分布着观川台、九水

Mecklenburghaus Lauschan

德国人在崂山建造的麦克伦堡疗养院旧影

村、弹月桥、王子涧、竹窝和柳树台胜景。其中王子涧涧中峭壁有字，似篆似籀，剥蚀难辨，传为仙迹。柳树台原有德国所建西洋风格的避暑夏宫——麦克伦堡别墅，后毁于战火。自柳树台经下、上十八盘可直达崂顶。

说起南九水，不得不说说这里存在的一些风俗。南九水一带，可能源于其得天独厚的地理位置，流传下来一些神秘和宝贵的民间风俗。蓝水在《崂山古今谈》中描述在山中被蛇咬到，有这样的语句："被啮者，急求咒禁者治之。"这里说的"咒

禁者"就存在于南九水刘氏族人中。我认为这是中医中"祝由术"的一种应用，在《崂山谈蛇》中有记述。二是刘氏族人家族内还流传下一种拳术，名字有"九水拳"的，还有叫"南九水狠拳""九水小腿"的，这是刘氏先民们独创的，在此基础上不断发展演变而成的集健身、自卫等功能为一体的一套拳法，有300多年的历史。可见此地确实是人杰地灵。

上文所提到的崂山村落，不过是众多村落中的冰山一角，有很多有着丰富文化底蕴和秀丽风光的村落或仍然幽居在深山之中，或早已倾颓衰败，不复存在。现代市场经济的喧哗和浮躁已经不可避免地浸染了山内的每个角落，但行走于这些村落之间，感受其中石屋、石墙、石巷内酝存的时光历史，了解其中流传百年的人文风俗，作为徒步崂山的一部分仍是不可或缺的，而且是必需的。

朱家洼村的阁——关帝庙

朱正珉

在朱家洼村西头的十字路上，曾有一座古阁——关帝庙。

阁分上下两层，底下一层是一个大土台子，五六米见方，四周用乱石砌成，中间用石头悬一个 3 米高、3 米宽的涵洞，是南北通道，供人、车、马通行。二层是关帝庙，五六米高，长宽与底层相同，右边有十几个台阶，前面有半米高的围墙。

关帝庙面宽三间。其正北雕塑为关公像，威严红脸的大汉，面孔和善，两耳垂肩，胡须压心，典型的正面人物。左右两侧，分别是周仓、关平、关德、关兴等文武大将的立像，形象各异，有喜有怒，有善有恶。其中，周仓的形象比较吓人，脸上的颧骨隆起，眼珠像铃铛，胡须倒长，蒜头鼻子，口若血盆，看了使人害怕。另外，还塑有几个凶神恶煞，青面獠牙的陪衬人物。

在关帝像的背面，还塑有一坐南向北的女人坐像，老人们都称为"北音老母"，不知代表什么。

庙虽不大，但小时候结伴进去转一圈，就感觉阴森可怕，平时一个人不敢进去。

屋顶有黄釉琉璃脊饰，两个屋山头上，各有一龙头饰物，龙头的脖子上插有宝剑，剑柄外露，传说这是龙王的第九子，名曰鸱吻。鸱吻生性好吞，蛮不讲理，为争夺王位，向兄长们发难。万般无奈，它大哥、二哥想了一个办法——比武。即在同一时间，谁率先到达屋顶，谁为王。话音刚落，鸱吻噌地一声上了屋顶，还未站稳，它大哥、二哥就势拔剑将鸱吻钉在屋山头上，让它永远下不来了。后来我们所见到的许多古建筑的屋脊上均有此物。

鸱吻

庙的屋脊中间，还有一坐神。老人们说："那是姜子牙。当初姜子牙封神时，把所有的神位都封完了，唯独把自己忘了。后来，姜子牙把自己放在屋脊中间，称为神上神。"在屋檐的两边斗角上，装有各种兽头，如狗、鸡、鸭等。

那时候封建迷信思想很盛，农村缺医少药，老百姓生病后唯一的方法，就是求神拜佛。我记得，那时候经常看到病人的家属，带上香纸到阁前关帝庙去许愿，求关老爷保佑病人早日恢复健康。病好后，有的给关公像挂一幅丝绸帐子。有的家人长期咳嗽不止，病愈后，就把馒头切成片，再把咸菜切成片，用麻绳串起来，像一条项链，用竹竿挑起挂在斗角的狗头上，表

达心愿，用这种方法来安慰病人。

其实，鸱吻也好，各种兽头也罢，都是寓意防火、辟邪之物，对治病起不到什么作用。

说来也奇怪，在阁的前面离地3米左右的墙缝里，常年生长着一墩黄色的野菊花，年年冬眠春活，秋天开花有千头之多，记不清有多少春秋始终如此，人们称为神花。同样在阁的背后墙缝里生长着一棵3米高的柏树，生有三个树枝，一高两低，不管春夏秋冬，风吹雨打，多少年来，一直旺盛生长，从不干枯落叶，矗立在涵洞之上，人们天天从这棵树根底下过往。这一树一花是天然生长，无人栽培，无人管理，成为当时一大景观，所有见过的人无不称奇。

阁是哪朝哪代所建，无人考证，从我记事时开始，亲眼看到的阁的造型、风格来分析的话，历史比较久远。庙的主体已很陈旧，墙有裂缝，门窗油漆脱落已久。神像的彩塑已经褪色，有的已残缺不全。从柏树生长的年限判断，起码有几百年的历史了。因为柏树生长是很慢的，当时柏树的主干直径已有20厘米以上。根据有关资料，关帝庙属道教范畴，是崂山太平宫关帝庙的分支。属它管辖范围，太平宫创建于宋太宗太平兴国年间（976—984），估计朱家洼村关帝庙也是明末清初所建。

夏季里天热，全村老少晚饭后喜欢在场院里乘凉，在聊天时，经常听老人们谈起阁的来历，大体意思是阁的底下原来是一个莲花湾，水清见底，大旱水不见少，

朱家洼村老街巷

大涝水不见涨，夏季里满池莲花开放，非常美丽，人们把这里称为宝地。有一年，来了一位风水先生，说莲花湾影响朱家洼村发展，压抑人才出世，应把湾填平盖阁压住，村才能发展，才能出人才。对于这种光宗耀祖的好事，有谁不愿意？老一辈管事的人商量一下，就同意填湾盖阁。填湾时很不顺利，莲花湾像一个大漩涡，总是填不满。后来，又烧香、又烧纸、又上供，连续填了三天三夜，才把湾填平夯实，将阁盖起来。后来人们在议论中，觉得上当受骗了，说："风水先生总是在害我们，大家想想，朱（猪）上阁意味着被宰杀，还会有什么好事？不吉祥……"但既然阁已经盖起来了，老百姓认定，关公是一个好神，是个财神，只要好好供奉，感动关老爷，一定能得到好的回报，保佑大家过上好日

子，一代比一代强，光宗耀祖的事，定能发生。前辈们还说，由于百姓的虔诚忠心，关老爷始终保佑全村老百姓，平平安安过日子，多少年来没有发生大的灾难，朱家洼村在各个朝代，都有能人问世，有的中过进士、举人、秀才，还出过将军等。听一老人讲，有一位将军，因军事太忙，耽误了腊月二十三（小年）回家辞灶，全村人等到腊月二十四日将军才回来，所以朱家洼村的小年时间改在腊月二十四日。

以后的事，我也有印象了，比如民国时期，我们村曾出现过一位市长、两位参议员、一位国大代表、若干校长教师等知识分子。朱家洼村有了"秀才庄子"的雅号，作为朱家洼村的晚辈，我们都引以为豪。

小时候还听过老人讲关公显灵的故事。

沈鸿烈时期所建的朱家洼小学

不知什么年代，从朱家洼村前海上来了一伙强盗，准备登陆抢劫。船在南海停下观察地形时，有一个小头目用望远镜到处窥视，突然大叫一声："慢!"他发现，在阁上有一位身材魁梧的红脸大汉，手持青龙偃月刀，骑一匹枣红大马，威风凛凛地在阁的围墙上来回奔驰。海盗感到不妙，灰溜溜地逃跑了。这就是关公显灵，保佑了山前七村（朱家洼、石老人、王家村、钟家沟、午山、金家岭、山东头）免遭一场洗劫。这使得更多的人深信关羽镇邪驱魔、安邦定国的作用，自此香火更加旺盛。

1949年后，人们接受新教育，反封建，破迷信，对鬼神这一套不相信了，关帝庙长期锁门，地上全是旧书杂物，再也无人烧香叩头了。

我们村就有三位小伙子，朱岬、朱艺、朱柄三位志同道合，形影不离。农忙时，三人一起干活；农闲时，聚在一起聊天、打赌、比能。一天晚饭后，三人又聚在一起，天南海北地聊起来。突然，天空阴云密布，雷电大作，下起了大雨。朱艺突然提出一个问题说："你们信不信有神?"朱岬、朱柄同时说："不信!"朱艺说："都不信有神，那么今天晚上谁敢到阁上关帝庙去，给每一位神像嘴里放一个枣，看看它们有什么反应。谁输谁请客。"

朱岬、朱柄都推荐朱艺去，经过一番讨价还价，朱艺终于同意，便回家拿枣去了。朱岬犹豫一会，对朱柄说："我上厕所去。"随后也离开了。只剩下朱柄一个人在这等待。

朱艺回家拿上半碗大枣，直奔关帝庙。刚进庙门，天空闪电一声巨雷。朱艺虽说从小聪明、胆大，此时也感到有些害怕，他立即安慰自己沉住气不要怕。进得庙门，从左边开始分枣，嘴里还念道："你一个，你一个……"一圈下来到了右边周仓跟前，拿起枣放到周仓嘴里，说了声"你一个"，这时候周仓突然说话："我还要一个!"朱艺顿时毛骨悚然，但马上又镇静下来，回头给了周仓一个巴掌，说："别人都一个，你凭什么要俩?"转身出了庙门回到三人聚合地，见到朱柄问："朱岬呢?"朱柄说："他上厕所了。"两人正说着话，朱岬从外面回来了。三人谈起刚才在庙里遇到的事，朱柄听了吓出一身冷汗，朱岬却抿着嘴傻笑。朱艺问："你笑什么?"朱岬说："刚才跟你要第二个枣的就是我。"朱柄听后目瞪口呆，朱艺问："怎会是你?"朱岬说："你回家拿枣时，我借口去厕所，提前藏到周仓的背后，当你把枣放到周仓嘴里后，我说还要一个，你不但不给还打人。你走后，我随手把周仓嘴里的枣拿下来，跟着你回来了，你看枣在这里。"朱艺拿过枣来看了看，朝朱岬的胸膛上就是一拳，说："你这小子，当时把我吓了一跳，我以为周仓真的活了呢! 如果当时你从后边走出来，会被你吓出病来。"三人相视一会儿，都笑了，朱岬、朱艺心情平静，再看朱柄的脸都吓黄了。

事过境迁，很可惜，在文化大革命中，以"破四旧"的名义，把朱家洼村这一历史久远的古建筑拆除了。

中韩村的碉堡

王清佳

1945年日本帝国主义投降后，美军进驻青岛。国民党青年军进驻中韩村，我家住进一个班。青年军走后，我家又住进中央军（人们叫"遭殃军"）一个班。中央军他们在中韩到处挖工事，修碉堡。他们在中韩村周围修了四个水泥（混凝土）碉堡；村东南、东北各一个，都在中韩村壕沟西面；村西南和西北各一个，都在村西马路路边。中韩村往东韩村的公路上过壕沟是用两块一米多宽的大石板做桥。桥西面是栅栏门，门前路南面是岗楼，有国民党兵站岗。当时国民党军队筑碉堡时，把我家东厢屋门拿去做挡板，拿回来时两扇门下边各割了两个5厘米见方的孔。还有两个水泥碉堡，在中韩河南岸营子顶南北各一个，正在山东头到李村的壕沟西面。南边那个在通往车家下庄的路口，北边那个在中韩村河南岸往东走的墓地旁边。

壕沟是日本侵略青岛时挖的，从山东头到李村。挖出来的沙石修成了李山路公路。日本兵在西沟沿路东边拉上了电话线，崂山游击队夜里就来割电线，日本兵无法预防，就抓了当地老百姓，一人负责一根电线杆，谁电线杆上的电线被割了，就要谁的命。

"营子顶"约十几亩地。村民曾在此地发现有筑墙用的石灰，有40厘米长、20厘米宽、15厘米厚的青砖。据说是古代屯兵训练的"点将台"遗迹。明洪武二十二年（1388）即墨县正式设置鳌山卫，下辖前、后、右三个千户所，军户赵、李、崔、唐家族在现今中韩落户。现在赵、崔、唐均只有一户人家，李家有几户。正因这历史缘故，枣儿山有赵李山之说。1966年，中韩社员整地时在西北埠子发现古墓，墓中有半米长的陶马和铜镜。当时崂山

中韩村的碉堡

文化馆专家鉴定，确定是西汉时期的古墓。

中韩桥北头南河坝下修了一个地堡，枪眼朝着中韩桥，门朝北，从我家南屋菜园地进去，里面用砖砌成。

在中韩村，关帝庙的那颗白果树（银杏树）上修了一个木板搭成的炮楼，楼梯是宽一米的厚木板搭建，国民党兵在上面站岗放哨，朝西朝南各有一个枪眼"瞭望孔"。当时树的直径有两米多，也有人说树的直径"六搂两拿一媳妇"（当地土语，形容树的粗大，有夸张成分，"搂"即一人伸展双臂的长度，"拿"即一虎口长度，"媳妇"指一女子的身宽）。这棵树远近闻名，我小时候住李家下庄姥姥家。姥姥总爱说我家住韩哥庄白果树里头。在吃大锅饭的年代，白果树被伐了，老人们要求留树被说成迷信。在白果树上修碉堡时，一个国民党军官说树龄有2500多年了。大家问他从哪里看出来的，他告诉我们，老树上有一个瘤，就是1000年，这棵树上有两个半瘤，就是2500年。这个说法是否真实，也没人去考证。

中韩关帝庙，因为有关羽的塑像得名。关帝庙原名"云峰庵"，创建年代已很久远。在庙西窗下有一座青石碑，前后都有小楷碑文。关羽坐像两米多高，金粉塑面，关羽两边坐着两位白面神像。关平、周仓在东西两山墙对面站立。1940年，

张村道士王和云曾在此庙担任住持，又改名"云和庵"。每年春节午夜十二点，村民们都要去庙内烧香奠饺子。记得我春节第一次去烧香，看到周仓张牙舞爪的，被吓了一跳。庙南院内有钟楼，楼上有吊钟，直径1.2米。王道士每晚十二点要敲钟报时，全村都能听见。每年正月有庙会活动，村民们到庙内烧香磕头许愿。天旱会到庙里求雨，由村长、保长组织搭台唱戏，供奉三牲。据传说，1940年前后，天旱无雨，村民在庙里求雨，并在西南河搭台唱戏。结果崂山突降暴雨，张村河暴发洪水，汹涌而下，冲垮戏台，做小买卖的摊铺被冲走，损失不小。在20世纪60年代中期，"破四旧、立四新"时，关帝庙被拆。人们传说，关公的心是金子做的，其他神像的心是银子的，中韩民兵队打破了神像，但只有一块包了红布的瓦片。

中韩村老槐树

南北崂山古道

白秀芳

清代以前，崂山的道路交通处于原始状态，进出崂山的道路很少，山区道路更是崎岖难行。进崂山多从北线走，一般走的路线是，从鹤山或华楼山到仰口，再通过崂山的小径分别到达崂山的腹地。当官的进崂山坐着轿子，而普通老百姓只好步行，所以历史上把崂山叫"劳山"，是在崎岖不平的山间小道上下行走非常辛劳的意思。南线进崂山只能靠海路或走险峻的梯子石进山。那么贯穿崂山的大道在哪里呢？经过几年考察采访，可以断定为现在的北九水河东村到王哥庄的大道为南北崂山古道。

王哥庄街道办事处西不

远有姜家村社区，这是崂山南北古道的北出入口。现在规划为吉祥谷森林公园。

过了姜家村社区，西边有两株古树，是柏树。周围圈有高大的院墙，旧时是姜姓的墓地，估计有 300 多年历史。上山的

姜家村古柏

路很宽，铺上水泥，路两旁是高大的树木。姜家村社区村南不远处，山路两侧各有一块圆圆的大石，一块叫蘑菇石，一块叫劈口石。

从姜家村走出，山势逐渐抬高，这里就是姜家沟了。姜家沟为山谷地貌和谷口平原地貌。山脊呈南北走向，东西两侧山脊夹持，谷地两侧山丘为花岗岩结构，绵延相连，重峦叠嶂，景色秀美。两侧山丘海拔多在300—400米之间。山谷两侧的山脊上，有为数众多的造型景石（人形石、鸟形石等），为整个山谷平添了无限生机。谷口有一蓄水量约百万立方米的小二型水库，河道中常年溪流不断。谷内冬无严寒，夏无酷暑。谷内植被覆盖率较高，植被类型较多，其中松树为主要树种，约占80%，另外还散布着水杉、柳树、苦木、刺槐、国槐、云柏等特种植被。谷内有农户20余户，奉周朝著名军事家与政治家姜子牙为先祖。这个地方当地人叫马头涧，以前有个马头石，可惜开采石头时被破坏了，空留一地名让后人怀念。上到山岭，就是土阡岭口，这里是王哥庄街道和北宅街道的分界线。

土阡岭口西南距骆驼头0.8千米，海拔414米，长10米，宽3米。东控王哥庄，西扼北九水，村民称该口为"口子"，历来是重要的军事要地。1914年9月18日，日军左翼攻击集团绕道黄县来到崂山东部的仰口湾。经过周密侦察后，确认此地没有德军驻守，便马上进行登陆。这就是一战日军青岛登陆处。登陆的海军陆战队三五成群，满山遍野进行搜索。继而陆军、骑兵登岸，直奔姜家村南口、劈石口、铁骑后，分三路向青岛挺进。其中的一路日军就是从"口子"南进夺取柳树台（德军的一个重要堡垒），沿南北崂山古道攻进市区的。

1935年8月18日，著名作家苏雪林乘车到柳树台，然后雇轿夫游北九水。只走到内四水，就被轿夫抬着走下山，从河东村转"口子"顺南北崂山古道到王哥庄，然后到白云洞、上清宫，开始了她的崂山二日游。对南北崂山古道，苏雪林有别样的收获，她的《千石谱》就是描写此路看到的奇石怪峰的。坐在轿子里的苏雪林感慨万千："沿路十几里的风景，可谓萃劳山的精华。危峰面面，有似苍玉万笏，又如云屏千叠，秀丽雄奇，壮人心目。我

河东村

现在才发现劳山的特点在石，可谓'以石胜'。"

旧社会，交通不发达，崂山村民多走此路，把柴草、药材、山货经此路背到王哥庄，再把粮食、海货背进山，称为物资大道一点不假。王哥庄大集，是四、九集，除卖山货海货外，还是有名的贩卖人口的集市，当然这都是旧社会的事。

旧社会，山区找媳妇困难，贩卖人口的生意应运而生。一般在年前，有人用船从外地运来女子，看好后讲好价钱，从崂山古道把媳妇用轿子或者直接由男人背回家，好生伺候着，选好日子结婚。

下口子有块"预备跑石"。正当你走的身疲力乏、气喘吁吁的时候，开始出现平缓的下坡路，只几步，却是那样的让人畅快满足。这时候，一块不起眼的石头显现在你的面前。还没明白怎么回事，脚下步子突然加快起来，想刹住脚步也来不及了。脚下生风，一会就跑了 1 千米，下面就是河东村了。

河东村是典型的山村村落，其山苍翠秀丽，不少奇峰异石；其水涧溪十里，不乏清泉碧潭，自然景观，盎然成趣。在赏心悦目之余，惊叹大自然的鬼斧神工。良好的生态环境造就了众多观赏性极强的景观，构成了如诗如画的"世外桃源"。

河东村前是外七水，河就是白沙河，在河北侧一峰临水独立，呈丹褐色，山势秀如盆景，名小丹丘。又因岩石突出如发髻，亦名仙人髻、小梳洗楼。峰顶石上，南向刻有"小丹丘"三字，乃集郑板桥字而成。沿着白沙河的进山大道，很快就到了北九水，从北九水到柳树台，然后走汉河、沙子口，南北古道就联系在一起了。

崂山劈石口古道

房振兴

崂山有一条联系东西交通的古道，它从崂山西部的华阴集通往崂山东部的王哥庄。清乾隆《即墨县志》卷二《建置·市廛·乡集》中就有华阴、王哥庄两个集市的记载。

据清同治《即墨县志》记载：华阴集属即墨县仁化乡聚仙社，附近有下庄、响石、大劳等15个村庄，1258户、5049口人；邻近有仁化乡的训虎社、古镇社、郑疃社等，5000多户，2万多人；王哥庄属即墨县海润乡肖旺社，附近有青山、黄山、港东等17个村庄，882户，4251口人；邻近还有海润乡的松林社、黄埠社、皋虞社等，1400多户，5000多口人。

华阴集是崂山西部的一个小市镇，附近村庄盛产水果、土布、药材，其西部的沧口、女姑口从南方所运来的土产杂品、日用百货，多经华阴集运往崂山东部地区。

王哥庄，古代叫太平村，是崂山东部一大市镇，凡崂山东部所出土产商品多集于此，而尤以木柴、药材、鱼虾为大宗，即墨鳌山卫附近盐场所生产的部分食盐也经此运往崂山西部地区。

在古道海拔250米处有一山口，口下有一块独立巨石，呈桃形，高8米，由中间自然分为两块，像是用利器从中劈开一般，故称"劈石"。此处山口就叫"劈石口"，经过劈石口的小路，就叫"劈石口小路"。巨石西面刻有明代即墨县丞周璠（沭阳人，万历初年任即墨县丞）的《劈石口》七言绝句一首，文为："莲花片片削空青，华岳分峰仗巨灵。更向崂山挥玉斧，洞天有路不常扃。"清同治《即墨县志》中就有"劈石口"的记载。劈石口小

清同治《即墨县志》村庄示意图

路是崂山最早见于记载的人类行走的小路。

劈石口小路当年的条件十分恶劣。《大庄修路记》中是这样记载的："崂山屹立海上，以雄秀闻，其东西两麓尤峭。自大崂村达王哥庄，为胶澳即墨往来孔道。径路奥曲，间不盈尺，仰依峻坡，俯临绝壑，践其域者，恒蹜足屏息，有颠覆陨坠之虞。"从文中可以看出，古代山民往来运输货物是十分危险和辛苦的。

听当地老人讲，同治六年（1867）反"长毛子"（捻军起义），从即墨城来了一伙"长毛子"，在华阴集抢掠了一阵，后经劈石口小

道去了王哥庄。

1914 年 9 月 18 日，日军从崂山东麓的仰口湾登陆，分三路向青岛进军，其中一路经劈石口小路进军青岛，打败了德国

劈石口的"劈石"

占领者。

1931 年 3 月，由当时的青岛市市长沈鸿烈主持，在古道旁边修建了由大崂至王哥庄的盘山公路，10 月竣工，全长 10 千米，命名为大庄路。从此古道少有人行走，逐渐被人们淡忘了。

1938 年日本侵略者占领青岛后，中国共产党领导的"崂山抗日游击队""崂山武工队"在劈石口小路神出鬼没，往来于崂山的东西部，打击日寇，严惩汉奸，瓦解伪军。

劈石口古道大致呈南北走向，在最高处山口的西边是慧山，东边是锥子崮（古代叫文笔峰）。它沿着两条山涧贯穿东西交通，北边的山涧叫石人河，经解家河、闫山前、何家，至浦里东北流入黄海，长度 9 千米。南边的山涧叫龙湾河，发源于劈石口，沿着蜿蜒曲折的山涧顺流而下，流程大约有 4 千米，在孙家村东汇入白沙河。

在龙湾河和白沙河交汇处有一巨型石壁。每当雨季发大水时，洪水从上游冲下来，遇到坚硬的大石壁，就将石壁前方的泥沙冲走，形成了一个有 200 多平方米、最深处有五六米的大水塘。矗立在大水塘边的石壁，有七八米高，上面还有两块尖形的巨石，状似龙角，远远望去，极像一个传说中的龙头，因此人们把大水塘叫作

"龙湾"，把水塘附近的地方称作"龙湾口"。龙湾口在古代还建有龙王庙，一年四季香火旺盛。龙湾口周围的山水风光非常美丽，1936 年 9 月 9 日重阳节时，有一位叫龙沙壮的游人在龙角上题写了"劳光"两个篆字，书写镌刻十分工整，属于崂山石刻中的上品。由于位于风景区之外，埋没于荒山野岭，故现在很少有人知道。对此有人赋诗道："名利场中卸甲人，沽酒寻入孙家屯。空山鸟语谁遗字，劳光崖下水如鳞。"

我们在 2007 年 6 月初对龙湾河和龙湾口进行了考察。刚到龙湾口，远远就看见了一座漫水桥。经了解，那是 1934 年修筑从北九水至大崂观全长 5.51 千米的"北大路"时建的。虽然经过了 70 多年的山水冲击和风雨侵蚀，它依然显得那样敦实坚固。

龙湾河是季节性河流，它在陡峭的山谷中穿行，河底布满了大大小小的圆滑石

劈石口 "一石两界"

块，由于今年天旱，河流无水，但从河床被水冲刷的痕迹来看，一旦雨水充足，会形成许多潭水和小型瀑布。两岸树木茂盛，生长着许多松树、槐树和灌木丛。由于多年很少有人行走，原先的路变窄了，有的地方让水流冲断了，但依稀能看出原先小路的痕迹。小路附近开满了许多不知名的野花，非常美丽。

我们顺着弯弯曲曲的山谷，时断时续的小路，披荆斩棘，来到了劈石口。在崂山著名的"劈石"附近，我们看见在小路的草丛中有一块竖立的方形石柱，其中两面刻有文字，朝西的一面刻有"劳西区界"，朝东的一面刻有"劳东区界"。这是1935年7月1日，山东省与青岛市会商，扩大青岛市市郊，并报行政院批准，将即墨县南靠近崂山的地区划归青岛市管理，把崂山山区划分为崂东、崂西和夏庄3个区直属青岛市管辖。

结合以上资料和现场考察的情况可以得知，刻有"劳西区界""劳东区界"的界碑，是1935年7月1日扩大青岛市郊，崂山山区设立崂东、崂西区时所立的界碑。

我们过了劈石口，沿着绿树成荫、花果飘香、风光绮丽的石人河，经解家河村、黄泥崖村、囤山前村、梁家村，走到了王哥庄，圆满结束了初次考察劈石口古道的行程。

劈石口古道，涧深谷幽，风景秀丽，是一条被人们遗忘的山谷。它远离景区，里面充满了神秘的色彩，包含了许多世人不知道的秘密，需要我们不断探索和发现。

百年台柳路

叶 子

台柳路始建于 1903 年，由青岛市台东镇起，经市北区东吴家村、保儿、河西，李沧区李村街道，崂山区北龙口、汉河村等，到达北九水柳树台。台柳路全长 30.3 千米，铺筑 4 米宽的碎石路面，共建有大小桥涵 217 座，这是山东省最早通行汽车的公路。

1898 年，德国侵占青岛后，为了军事、政治及经济掠夺的需要，在青岛区（今青岛市区）兴办工厂，修建码头；在李村区柳树台附近的山上修建了疗养院、德国总督别墅及德国大饭店等，供住在青岛区的欧洲人疗养和玩乐。在此背景下，台柳路的修筑便应运而生。有关该路的修筑年代及状况，《胶澳志·交通志·道路》有如下记述："德人来青，市道与村道同时并进……其村道之首先修筑者为青岛沧口一路，次则为青岛李村一路，其后渐次兴修，计有十四路。即（一）由

台柳路终点——柳树台口

青岛经台东镇东吴家村、保儿、河西以达李村；（二）由李村经东李村、下河、南龙口、九水以达柳树台……盖自德人修理村道就地征役，仅有桥梁、沟渠由工程局派工包修、运搬材料，照给工资。此外人工则由各村摊派，故创始之二三年（李村道开筑二年，仅修至杨家村；沧口路开筑三年，仅修至小村庄）进行甚为迟钝。其后多由警察署压迫施行。千九百零三年以后，乃获次第进行……"这段记述明确指出，台柳路正式开筑于 1903 年，但青岛至李村的公路已于 1901 年始修，到 1903 年已修至杨家村。是年开始，再从杨家村修往台柳路的终点——柳树台。

《胶澳志·建置志三·桥梁》对台柳路当时的规模有如下描述："台柳路为由台东镇经李村至柳树台赴崂山要道。德人所建各式桥梁、涵洞计有二百十七座：内洋灰（水泥）拱桥五座，以在保儿、河西之间者为最大，长十九公尺，宽四公尺；石柱栏铁筋洋灰平桥七座，王子涧、九水庵间者最大，长二十余公尺，宽四公尺半余，位四山之中，架山河之上，怪石峭立，涧泉溶溶，林木青翠，风景绝佳；九水庵西石造拱桥一座，全长三十余公尺，宽四

弹月桥

公尺，高七公尺，建筑材料俱系六七十公寸之方石，中间一空长二十五公尺，砌成弹月形，故以弹月名……"弹月桥位于今沙子口街道西九水村，是台柳路和南九水著名的一道景观。其桥横架于两山之麓，空悬大溪之中，岩石磷磷，山水潺潺，林壑幽美，佳妙绝俗。

1906—1907 年，德占当局对台柳路险要路段进行了改造，路况有所改善。同时还整修了部分山区人行小道、编号标志。1949 年 6 月，青岛解放后，该路不断改造，数座桥梁也得以加宽，路基加宽到 7.5～12 米，并先后铺成柏油路面，在晴、雨天皆能通车。由昔日只供旅游的山路日益成为一条为经济建设服务的重要公路。

百年崂山路

德潜　善刚

　　青岛的"崂山路"这一名称历经百年，曾被命名三次。第一次是在1902年德占青岛时期，西南起今安徽路，止于今济宁路，长度约为0.5千米，1914年废止；第二次是在1922年胶澳政府时期，位于青海路与峄县路之间；第三次是在1997年5月4日，青岛市人民政府发布《关于对我市市区部分道路更名、延长、注销和新建道路命名的通告》，将原湛流干路东段与流清河向东至垭口处区段的道路命名为崂山路。新的崂山路西起香港东路与松岭路交叉处，东至崂山垭口，全长22千米。该路伴随青岛的高速发展与崂山旅游的深度开发，历经多次大修，规格不断提高。

　　一、原崂山路的修建历程

　　未命名前的崂山路原属莱青路（莱阳—青岛）崂山段（大麦岛—江家土寨）。

该路分为4段：西段，大麦岛—流清河；中段，流清河—垭口；东段，垭口—仰口；北段，仰口—江家土寨。

　　西段始建于1903年，从湛山起沿海边顺山势到沙子口，为一条土石公路，长13.9千米。1934年，将公路延至流清河，此路即命名为湛流公路。因路随山势弯曲起伏，一遇大雨，路面冲损，坑沟处处，交通经常被阻断。直到20世纪50年代至60年代末，加强了维护，路况才有所改变。1970年，政府投资改造了麦岛—西姜哥庄18千米路段，加修桥涵，拓宽路基到6～8米，道路始畅通。1990年与1996年分别将麦岛—石老人、石老人—姜哥庄按一级公路标准进行改造。1997年，将麦岛—石老人段（湛流干路东段）改名为香港东路；石老人—姜哥庄—垭口段更名为崂

新建前的崂山路

山路。1998 年 10 月，对西姜—流清河 9.7 千米的路段按二级公路标准进行改造，1999 年 10 月竣工，全线成为路面宽度 16 米以上的沥青路，总投资 8600 万元。

中段流清河—垭口公路，一边为悬崖峭壁下的大海，一边是陡立的高山。原来山腰有一条小径，1934 年铺以石条，称梯子石。1961 年，部队在山腰上开凿出宽 10 米、长 7.32 千米的军事专用公路。1999 年拓宽改造。

东段垭口—仰口公路，于 1928 年修建了一条简易土石公路，将太平宫、华严寺和太清宫等连接起来。路面较窄，坑凹不平，常被洪水冲毁，后多次修整。20 世纪 80 年代，对该段道路进行拓宽改造，穿村路段重新选线修建。此次改造均用条石铺设路面，于 1988 年 4 月正式完工通车。1994 年，市政府投资 860 万元，对此 13.2 千米路面进行改建，路面拓宽至 7 米，为四级公路。1995 年 9 月完成硬化工程。当

月 28 日，106 路公交车由李村直达垭口，这是崂山东麓腹地第一次通公交。1997 年整修，2000 年拓宽改造。

北段仰口—江家土寨公路，长 7.78 千米。其中，2004 年 5 月开工改建的王哥庄—仰口公路，长 5.15 千米，路面宽 24 米，投资 4586 万元，为一级公路。

二、新崂山路建设历程

崂山路作为进入崂山国家级风景区的主干道路，作为代表青岛滨海形象、延伸青岛城市功能的干线道路，历经百年风雨洗礼，进入新世纪后其重要性、影响力日渐凸显，拓宽、改造、提升崂山路的呼声、建议日渐强烈。市委、市政府高度重视，把崂山路建设提升到事关青岛城市品质提升、城市空间拓展、崂山景区新一轮发展和全市旅游产业升级的战略高度，研究确定了新的线形，要求立即启动、快速推进崂山路的建设。在市区两级的大力推动下，2012 年 6 月 15 日，崂山路改造工程正式开工建设。

崂山路一期改造工程西起滨海公路，东至沙子口桥，全长约 8 千米，其中滨海公路至西姜一路（石老人观光园东侧）约 3.4 千米道路为双向 8 车道，西姜一路至沙子口桥约 4.6 千米道路为双向 6 车道。概算投资约 13.9 亿元（含拆迁、管线、路基、路面、景观、绿化等），以崂山区为主体建设。该工程于 2012 年 6 月 15 日开

工，2013 年 6 月 20 日实现半幅通车，2013 年 9 月 27 日实现全线双幅通车。崂山路项目启动之初，在方案论证、征集社会意见环节，各界群众通过网络论坛、政府信箱、公开电话等途径，建言献策，提供了 120 多条有价值的建议。建设中主要面临拆迁、拓路、调流三大任务。

（1）拆迁。先后拆旧建新管线约 13 万米，包括市政、商用和部队管线，共迁移 15 条、3.45 万米老旧管线，敷设 17 条、9.32 万米新管线；拆房移物约 18 万平方米，涉及拆除居民房屋 136 处、经营性网点和企业厂房共计 5.5 万平方米，部分单体面积达 1.2 万平方米，涉及的产权关系复杂，有些还涉法涉诉；土地清表征地及青苗补偿面积达到 12 万平方米。

（2）拓路。全线爆破石方总量达 40 万方，路基土石方移动量达 80 万方；实施了削坡拓路，道路北侧大的削坡工程 7 处，最高处 19 米，长达 896 米；筑坝成基，在道路南侧砌筑临海挡墙 8 处，深度最高达 27 米，总长 1146 米。对原公路路基上下平顺、中线取直、南北拓宽，路基上下调整最大处达 2 米，道路中线最大调整处达 8 米，道路路面最窄处由 16 米拓宽至 36.5 米。

（3）调流。崂山路道路两侧有已建成居民小区 21 个、楼座 500 余个、居民 5000 余户，沿线有 23 个农村社区、1.3 万户居民，加上部队，周边常住人口超过 10 万人，每年约 140 余万人经由这条路到南线旅游。这些给交通通行带来巨大压力，早晚高峰期车流量达到每小时 3000 多辆。通过加大现场交通疏导力度，采取错峰施工、增设临时道路、连续调整作业面、多工序交叉施工等措施，最大限度地解决了施工和通行的矛盾。

崂山路建设工程重点推进了三个方面的工作。

（1）景观绿化品质提升。绿化方面，本着"四季常绿、三季有花"的目标，增加了乔冠木数量，提高绿量。结合山体垂直绿化，形成高低错落、层次分明、色彩缤纷的绿带，突出了"蓝湾绿脉，悦动山海"的理念，提升了生态绿化品质。文化方面，路灯设计为海鸥造型，景观灯设计为橹杆、船帆造型，人行道铺装的纹路多用曲线，展示了海的灵动和风情，提升道路的滨海文化品质。休闲健身方面，打开道路绿线，利用南姜社区空闲区域设置了

建设中的崂山路

5处市民健身区。借助石老人健身区和道路节点的甬道铺装，增设时尚运动设施，与道路慢行系统衔接，提升休闲健身品质。在材质选用上，座椅、护栏采用石材、木材，体现山的坚毅和厚重。在现代时尚的商业繁华区，多采用石材进行铺装，在旧村改造区域以透水地坪铺装为主，城市家居的选用以便民美观为主，体现了道路建设实用节俭的品质。路灯监控管理系统的增设、智能交通系统的应用，具备电子展示功能候车亭的设置，提升了道路智能化品质。

（2）抓好工程质量。按照建设精品工程、百年工程的理念，强化精细管理，工程建设项目建立了一整套完整的质量监控体系。严把材料入场关，对所需的管材、型材、石材等重要材料，在进行综合考察比选后，直接进行样品封样、现场比对验货，从源头把好施工材料质量；严把施工质量检查整改关，邀请市交通工程质监站、市公用工程质监站、市园林质监站、区建设工程质监站等政府质监机构，抓好现场施工质量监管；做好精细化施工，按照青岛市政工程导则的要求，请专家现场指导，熟悉掌握施工工艺，精雕细刻，做好工程建设。

（3）提速增效。区委、区政府扎实落实建设主体责任，区委书记、区长挂帅，分管区长带领区交通局、市政局组成管理团队靠上一线，将行政管理与工程管理有机结合。指挥部管理人员与施工单位、监理单位管理人员同进同出、并肩作战。组织"双月奋战""进度突击"等工程进度竞赛活动，对各项工作倒排工期，实施节点控制，日调度、周考评，每周将进度、质量、奖惩情况通报。通过撬动企业内部管理机制，调动施工现场管理人员的主动性、积极性，形成了"假日无息、你争我赶"的建设局面，总工期控制有度。在路灯工程施工中，打破常规、部门联动、并联推进，以小时为单元计算进度，一天完成4个方面的材料设备招标，2天完成供电方案和合同签订，15天完成全线8千米所有路灯设备的生产配给、同步进场和安装调试。在快速推进工程建设的同时，积极做好道路两侧环境综合整治工作。拆除可视范围内76户共计2.4万平方米老旧临时建筑；拆除了石老人社区周围沿路新建的约1700平方米的违章建筑。妥善处理了上千企业职工要求从拆迁款中一次性解决近30年的企业改制遗留问题；解决了280多户七八十年之久老旧房屋经受不了因桥梁打桩、岩石爆破、路基碾压等正常施工振动，阻扰施工、要求补偿问题；协调部队，解决了部队设施迁建中的多个难题，保障了道路建设顺利推进。

三、新崂山路的建设成果及重要影响

经过15个月的奋战，崂山路实现双幅通车。在青岛市政道路建设史上，崂山路的建设也创出了多个独有成果。

一是市政设施最完善。本着高标准建设的要求，全线敷设了给水、雨水、污水、通信、供热、燃气、部队等9大类17条市政和商业管线，并在全线敷设了8千米中

新建的崂山路

水管网，成为全市一次性建成、敷设管网最全的市政道路。

二是道路功能最齐全。充分考虑道路通行需要，设双向 8 车道、6 车道以及 3 米宽的中央安全隔离带，全线设置绿道、人行道、自行车道，成为全市第一条两侧具备自行车道的市政道路。

三是亮化材优节能。路灯、景观灯、候车亭采用新型材料、一体化设计，采用了节能光源，成为全市第一条全路 LED 亮化的市政道路。

四是绿化生态自然。道路沿线绿化面积达到 18.5 万平方米，沿路绿化充分利用山海地势，自然灵动。山体通过垂直挂网喷薄营养土种植、生态袋堆砌种植等新型绿化技术恢复绿化，成为全市独有的近 2 万平方米、垂直高度达 19 米的立体绿化风景墙的市政道路。

五是路基构成多样。8 千米路基中有海滩淤泥挖填段 2100 米；临海筑坝回填段 1146 米，其中 2 处为超过 20 米以上的高填方段，采用了海工混凝土挡墙、片石混凝土分层碾压成基工艺，成为全市路基结构最复杂的市政道路。

建成后的新崂山路，作为连接崂山景区与市区的重要滨海通道，是拓展青岛城市空间、提升城市品质的重要干线，是市区东部衔接香港路直达崂山风景区的主通道，成为青岛又一条"山海碧连天"的景观长廊。成为一条真正意义上的风景观光大道、旅游经济大道，更是一条生态环保大道、经济隆起大道。在今天，无论是青岛人，还是来青岛观光、休憩的国内外游客，甚至是前来投资创业的"候鸟"们，都在以更高的眼光审视着这座城市，期待着更美、更贴近自然的生活，而崂山路，正在以自己的世界眼光、国际标准，承载起新的城市之梦。

崂山引水渠

宋立嘉

进入崂山，你就会发现在半山腰环绕着一条腰带，无论在南线的登瀛景区、流清河景区、太清景区，中线的北九水景区，还是北线的棋盘石景区、仰口景区，或者是新开辟的铁骑山景区，蜿蜒几百里，非常壮观，这就是当年崂山人民为了改变缺水干旱的生存条件，经过艰苦努力建成的崂山"红旗渠"。

中华人民共和国成立后，从中央到地方大力提倡兴修水利，掀起水利建设高潮。崂山在农田水利建设中执行"以蓄为主，小型为主，社办为主"的三主治水方针，在大力兴建小型工程的同时，积极兴建较大工程。当时的口号是"让高山低头，河水让路，与自然灾害决胜负""把天上的水蓄起来，地上的水积起来，地下的水挖出来"。目标是实现水利化、

崂山山岭上的引水渠

平原机井化、山区水库化、坡地畦田化、灌溉标准化。在水利建设中，经常是每天出动十几万人去开山劈岭，引水上山，开沟建渠，打井蓄水，崂山大地上出现了处处是塘坝、遍地是机井的场面。据《崂山区志》载："1957 年，在大河东河三岔处建截流坝一座，石砌宽高各 0.6～0.8 米的渠道 3100 米；1959 年，凉水河上建引水渠道 1800 米，1963 年，续建 1300 米；1958 年 10 月—1960 年，在北九水一水处建宽高各 1 米水渠 700 米，石砌水渠 4500 米。"

到 1964 年"农业学大寨"，崂山人民更不甘落后，修建引水渠开始步入正常轨道。当时的设想是，解决老百姓的吃水、农田灌溉问题。到"文革"受林县（今河南林州）红旗渠的影响，修建引水渠达到高潮。

那时，生产力低下，没有机械，没有什么先进的施工技术，而又要在半山腰的石崖上凿一条渠，只有靠双手和钢钎，难度可想而知。活儿非常累，青壮年都要上山，吃不饱，也伤了不少人。施工中要在坚硬的岩壁上打炮眼、凿眼、装炮。炮响了，有的石头却没有落下来，成了悬石，人下去排险，稍不留神就可能被悬石砸到。在工地上最受欢迎的是打铁的师傅，拉着风箱不停地打造工具。手艺好，钢钎用的时间长，耐用省力气。即使这样，长长的钢钎几天就剩寸把长，可见劳动强度之大。老人和妇女也不闲着，除做好后勤工作外，其余时间也参与其中。找一把铁锤，每天砸石子，左手摆石头，右手一刻也不停，不小心，手被砸伤是司空见惯的事情。后来不知谁发明了一种工具，把石头套圈里砸，伤手的事才减少了。当时人们只知道干，缺乏自我保护，不少人落下病根。幸亏现在每人都有稳定的养老金，加上当年种的果树获益，晚年生活有所保障。

1971 年，当时的沙子口人民公社革委会看中了马鞍子村前深百米的山涧，看中那条长年流淌不断的山泉，决定在此修建一座水库。顿时，沙子口人民公社 38 个生产大队上千名青壮年劳动力轮流涌向了这块不毛之地。远的住在工地，住的近的管一顿午饭，经过 8 年的大干苦干，位于马鞍子村下的这座水库终于落成，这就是东风水库（今流清水库）。东风水库的坝高

流清水库（原称东风水库）

堪称崂山之最，雄踞在流清河上，水库的水经过多条隧道和长长的引水渠，翻山越岭被输送到了位于沙子口薄石板堰之上的沙子口自来水公司，供应给崂山啤酒厂、崂山区及沙子口街道的部分居民作为饮料用水和生活用水。据大河东一老人回忆，修了8年的东风水库和引水渠工程完工后，市里拨了26万。

崂山在修水渠时，1975年，曾经发生过"一块石头扛一上午的情形"。扛一块石头发一牌，凭牌记工分。有人想办法偷懒，集体磨洋工。但修建的质量是无可挑剔的，真正做到有山过山有水架桥。过登瀛凉水河，地势低处就埋管子。而在一水采用的是渡槽技术，两山之间架渡槽引水。"两山中间彩虹扯，河水哗哗笑山坡，昔日在你脚下走，今天从你头顶过。"这句诗就是真实的写照。碰到悬崖还采取打山洞的办法，让水从山洞里通过。北宅办事处有的社区吃三水水库的水，引水的管道利用过去打的山洞和水渠，把崂山水引到家。

崂山引水渠为日后的农业生产打下了很好的基础，水渠修好后，通到各个村子都有出口，解决了吃水大问题。最主要的通过引水灌溉，使粮食产量大大提高，老百姓非常高兴。但是，由于当时水利建设计划过大、盲目施工等原因，耗费了大量的人力和物力，增加了人民群众负担。最主要受"极左"思想影响，没有通盘考虑，造成20世纪80年代后，崂山引水渠成了废弃工程。

引水渠虽然废弃，但到现在聪明勤劳的崂山人一直在利用它，从渠中遗留的引水材料可见一斑。引水渠开始修建的时候是石头砌的，用水泥塞缝，从水库引水到村子里，并且尽量和各水库连接。有段时间改用铁质水管，并在一定距离修建放气水塔。由于铁质水管经常锈蚀，维修麻烦，后改为陶瓷管。陶瓷管容易破碎，夏季崂山多山洪，从山顶冲下的石块经常砸坏陶瓷管道，山民很是头痛。直到近几年PVC材料的出现，价钱便宜，柔软方便，很快塑料管道风行起来。有的个人也在引水渠里铺设塑料管道引水到户。不知道随着时间的推移，引水渠里将出现什么新材料。

引水渠靠近村庄的地方，很多石块、石盖板被村民拿去盖了房、修了坟、铺了

沧桑破败的引水渠

路，只有远离村庄的引水渠还保留原貌，成了环绕崂山的一条长长的腰带。由于引水渠在一条等高线上，近几年，户外运动爱好者常利用引水渠当路，在里面走起来又安全，又平坦。大多废弃不用的引水渠成了崂山的景致，许多玩客在此摄影留念。

20 世纪 80 年代后，崂山引水渠成了废弃工程，如果有关部门通盘考虑，利用引水渠作旅游线路，中间铺设轨道开通小火车或通行电动汽车拉游客游览崂山是个不错的选择。在那个红色的年代，我们的前辈用自己的汗水和泪水围绕崂山修建了引水渠，长长的水渠如同一条白色的飘带在深涧峡谷中环绕。随着时间的推移，慢慢地引水渠她老了，不再有人想她也不再有人去看她了，任她在历史的岁月中苍老。她现在已不再有以前那条常年流水的活力了，有的只是支离破碎的石头了。沿着水渠慢慢地走，从那残存的渠道中，看到那曾经的历史的痕迹……

南九水特色桥梁记录时代变迁

宋品毅

南九水是指汉河到柳树台的一段山谷，这里有山东省最早通行汽车的公路，在全国也是最早的汽车公路之一的——台柳路。台柳路于1903年动工修建，于1907年通行汽车。旧时，市区上崂山沿台柳路（台东到柳树台），由青岛台东镇起，经东吴家村及保儿、河西、李村、汉河等村，止于柳树台。1928年版《胶澳志》有"柳树台为入山之孔道，南赴巨峰，东往北九水，于此分道""台柳路由台东镇经李村至柳树台"的记载。

南九水河位于沙子口办事处境域西部，原名汉河，俗称旱河、猪窝河。它发源于柳树台寨上村青峰顶之阳和北大林山脉，东西折而北南流向，经竹窝、大石村、东西九水、汉河诸村，至松山后村东转西北东南流向，由沙子口村东，南流入黄海，流程14.5千米，流域面积36平方千米。南九水河为季节性河，水质甘洌，沿河风光明媚，为游览胜地。该河由许多涧水汇流而回转九次，位置又遥对北九水，故在1980年地名普查时定名为南九水河。

台柳路沿河而建，在这条路上有几座颇具特色的桥，反映了时代的变迁，记载了轰轰烈烈的过去。汉河至柳树台一段，长达7.5千米，盘山修筑，迂回曲折，依河而走，过河架桥。南九水的特点是山青水秀，林幽壑美，奇形怪石点缀在峡谷两旁长长的山岗上。

由汉河村沿公路向东北行1千米多路，就能看见公路两旁高峰耸峙，峡谷开阔，谷中涧水汨汨，这就是进入"南九水"地带了。上行约1千米，长涧两岸山势嶙峋，且形成隘口，景色便渐入佳境，这时，只见公路西北面一块二三十米高呈金黄色的

将军石

大石"将军崮"。这块大石背依高山，面对公路、河谷，就像个顶天立地的大将军站在那里，威风凛凛，守望着南九水的山山水水，和北九水三水停车场南朱德命名的"将军石"有异曲同工之妙。

过了"将军崮"就是南九水村。别看这个村子小，过去可是进入崂山的门户，俗称"小衙门"的权力机构就驻扎在这里。日本二次占领期间，在这里修建了带监狱的办公所。1949年后，曾经作为解放军的办事机构。20世纪70年代后一度作为学校和政府的办公用地。后没人管理，现在是人去屋破，杂草丛生。村东就是著名的"观川台"，观川台周围人文自然景观甚多。村北有围子山，东北方有团崮顶和小崂顶的平顶山，南九水河在这里拐了个"L"形的大弯，流水的冲刷，把坚硬的悬崖掏空，后来有了一个小平台。站在平台上，远远望去，公路盘折如蛇，南九水河的水绕台下滚滚出峡，别有风致。洪述祖看中这块地方，建了"观川台"使其闻名于世。过去进入南九水的第一座桥就在这里。这是座漫水桥，水小的时候，水从桥下过，水大了，从桥面上过，遇上洪水的时候，只好"望桥兴叹"，游客和行人阻隔两岸。1949年后，为了解决这一问题，将公路沿河修建，取消了过河。而漫水桥如今还保留着，成了农

人到河南岸种地的便利桥。每当夏季，很多私家车开到漫水桥上，司机找块抹布擦洗汽车，和河边的洗衣妇女相映成趣，非常热闹。

西九水、东九水、大石头、大石、龙泉五个行政村，人们习惯统称为南九水。据1910年英文版《青岛》里记载："南九水村在一条流水潺潺的山溪右岸，在村前不远的地方，有一处园林风味的小餐厅，可以买到饮料。村子里的祠堂可以作为客店出租。"

西九水村是南九水诸村中最大的一个。清道光十七年（1837），南九水河突发山洪，冲出一条河道，将原南九水村分为"西河涯"和"东河涯"两个自然村。1961年3月，正式将"西河涯"划为西九水村，"东河涯"划为东九水村。而连接两村的东九水桥，是东九水村连接台柳路的第一座桥。它以前叫东风桥，一听名字

东九水桥

就知道是文化大革命时期的产物。西九水村内有刘氏家庙，这几个村子都以刘姓为主，并且同祖同根。据说"文革"前，刘氏有宫灯，后代打着宫灯认亲。刘氏家庙已经被崂山区第三次文物普查列为区级文物保护单位。

过南九水村是弹月桥，因桥拱似弯月而名，桥长30米，宽4米，只有一拱，呈弧形，两边护以石栏，东西横跨南九水河。《胶澳志》记载："九水庵西石造拱桥一座，全长三十公尺，宽四公尺，高七公尺，建筑材料俱系六七十公寸之方石，中间一空长二十五公尺，砌成弹月形，故以弹月名。横架两山之麓，空悬大溪之中，岩石嶙嶙，山水潺潺，林壑幽美，佳妙绝俗。惜德日之战役，德人自行炸毁。虽经日人修复，而德建工式扫地无余矣。十四年（1925）秋，山洪暴发，旧桥复圮。当事竭力经营，始得恢复故观。"这座桥几度坎坷，1914年8月，一战爆发。8月23日，日本对德宣战。9月18日，日军占领仰口湾。德军与日军激战了一天，最终，寡不敌众的德国人焚毁了疗养院和多处别墅，炸毁了该桥，撤离到市区。日本第一次占领青岛后重修时，把石刻"弹月桥"竟然镶嵌到桥墩内，不知道是对德人的尊重还是为了省工。1970年，沙子口人民公社出资将弹月桥加宽，架设两边护栏，一直使用至今。桥面有水泥刻字"不要吃老本要立新功"的字句。过了桥，路在河的右岸蜿蜒盘上，这里的山麓古木翳天，松出石隙，松石竞秀，巉崖削立，林木渐密，与涧底水响、林中鸟鸣构成美妙的乐章。黄公渚在《清平乐·南九水》中写道："数行官柳，路入南龙口。弹月桥边人载酒，照影溪柳面皱。打窗如雨虫声，梦醒山馆难成。林月窥人半面，多情却似无情。"诗文描写了这一带风光。

如果是在夏秋时节，当洪汛来时，滚滚洪水一路汹涌而来，夹杂着泥沙和杂物，浩浩荡荡，那气势，真让人为之激动。特别是遇到台风来袭，强大的洪峰翻卷而来，排山倒海。那一条曾经温顺的南九水，会突然变得狂野，让人感到生命的奇伟。这时桥下洪水轰鸣，巨大的岩石会被水冲地东倒西歪。好在南九水河弯多，等流淌到下游，水势会平缓了许多。

过弹月桥是大石村，河在西路在东，连接台柳路与

弹月桥

西河涯有 4 座桥，有的只是一户人家，一屋、一桥、一路、一水，小巧玲珑，像世外桃源。最大的一座桥在大石村水库坝下，是通往南九水沟生态园和水库管理站的主要道路。大石村水库于 1990 年春季开工兴建，于 1992 年 8 月竣工，库容量 350 万立方米。一泓碧水在两岸的青山掩映之下，晶莹碧透，水天一色，加上一条水库大坝横亘其间，可谓风景秀丽。水库内原有九水庵，也叫龙泉观，明初始建，中祀真武大帝，前有降龙、伏虎巨像。建水库时原桃园涧、旱大岭沟、九水庵 3 个自然村迁出到南龙口，形成了现在的龙泉社区。旧时九水庵庵前有保合桥，系光绪二十年（1894）修建，桥旁有勒石碑记。这应该是南九水最古老的桥，这说明在德占青岛以前，南九水就有路有桥，台柳路是在这条路的基础上建造的。

台柳路因为修大石村水库，改道水库

丁字桥

的东面。过水库 1 千米是王子涧，涧势屈曲，清流如练，危岩茂林，掩映左右。有一桥跨涧，桥长 14 余米，桥宽 4 余米，为直跨式，名字叫"丁字桥"。该桥为钢筋水泥结构，至今已有近百年的历史。老乡叫它"大灰桥"，是不是因颜色灰暗或者因用洋灰修建的而命名，不得而知。这座桥最大的特点是桥栏杆长度不是等长的，像一个大写的"丁"字。这是充分利用地形而采用的方法。这里一直是战略要地，在桥南有兵营一座，德军、日军、国民党军、解放军都曾经在这里住过，现在成了养殖场。

过了王子涧是竹窝，竹窝村原叫猪窝村，因西山上有一个野猪窝而得名。1936年，时任青岛市市长的沈鸿烈途经这里歇步，探听得知该村名叫猪窝村，觉得不雅，他见山上有一片茂密的竹林就将猪窝村改为竹窝村。2013 年 10 月，621 公交车从汽车东站通到这里，是青岛市海拔最高的公交线。

最后一座桥叫板房桥，1949 年前游山汽车多停于此处，这里建有许多小饭店，多用木板搭成，故又名"板房"。桥因房而得名。南九水河的桥桥面都不宽，一般在 4 米左右，现在还遗留德人设计的痕迹，所以通过此路的汽车被严格限制在 9 座以下。板房桥为石制拱桥，4米宽，10 米长，5 米高，有

板房桥

一拱，呈弧形。在桥洞上方的两侧有石刻"板房桥"，落款"民国二十五年四月，邢契莘题"。邢契莘在20世纪30年代任青岛市工务局局长，这位留美的清华高才生，为开辟崂山道路，在大山中"五载有馀披荆斩棘"。这个时候正是沈鸿烈主政青岛时期。作为沈鸿烈的一员大将，邢契莘在青岛建设方面颇有建树，特别是修道路，建桥梁，盖学校，留下很多政绩。板房桥原汁原味，保持古朴本色，已80多岁的桥，还保存得这样好，是工程质量和考察设计的完美结合。板房桥是最为俊美且古色古香的桥，不但是它的造型美，还因为此处有水，有水的桥，才是最美丽的桥。故此我想，桥，最好能够全部架设在水上，方显其为长虹。站在桥上往下观望，可以鸟瞰南九水，那些联通台柳路的大大小小桥梁掩映在青山绿水之间，默默无闻地做着奉献。

板房桥之上尽是峭崖陡壁，公路曲曲折折，沿途林深树茂，茅草灌木丛生，林木疏落处，可见山下座座别墅小楼。路就修在峭岩的山腰间，盘曲往复，极尽转折之致，俗称为"十八盘"，因由柳树台通往巨峰的山路上还有一处十八盘，故此处称"下十八盘"，通往巨峰者称"上十八盘"。爬上这段十八盘险道之后，只见一片秀丽的峰峦，即到达柳树台。此地段公路曲折且陡峭，汽车难以直接达到柳树台，所以在板房桥附近，德人建立了"理查车库"（位于今竹窝村的板房桥附近）存放汽车，然后步行上山。即便这样，前来旅游的各国游客还是络绎不绝。

很多文章记载："几十年里，过弹月桥后有许多轿夫在等客，崂山多山石，庄稼地少，男子抬轿是一职业，况且过去公路少。"这是错误的，应该是在板房桥附近有许多轿夫在等客。

证据有《郁达夫日记》。1934年8月1日郁达夫经南九水到北九水，在日记中做了详细的记述。此次游崂山本来是约好与杨金甫同游的，可那天杨金甫因故未能赴约，故郁达夫只好独游了。这天早晨九时许，郁达夫即由寓所出发，经李村、九水等处，十一点到板房，然后步行上山，走了3里多到位于柳树台的崂山大饭店吃了午饭，并登崂山大饭店南大楼。向西南远眺，除望见王子涧上之千岩万壑、石山树林外，还遥见胶州之远山，海色迷茫，亦在望中。从1935年夏天苏雪林的《崂山二日游》自传性游记中，也可以证明这一点："汽车在柳树台停止，这是最后一站。停在站外的汽车甚多，可见同我们一样的'雅士'究竟不少。看表已上午十一点半。我们因在旅行社所买车票有'劳山饭店可以午餐'字样，便去寻这饭店，步行了四五里路方才到达，很累，又很饥饿。早知如此，就在柳树台饭店午餐了。"从文章可以看出车是停在板房的，而步行了四五里路方才到达的崂山饭店是在柳树台上。这里的崂山饭店就是德国以前建立的麦克伦堡疗养院旧址，是有位叫栾心圃的富商20世纪30年代初投资并重新整修了这里的建筑。另外在距离上，从弹月桥到柳树台有5千米之多，在景区中这么远的距离步行是超越常规的。

抗战修械所山洞的探索考察

王　伟

　　烽火连天的八年全面抗战期间，活跃在崂山山区的地方抗日武装，曾经在崂山的深山里，建立了修械所，土法自制了大批简易枪械，用来解决游击队的武器装备问题。

　　青保是崂山抗日游击队的其中一支，其领导人李先良在抗战回忆录中写道："白云洞在华岩寺西北隅的山顶之上，蔚竹庵的东北山岗之巅，其景色奇特，为崂山中又一特殊仙境。白云洞在抗战初期，我游击部队常在此处制造枪械，后来为敌人察觉，于二十八年（1939）三月扫荡崂山的时候，包围搜索，翻出旋床及其他制械工具器物，敌人即把殿宇一齐放火焚毁，并惨杀道士六人、火夫二人，使这个白云洞也涂上血迹。""自从在白云洞的修械所被敌人焚毁后，为了选择一个安全而固定

的地方，使敌人无法到达，于是把它设在海拔一千公尺，接近崂山之顶的山腰深处，猿猱难攀的洞里，工厂里制枪的材料，如钢铁、煤炭、工人的粮食，均须一包一桶捆在肩上，手攀悬崖，脚踏危石，气喘汗流地搬上绝顶去供给，像这样竟爬了三四年之久，其艰苦真是令人难以想象，这种笨拙的做法，聪明人也许觉得可笑，可是幸而采用了这种笨拙方法，补充了我们半数的武器，坚持到最后，争取到胜利！"李先良的抗战回忆录，真实地记录了游击队的修械所，为何从靠近海边的白云洞，被迫转移隐藏在大山深处，接近崂顶附近一处山洞的变迁原因。但文中对这个山洞的具体位置，没有更详细的说明。

　　深山里隐藏修械所的这个山洞，究竟在何处？笔者也曾打听过许多人，却无从

得知。距离那个烽火连天的年代，毕竟已经过去 70 多年了，当年的经历者和知情者，基本都已经不在人世。而一些能作为物证的东西，在经历这漫长的岁月后，能够保存下来的，恐怕也寥寥无几。为了寻到大山深处的这个修械所和山洞，确认并探明其具体位置，文史爱好者们对此做了大量的信息搜集和探索工作，逐渐把目光聚焦在虔女峰。海拔千米的虔女峰，紧邻巨峰，直线距离也就几百米。站在虔女峰的峰顶石壁下南望，巨峰的雄姿就展现在眼前。这一片山峦方圆几十里地，直至今天也是没有居民。抗战时期，崂山主峰一带的山里根本没有公路，人们沿着那些弯曲盘旋的羊肠小道来这里，就是空手行走也极为困难。即使是现在沿着那些围绕巨峰开辟的旅游道路步行攀登来到这里，也是汗流浃背，相当不易。

记得曾在 2009 年开春，我跟着山友

虔女峰

"战歌"来到这里，查看他探索到的虔女峰峰内的一处大山洞。那次活动，跟着队伍走的我，只是对山体内部大洞套小洞、石洞串石洞的景象感兴趣，其他东西都没很在意。但对口小肚大的山洞口那块迎门大石头半腰的人工凿刻的圆孔洞，却印象很深，好像是进出山洞的一处通道。当时一位山友把登山杖的尖头插在这直径不大的深孔洞中，大伙一个个借力攀上石头，才进入了山洞内。那次活动，大伙只是对山洞感到好奇，并没有太多历史方面的考虑。

近几年，我对修械所的山洞位置一直记挂在心头。在探访大河东村一带的村民时得到的一些线索，也指向虔女峰山洞。有人说，据传只要进了修械所洞口，就会看到洞口旁边有个打铁用的铁墩，但他本人没到过山洞，更没见过这个值钱的铁墩。于是我与山友两次来到虔女峰，想再次考察山洞，但由于道路难行、印象模糊，皆无功而返。最后"战歌"决定带领我再走一次，探究分析这里是否就是当年修械所的山洞。

我们乘坐第一班巨峰景区班车，8 点就来到景区大门，开始步行上山。9 点赶到自然碑，10 点来到五峰仙馆，10 点半我们就站到虔女峰南的石壁下了。据"战歌"讲，当年他第一次来这里时，这一带全是杂树乱枝

修械所山洞

没有路，他和同伴沿着石壁下面，挥刀开辟出一条小路，才看到了山洞。这一次，"战歌"依旧在前面挥刀开路，我们一行三人很顺利地找到了山洞洞口。狭窄的洞口较为隐蔽，宽度只能容一人进入。刚进入洞内，迎面就是一人多高的岩石挡住去路。这处稍微倾斜的应门巨石半腰，有个直径约3厘米、深度十二三厘米的人工凿刻圆孔洞。我们分析这个孔洞，就是特意为方便人们进出洞窟而凿刻的，否则想爬进岩石上方这个山洞，也是相当困难。

"战歌"从背包里拿出一根特意带来的，粗细差不多的木棒插进孔洞，我们一行三人，脚踏着木棒，轻轻松松地先后攀上这个大石头。

来到大石头的上端，展现在我们眼前的是一个颇具规模，底部却是乱石的洞窟大厅。这个洞厅宽度约有3米半多，长度大约在6米左右，目测一下，洞窟的高度也有5—6米。不得不说，这个洞厅的光线是非常明亮的，此等规模的大山洞，在崂山是很少见的。山洞左侧的岩壁下，有用乱石人工垒砌的踏脚石台，旁边的大石头上，还有一处人工凿刻的圆孔洞。踩着那处踏脚的石堆台，可以爬到崖壁上方，这里是洞厅通往峰顶的唯一通道。沿着这个1米多宽的通道，再穿过几处石洞，就可以来到山峰上方马鞍处表面一处较为平缓的地方。此地西面就是虔女峰主峰。从这个山峰马鞍状的平缓处，还可以进入旁边岩壁下的几个小石洞。我们仔细观察，这

修械所山洞圆孔

里也有一些陈旧的人工痕迹，有的小洞内，地面用大石头铺得很平整，有的小洞窟较深，底下也放有专门的踏脚石。在一个形似石笋般的小洞口旁边，还有一处需要伏下身子才能钻过去的长窟窿，外面可以连接到主峰下方一处比较高的平台，那边的视野更为辽阔。

旧社会，食不果腹的人们，是不会无缘无故来到这荒无人烟的地方，耗费功夫凿刻孔洞的。通过我们的观察，与这个大山洞相连接的几个小山洞很干燥，有的小山洞里面也进行过人工平整，适合存放东西或者住人。通过这些年的探索，崂顶周边一带，再找不到这种宽敞明亮、适合生产的大山洞了。

根据这个山洞内众多的人工遗留痕迹，再结合几十米外一些房屋遗迹来分析，我们认定这个山洞，就是李先良回忆录里说的抗战修械所山洞无疑。当年修械所被迫从白云洞匆匆搬到这里，条件简陋，人们临时在这个山洞里进行工作和生活，但长期工作和生活在山洞里是不合适的。至于百米外那些房屋遗址，当年曾经起过何种作用，则不在本文的探讨范围内。

据有关资料记载，因为铁路经常被破坏，铁轨被游击队运进山内作为生产原料，恼羞成怒的日寇在 1943 年 6 月，集中了 3000 多人进山扫荡，这处修械所就是他们的主要目标之一。日寇在这里搜出来 3 台旋床，并抓获 1 名技工，崂山修械所和里面的生产物资，在时隔 4 年后，又一次被日军彻底毁灭。至于传说的铁墩子，当年的抗战军民能发挥聪明才智，把旋床、铁墩等生产工具运到峰顶来。那日军在捣毁修械所时，是否还会继续留存？即便当年留下了铁墩或其他铁件，等战争结束后，山脚周边贫困的村民，也不会放过这种用来换钱的物件吧。

因太平洋战场形势的发展，海外空投的力度也逐渐加大，崂山抗日武装也无意再恢复这个据点，自此，这处山洞也渐渐淡出了人们的视线，洞口逐渐被荒草杂树掩盖，山洞的位置也逐渐被世人忘却。

麦克伦堡疗养院与崂山游览路的兴建

焦相鹏

1897 年德国侵占青岛后，为掠夺山东丰富的农业、工业资源先后修筑了胶济铁路、大港一号码头。与此同时，德国侵略者也逐步开始建设服务于他们自身的设施，疗养院就是其中之一。据《胶澳志》记载，1904 年 6 月 1 日，胶济铁路竣工通车的同时，德人在崂山柳树台兴建的麦克伦堡疗养院也落成启用，并被辟为德国人在青岛的疗养避暑胜地。

崂山柳树台位于崂山南九水东北端，海拔 500 米，环境幽雅。1902 年，德国"东亚救济会"和"慈善彩票会"两个团体出资加上私人筹款，确定在此兴建疗养院，其中贵族麦克伦堡公爵赠金最多，故命名为麦克伦堡疗养院，由总督府内的养病官署领导，供侵华德国官员和军人疗养。

麦克伦堡疗养院于 1904 年 9 月举行开园典礼。房屋建筑为砖木结构，以木为主。建有 3 座建筑物，设有 5 个大病室和 5 个

麦克伦堡疗养院

小病室，大室可容纳7—8人，小病室可容纳5人。同时，还建有食堂、吸烟室、阅览室、化妆室、娱乐室、女宾室、浴室等配套设施。疗养业务由一卫生兵上士负责，伙房由一名护士兼管，医疗器械全部由德国运来。1906年，该疗养院接待度假疗养欧美客人1009人；1907年，接待1077人，其中成年人773人、儿童79人、军队伤病员347人；1908年，该疗养院一改往年春秋两季因登山者较多为接待高峰的状况，夏季也出现客满情况，同年接待客人1199人。麦克伦堡疗养院成为20世纪初德国人和青岛达官贵族最喜爱的避暑胜地。胶州总督府皇家翻译埃里希·米歇尔森博士在为德国殖民地学会主席麦克伦堡大公约翰·何尔布莱希特出席的晚会上所做的报告中常提道："德国远东救济委员会和慈善博彩的丰富捐款足以在崂山庙宇之地建起一座庄园，它可以为殖民地的病人和需要疗养的人提供一处康复之地。"在沙滩饭店开业的同一年，这所康复疗养院也开业了。为纪念其捐款者，它被命名为麦克伦堡宫，成为避暑地。从前去崂山远足探险，需要携带各种东西，如口粮、炊具、卧具和仆人等，因为那里不能提供任何现代化的东西，不得不在庙中过夜。现在则有平坦而舒适的道路通往一座现代化的宾馆，人们可在该处毫不费力地散步，甚至可以走得更远，去欣赏崂山所有的美景。

随着麦克伦堡疗养院的开工建设，德国人于1903年动工并于1904年修通了山东省第一条通行汽车公路——台柳路。台柳路由青岛市区台东镇起，经四方区东吴家村、保儿、河西，李沧区李村街道，崂山区龙口、汉河村等，到达崂山柳树台。台柳路全长30.3千米，铺筑4米宽的碎石路面，共建有大小桥涵217座。该路建成投入使用后，德国人在青岛开办费理查德商号，经营汽车客运。每周三、六的下午，由当时的中央饭店（今中山路南端）发车至崂山柳树台；每周四、周日的下午，由柳树台返回。

据历史档案记载，1904年，德人修建柳树台疗养院的同时，另开辟了16条游览崂山的登山线路。崂山柳树台一度成为侵略者游山玩水的好去处，并引发景区内旅

20世纪30年代的游崂山广告

馆、疗养院、私人别墅的建设高潮。1922年，当时中国政府收回青岛后继续发展旅游业，不断开发崂山旅游，增修了前往崂山的公路。到崂山旅游观光一直是青岛的一大"特色"，如1931年9月13日的青岛《中华报》上刊载青岛一家位于景区内的饭店的广告："到崂山去避暑，比牯牛山岭凉爽，比莫干山伟大，比北戴河美丽，比青岛市节省，崂山大饭店最相宜"从侧面反映了当时崂山的旅游热潮。

崂山百年前的德人路标

王 伟

如果你是一个经常爬崂山的人，看到照片上那个长方形刻痕的石刻，一定会有点印象，可能以前也曾见过。这就是百年前那些住在胶澳租界内，并且喜欢爬山的德国人，在崂山深处的一些登山线路上，于沿途石头上刻制的一些专用路标。

德人刻在大石上的路标

据有关资料介绍，当年德国人在崂山主山脉中，曾开辟了16条登山线路，并且编号，用阿拉伯数字镌于石上。"字大逾寸，作长方印，涂以朱油，以便识别。于要道通衢，更施五彩。崎岖曲折之处，再叠石作志。"

又是一年秋风起，深秋的崂山山林里，色彩缤纷。五颜六色的落叶，铺洒在小路上。明媚的阳光，宜人的气温。这个时候，人们走在大山里，会感到极度的赏心悦目。这是一年当中山林最美的季节。

几人结伴去山里赏秋，今天的路线，是从崂山森林公司遗址的院内开始，走小道步行上山，经线路最高处紫英庵口后，顺泉心河下山直达海边。沿上山的路行走了不多远，我就遇到路边的一块石头，上面有一种长方形的框状石刻。初始我也不以为意，因为以前爬山，也曾遇到过这种标记，但接下来连续遇到几处，特别是沿着泉心河下山的路上，遇到的更多，这让我特别关注起来，感到这就是一种指示方向的标志。因为这条线路是条古老的山路，并且远离村落，除了靠近山脚的局部地段外，主要线路基本保持了古朴的原始状态。一路上连续遇到这么多形状一样的石刻标记，我感觉这就是传说中当年德国人的路标。仔细观察，石头上刻的是一种长方形的沟框，虽然刻有路标的一些岩石有些风化，但石刻还是较为清楚。我用登山杖上的尺寸刻度，测量了两处路标，沟框的宽度都是 10 厘米左右，长度 35 厘米左右。伸手触摸了一番，也没感到框内有什么字体痕迹，周围也没看到有别的字体石刻。因为我从来没见过当年德国人的路标照片，也不知道德国人的路标是什么模样，但只要这条登山线路，与当年德国人的登山线路相吻合，那就一定是德国人的路标。因为当地山民不会无缘无故来此荒无人烟的地方，在这条长达数十里的山路上，沿途凿刻大小规格相等的大批石刻记号。下山后，我查阅了有关资料，果然我们走的这条线路，基本

就是当年编号为十四号线路的德国人崂山登山路径。

现在爬山的山友们，为了分辨山里的小道，往往用一些布条，系在路旁的小树或树枝上，用来标示路口或目标。但百年前的崂山，可没有现在这样的森林覆盖率。当时在胶澳租界内的德国人，为了攀爬崂山并顺利地分辨深山中的小路，有组织地在这些羊肠小道路边的岩石上，刻制了大批统一规格的石刻路标，并涂以醒目的油漆，用来指示小路行进的方向，便于他们登山。像这种刻制在岩石上的路标，任凭风吹雨打，除了油漆要及时补充涂刷外，可以保存上百年。这也从一个侧面反映了德国人的工作严谨，以及他们想长期扎根青岛的想法。

德国人当年登山的十四号线路，是步行由登瀛经过砖塔岭、森林公司，到达最高处的紫英庵口，再顺泉心河下山，翻过望海岭到达华严寺。而我们则是乘车经过砖塔岭，从森林公司遗址才开始进入林间

叠石路标

小路，经过紫英庵口这个最高点后，沿泉心河下山，在即将到达海边时，没有再翻越望海岭去华严寺，而是顺着茶场近年建起的水泥路，步行了半个多小时后出山。可以说除了这条山路两头，被人为改造的部分路段外，我们走的绝大部分小路与德国人的十四号线路是吻合的。也可以说，这条线路上那些统一尺寸的长方印状石刻，就是当年德国人留下的路标石刻。

至于留有阿拉伯数字的这种路标，虽然我还没有见到，想来应该是应用在分道口的交汇处，并配有不同的颜色，供游人来区别使用。而这些远离分道路口的路标，只要采用同一条线路，同样颜色的艳丽油漆涂在刻石框内，能醒目地让游客看到就可以了。

至于"叠石作志"状的路标，因为笔者见到的很少，只是在明道观和神清宫的遗址附近，各见到一处，都是用碎石叠起呈圆锥状，高度不到一米的样子，也同样都是耸立在山路较为曲折陡峭的位置。至于其他地方如果也有类似的标志，希望大家予以补充。

古老的梯子石

关建国

巍峨崂山举世闻名，崂山南线主要是进入崂顶等崂山腹地的路线，南线一是大鞍子茶涧线，一是砖塔岭线，还有一条线是到太清宫的路线，然而从海边到太清纵贯崂山东西的一条"巨龙"——古代梯子石，却鲜为人知。这是因为1961年环崂山公路——112省道的修建让交通变得非常方便，这条进太清宫的主要交通要道就慢慢荒废下来，成了遗迹。

明前已存在

梯子石东起青山口，西到大平岚，宽2.01米，加护梯宽2.65米，全长10千米。实际这条路明代之前就有了，过去到太清宫，只有东海边的东路和水路，南路就是这条路，太清宫的佃户多在现南窑村，从大平岚东南坡到太清宫，从山脚往上攀登，至半山腰，有一段狭窄陡峭的石阶，这就是梯子石。这一段西低东高，石头光滑，虽然有台阶，走在上面不免令人胆战心惊，尤其是当海风大作的时候，游人尤恐被风吹倒，只能俯伏轻挪或者干脆等风过再行，所以当地人称这一段梯子石叫"阎王鼻子"。在梯子石观滔天海浪，亦令人惊心动魄，抬头看，却是龇牙咧嘴的乱石挂在空中，感觉一挪动脚步，声音就要把石头震落下来一般，鳞次相接的乱石排在岩峰中，布满梯子石的周围，走累了把落在下面的乱石当成扶手扶住歇一歇。梯子石是通往崂山太清宫的主要道路，过去送给养、交租进供，还有到山里砍柴、拾草都要走梯子石。

20 世纪 30 年代重修

1932年沈鸿烈任青岛市市长期间，采取以工换赈的办法，重修了这条石条路，

梯子石

即现在保存下来的这条路。修路的时候，在原来基础上就地取材，在光滑的圆石上用钻子凿出脚窝，绕不过去，就人工打成石条，把石条一阶一阶顺山势铺好，陡峭处，后人头接前人脚，真是一条富有惊险乐趣的路，也是一处人工与天工合成的景观。在一些平缓的地方还修建了石桌和石凳，便于游客和山民休歇。

从此上崂山有了南路，想到1949年前，有钱人被轿夫抬着游崂山，穷人弓着腰背负重物，艰难行进，而今盘山大路可通汽车，真是天

壤之别。

梯子石的主要景点

梯子石是在沿海悬崖上依地势修建的一条山路，主要分为4段。第一段是大平岚。《太清宫志》里多次提到大平岚，是当地村民和道士争夺的焦点。有意思的是，1949年后，以这里为界，东为王哥庄办事处，西为沙子口办事处。这里原是崂山进山的主要检查站，从流清河买票后，到这里检票后才能进山。在这里有石刻写着"大平兰"三个字，旁边还有箭头。我咨询了住在附近的84岁的纪传本老人，老人告诉我，这块石刻估计是清代刻的，他还没出生时就有了。在大平岚还有一株百年的楠树，这在北方很罕见。

第二段是阴凉涧。大平岚西路可到鲍鱼岛涧，中路可到南天门峰，东路有2条都可到阴凉涧。我们从南线游崂公路经过的时候，一边是波涛汹涌的大海，一边是山奇林茂的悬崖，汽车行驶在路上，满目

共青团林碑志

青翠，绿化之佳令人惊叹。在这里我们会发现"共青团林"和"共青团林碑志"石刻，石刻的上方就是阴凉涧，在这里有阴凉涧庵。

阴凉涧庵坐落在三面高山围起的一处宽百米、长千米的大平地上，海拔600米左右，现在只有遗址。有利用巨石改造成的套二石屋：一室有石炕，有烧火的柴灶，墙壁上还有凿开的坑洞，估计是放煤油灯和碗筷的；另一室比较宽敞，面积近10平方米。出口皆在南面，其他三面都是高50米左右的岩石，抵挡北来的寒风，从山上流下的泉水冲出一条小溪，解决了水源问题。石洞、小溪、茅草炕，这些描述像极了武侠小说中大侠闭关修炼的地方，让人不禁浮想联翩。

第三段是砺庵子涧，位置在现八水河停车场上方。旧时，八水河砺庵子和阴凉涧庵都属太清宫管辖，所以从砺庵子也有

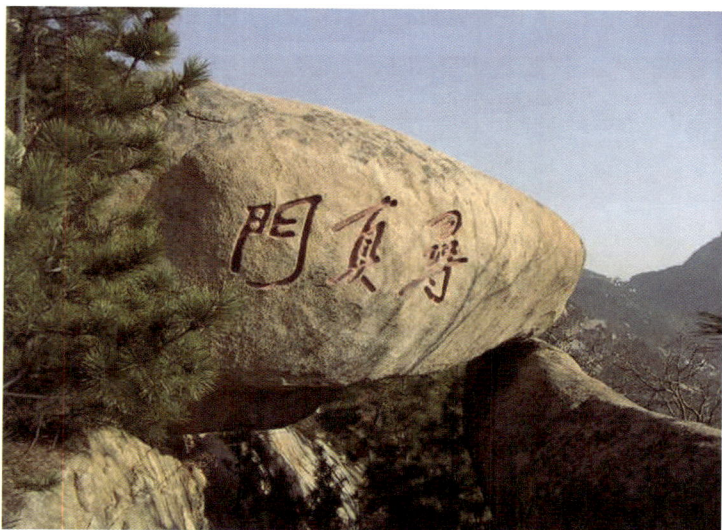

寻真门

小径可到阴凉涧庵，由于此处不属于游览区，没有经验的户外活动者容易遇到问题。但风光秀丽的山体和原始原貌的自然诱惑，还是不断有游客到这里去亲自体会登山的乐趣。过砺庵子涧就是第四段八水河段。

沿"梯"欣赏名人石刻

梯子石八水河段，在修龙潭瀑水库和上清宫游览旅游线路时被毁。在游览路可清楚看到王梦凡写的"天梯"和"鳌首金龟"几个字。在此处上梯子石直上直下，犹如天梯，手脚并用爬到"鳌首金龟"处，豁然开朗，一面是海一面是山，沿东面梯子石蜿蜒而下就是太清宫。山高处有山神庙，庙不大，但修建得很精致。下梯子石，突然一块巨石横道，下有洞，侧身可过，俗称"狗洞"。此名不雅，今名"寻真门"，董海山题书。一路沿阶东下，有高小岩所书"蟠桃峰"，下100台阶有已故书法家王蕴华的遗墨"太白石"，再下100台阶就是唐朝诗人李白诗文的石刻："我昔东海上，崂山餐紫霞。亲见安期生，食枣大如瓜。愿随夫子天坛上，闲与仙人扫落花"。以上的这些石刻都是20世纪80年代新刻的，很多游客误认为是古石刻那可就大错特错。不过在梯子石看近代书法大家的大作，来个近距离接触也是一大快事。

梯子石最东端是修德所书林钟柱的《梯子石记》，

全文如下：

　　山不险不奇，游不恶不快，穷游者莫不知之。梯子石者，亦名天梯，旧以险恶著。辛卯（1891）季春，余游九水毕，复转而游此，过麦窑寻山麓而上，面危峰，临大海，虽称天险，然犹樵牧之径也。忽值高山，乱石磊石可，荆榛满目，似洪荒以来，从无游履践之者。折而下，复登两山，其势较前峻。再一山，石崩谷裂，虎狼所不穴，猿鹤所不到，山精木魅所不游。三岩横出，如蛟龙扬鬣，与霹雷角斗于空中，是为天门顶。举目周视，无足迹可寻，乃先悬带其下，持之而堕于石底，神情恍惚，几疑去天尺五。再半里即至梯子石，上之无可登，下则怪石齿齿，倒垂大海中，一侧足即随波巨去。其中一线直上，绝壁千仞，石莫能自立，鸟莫能自飞，即欲痛哭寄书，而天空地窄，四顾无人，思问一樵夫而不得。俯窥之，下有微光圆明如镜。侧身入，众石支一石，翱翔甫定，衔尾卧其上，人从陈中过，约略下数步，仰见青天，忽成异境，盖世俗所谓狗洞者。疾趋下，渡八水河，攀松杉而上，至其巅，望海水如绿玉，则太清宫之之西峰焉。一片空明，千山紫翠，仿佛更始余民重睹汉仪，出险神稍定，乃逐步回而望之。光绪乙卯（1915）举人林钟柱撰，庚申年（1980）春即墨修德书。

　　东去有岔路，往北就是到明霞洞的梯子石，南到垭口，东去青山。青山可是个好地方，旧时游山交通不便，很多人都在青山住上几天，南到八仙墩，北去黄山或者太平宫，闲暇之余在上宫、下宫、明霞洞溜达溜达。梯子石在这里有二宫（上清宫、太清宫）分道。青山水库南的梯子石因为游人罕至，已经长满石华。梯子石下就是平坦的交通大道——212省道。有了现代化的交通工具，谁还关心古老的梯子石呢？

崂山梯子石

于胜勇

古人常常喜欢打哑谜，印象最深的是泰山一处题为"虫二"的摩崖石刻，实际意思为风月二字的繁体去掉边，意为风月无边。毫无意义的两字，却能被古人演绎得如此意蕴丰厚，中华文化之博大精深及前人才情可见一斑。崂山也有一处石刻为梯子石，初见不甚明了，后才知梯子石不是一块石头，而是一条道路的总称。这条道路大多用长条石堆砌而成，依山走涧，顺山势蜿蜒于深谷幽壑之中，可谓路中长城了。

在崂山可称得上梯子石的石阶路有三处：一是从大平岚到青山的石阶路，长10余千米；二是十里长涧，从寨上到黑风口的路，约5千米；三是响石村到华楼山的石阶路，要短一些，三四千米。其中最名副其实的是东起青山口、西到大平岚的梯子石了。这条梯子石古已有之，据说太清宫的佃户大多住在东西麦窑附近，村民到

梯子石青山段

太清宫交租、进山砍柴，几百年修路不止，才有了梯子石的雏形。但因其极险极恶，以至于"上之无可登，下则怪石齿齿，倒垂大海中，一侧足即随波匉去"，人多不敢行。民国时，青岛市市长沈鸿烈将旧道展宽，山坡概以条石作成阶；昔之蛇行蚁附者，今得阔步其间矣。新修的梯子石长达10千米，自此进出崂山有了南道。不过今天随着流清河到青山的汽车路的贯通，巨峰崂顶的开发及其他一些说不清的原因，所有的梯子石已经荒废于深山衰草中了，只有喜欢野游的山友还不断行走在这些衰败的石阶路上，感受着其中历史的浸润和岁月的沧桑。

笔者最熟悉的是响石到华楼的梯子石。初次去华楼的时候就是走的这条路。想想古人自华阴进山，宿西莲台寺，响石听风、拜华楼山北灵烟道庵，顺梯子石依梯而上，过迎仙岩成仙，达华楼之巅，在南天门下茗茶吟风，达至"最乐处"，何等的逍遥自在，是故华楼才有"名山第一"之誉。长涧的梯子石是雪天走的。当时对崂山知之甚少，只是奇怪这埋藏在深山的石阶为谁而来，又欲向何而去，倾斜的石阶上落满了雪，故而格外难行。后来查了资料，原来这石阶原本要修到崂顶的，也为沈鸿烈主持修建，后来因为抗战的原因半途而废。此路如竣工，巨峰崂顶风光

当与今异，八卦门、天地醇和又当如何？可惜历史不能假设。

南线梯子石我曾经分两次走完，分别为从大平岚到八水河，从青山口到八水河。长长的石阶路依山而行，时有时无，有些已经倾圮的看不出路的样子，有些石阶中央已经长出了小树和荆棘，有些仍保存完好。从其仅存的石阶可以看出，即使与今天的景区路相比也毫不逊色。这其中还有一个疑问，梯子石到八水河消失了，然后在河对岸重新开始，那么当时的梯子石是怎样过河的呢？我想至少应该有一座小桥吧，可惜今天已看不出任何的遗迹了。这条路沿途石刻众多，大致有"梯子石""天梯""鳌首金龟""寻真门"，还有李白诗文的石刻、林钟柱的《梯子石记》等，其中《梯子石记》对梯子石的描写可谓淋漓尽致，读罢此文，不作他想。其中有妙文如下："山不险不奇，游不恶不快，

修德所书林钟柱的《梯子石记》

梯子石者一线直上，绝壁千仞，石莫能自立，鸟莫能自飞，人从隙中过，约略下数步，仰见青天，忽成异境，盖世俗所谓狗洞者。"文中所说的狗洞，即现在的寻真门。从流清河进山，艰难曲折，过寻真门而至太清宫，别有意趣。

现代人常说古人比今人聪明，我想，其原因在于古人行路不便。现代人进太清宫，同家人一起坐着车，一路游山玩水；古人打着绑腿，带着干粮，太清宫也不过一介茅屋，那罗延窟天寒地冻。现人坐索道上山，住山顶宾馆；陈沂到巨峰灵鹫庵，需"僧垂木梯上，乃援之而上"，而僧只能"立牖下竟夜"，庵里只能睡一二人而已，个中滋味，其中体会又怎能一样。古人行万里路、读万卷书，现人"发万短信、看万电视"。古人不是聪明，是笨的只好聪明了，现代人是聪明的有些笨了。

行走实在是很快乐的事，还想再走走梯子石，面朝大海、春暖花开，听听路上二三道尼的低唱轻吟，享受一下古人所谓风月无边的意境，身与心也不免"虿二"一番了。

华阳书院的兴衰

钟昭群

　　书院是我国古代一种重要的文化教育组织。汉灵帝中平五年（188），大经学家郑玄（字康成）在崂山西麓不其山（今崂山铁骑山）筑庐授徒讲学。明正德七年（1512），即墨知县高允中把郑玄当年在不

蓝章中进士画像

其授徒讲学的学屋尊为"康成书院"，并在原址重新修建。康成书院成为崂山最早的书院。随康成书院的诞生和明朝崂山地区人口急剧增长，书院教育伴随着军中卫学和民间塾学等教育形式开始兴盛起来，直至清末经久不衰。

　　在崂山众多书院中，最著名的当属华阳书院。华阳书院位于崂山之华楼山南麓，明崇祯《崂山志》载："华阳书院据山之半，少司寇蓝公建置于此。"蓝公即蓝章。蓝章，字文绣，号大劳山人。明成化甲辰（1484）进士，曾任都察院左佥都御史、山西巡抚、南京刑部右侍郎。明正德十二年（1517），他

61

向朝廷连上七疏而告退归里，在华楼山之阳建书院，曰华阳书院。书院占地亩余，东西并排建设两栋砖木结构平房各三间，因地处高地，背山面溪，且环境幽雅，景色秀丽，而分别取名"望月楼"和"紫霞阁"。后又在书院前、后各建亭台一座，前曰"紫光阁"，后曰"文昌阁"。另外，书院周围摩崖刻石颇丰："松关""天竺碑""枕石漱流""曲水流觞""谈风地"等佳作苍劲有力，意境深邃，使书院文化韵味更加浓厚。华阳书院为私宅家塾，主要为蓝氏一族子弟的修习之所，因而也称"蓝宅书院"。

书院建成后，其规模不断扩大。嘉靖元年（1522），蓝章又于书院内建紫云阁，延请名儒施教。经多年积累，书院藏书十分丰富，列整个即墨（当时崂山全域均隶属于即墨县）各书院之冠，蜚声乡里，远近许多学子慕名而来求学，遂使华阳书院成为当时即墨规模最大、人才最多的书院。蓝章之子蓝田、蓝困、蓝因均曾就读于此，人称"蓝氏三凤"。其中，又以蓝田名声最大。蓝田，字玉甫，号北泉，他自幼聪颖，同辈无人能及。6岁时就日诵千言，并善诗对。8岁随父入京城，其父蓝章的好友翰林孙圭出以长对难之，蓝田不待思索就念出奇绝的对句，对字极为确切，被称为"小圣人"。9岁，侍郎程敏政以《梅花赋》为题试之，蓝田挥笔立就。程敏政叹曰："吾举神童时，不能过此子！"当时凡见者，都赞许其为国器学仕。12岁时，南直隶督学司马亮（后为御史）屡次

命蓝田等人糊名考试，蓝田均获第一。16岁中举人，当时山东提学沈钟奇怀疑蓝田的才华，认为他这么年少，哪来的奇才，很可能是记诵旧作，因而，又再三复试才相信。批卷时高兴地说："不期即墨之乡，而产蓝田之玉！"47岁登进士，官授河南道监察御史。蓝田为官刚正敢言，曾在"廷议"中逆鳞强谏，连上七疏，结果触怒皇帝，挨了廷杖，几乎丧命。但他没有屈服，此后又先后弹劾多名权贵，这些被弹劾的"豪贵"们，对蓝田恨之入骨，千方百计地进行报复打击，他们罗织罪名，加害于蓝田，使他终遭贬罢归。蓝田忠义厚道，仗义疏财，文思敏捷，一生著述颇多。遗有《北泉集》《东归倡和》《白斋表话随笔》《续笔》等诗文集，被人们誉为"万言倚马才"。其中，《北泉集》被收入清初中国规模最大的丛书《四库全书》。其游记《巨峰白云洞记》为现存的第一篇关于崂山的游记。至今刻留于崂山狮子峰上那著名的《登狮子峰》诗，正是蓝田所作。

除此之外，华阳书院培养出的人才大有人在。蓝史孙，蓝田之子，明嘉靖年间（1522—1566）贡生。当铨公鉴时，誓不愿官，告归故里。蓝湜，崇祯十四年（1641）进士，曾任南京神威营都司。蓝再茂，崇祯二年（1629）选贡，曾任京师沧州南皮县知县。蓝深，顺治八年（1651）恩贡，曾任江南临淮县知县。蓝润，清顺治三年（1646）进士，官至湖广布政使。蓝启肃，康熙二十三年（1684）

举人，授内阁中书。蓝启延，康熙三十九年（1700）进士，曾任甘肃西和知县……

华阳书院式微于乾隆年间（1662—1795），当时即墨名儒冯文炌在华阳书院授教。冯文炌字伯章，号素斋，雍正元年（1723）拔贡，授业于华阳书院。后跟随在朝廷做官并曾在华阳书院读书的蓝氏后人蓝启延任其幕僚。蓝启延死后，冯文炌回到即墨老家，后又被朝廷选任湖南东安任教谕，但拒官未任，而参与乾隆《即墨县志》的编修工作。晚年的冯文炌又回华阳书院执教，但因两位优秀爱徒蓝中琮、蓝荣照的亡故而心灰意冷，穷疾而亡。自此，华阳书院辉煌已去，蓝氏后人多移至即墨城东的东崖书院和崂东小蓬莱之紫霞阁就读。之后百余年蓝氏后人虽有修葺，但终难复旧观。民国初期，华阳书院仅存墙垣。

今华阳书院遗迹犹在，旧基尚存，周边石刻保护基本完好，多少读书人、旅游爱好者和山中驴友到这里追寻书院的足迹和

华阳书院遗址

文脉。现其遗址被列为"崂山区重点文物保护单位"加以保护。更为可喜的是，如今山水秀丽的华楼山下矗立起一座现代化的小学——崂山区华楼海尔希望小学。这里人杰地灵，延续着华阳书院的优秀文化基因。"为了孩子的一生幸福着想"是学校为之奋斗的教育理念，先后创建青岛市和山东省的规范化学校，荣获青岛市、山东省乃至全国的荣誉称号20多项，创造了若干崂山教育的佳绩，成为崂山教育的一面旗帜。

崂山华阳书院考

蓝信宁

崂山古谓"海上名山第一",其山海相连,林深壑幽,山光海色,焕若仙境,既为佛、道两家青睐之圣地,亦为莘莘学子读书修学不舍之所。据史志记载,创建于崂山的书院,始于东汉经学大师郑玄创建的康成书院,至唐宋失考,明清时达到鼎盛,如华阳书院、青峪书院、石屋书院、上书院、下书院等等。其中,蓝氏华阳书院在众多书院学馆中,创建时间最早,持续时间较久,以藏书之丰富且人才辈出,列即墨各书院之首,是明清时期即墨比较有名的书院之一。

华阳书院位于崂山华楼山与五龙山之间的华阳山下,四围青山,背崖俯溪,松风竹影,颇多胜致。明崇祯年间御史黄宗昌撰《崂山志》载:"华阳书院在华楼南麓,盖少司寇蓝公伤心时事,退休大崂之

侧,卜筑于此者也。即其所自号'大崂山人'者,可知矣!于是时,其子田登乡荐已二十年,所称博学名儒,实自得于华阳者深耳!故继公为名御史,其谏'大礼',可谓仁至义尽矣!君子而卓然自立,即一丘一壑,大业在斯也。安在不可以千古哉!"

蓝章,字文绣,号大崂山人。明成化三十年(1484)进士,官至南京刑部右侍郎。明嘉靖元年(1522),蓝章于华阳书院内建东西两幢木砖结构平房各三间。东为"望月楼",西为"紫云阁"。书院前有紫光阁,后有茅亭曰"一览亭",旁列数石墩,迎春花蟠石如绣。其北最高悬崖处为"文昌阁",内供文昌帝君。书院前溪石上,刻有"谈经地""枕石漱流""曲水流觞"等字。沿溪水向东,刻有"松关"

"八仙台""仙境""重游旧地"等石刻。书院西行不远有天然碑与仙人桥，再往西有华阳洞。

"枕石漱流" 石刻

"二崂僻处于海隅，内一峰崒然……昔我先公侍御史尝卜筑於是为书院。依阿北峙而南瞩，势敞朗而僻，作茅亭一，藏书及退息所二，厨灶炉室一。"这是康熙年间（1662—1722）蓝启华所记载介绍华阳书院最早的文章。蓝启华，字子美，号季方，清诸生，工书法，善作斗大书。清初著名学者、诸城人张侗咏《华阳书院》诗："千岩飞雨洗虹桥，桥上仙人吹洞箫。梦与弄珠游九水，一时落尽海门潮"，形象生动地描述了华阳书院山环水绕，风景秀丽的迷人景色。乾隆四年（1739），当时的华阳书院主人蓝重蕃作《华阳书院纪略》，详细地记载了华阳书院自建成以来的发展历程及现今书院的风景地貌、人文

景观等，对今天人们研究崂山华阳山景物有一定的参考价值。蓝重蕃，字念宗，号半园。其《华阳书院纪略》云："先司寇公（蓝章）腰其岫而辟之，建华阳书院，以为归休登眺之所。嗣是而后，若先御史公、先南皮公、先君子孝廉公，读书於此，代有增修……书院居华楼山之阳，有阁翼然，颜曰'紫云阁'。后有亭，列数石墩，迎春花蟠石如绣。再折而北，最高处为'文昌阁'……阁之西为大涧，中横巨石，溪水流其上。每水涨时，万壑震荡，如银龙腾空状，上镌'枕石漱流'四字。下有曲水，盘旋石际，镌曰'曲水流觞'。再西仙人桥，横出如掌，可布数席。"清黄肇颚在其《崂山续志》中记载："书院，蓝少司寇别墅也……书院背负崇山，面对高峰，楼三楹，颜曰紫云阁。悬崖上，小阁供文昌帝君，旁为书堂及亭。今具圮。东有石镌曰：'谈经地'，再东曰'松关'。门前石屹立，镌名人诗，皆剥蚀不可读。"

蓝氏子弟对华阳书院珍爱有加，历代皆有诗文赞颂。蓝启肃《春日读书华阳山房》诗云："高阁映雀巍，凭栏望夕晖。掩关非避世，习静乃望机。"蓝中玮《秋日华阳书院作》云："华阳书院卧山腹，廷尉遗迹侍御筑。蓬门蛛网丝萝身，高阁霜威寒逼人。庭来鸟啼啼不歇，阶引藤生生不竭。门外青松遏秦云，阁前苍柏留汉月。扑面清风松柏香，松柏树下洞水长。潺潺千古自西来，终是东流不复回。百年时事今何在，空山唯有读书台。"即墨周、黄、杨各族文人均有盛赞华阳书院的诗文，

如明周如锦《宿蓝侍御华阳山房》诗云："琴书送火照，风露绵衾醒。不意神仙宅，天垂柱史星。"另有明黄宗臣《题蓝侍御华阳书院》、清杨士钥《华阳书院》等。

华阳书院"业赫滋羡，名大生嫌"，明万历二十三（1595），发生了华楼宫道士栾道明纠集徒众霸占书院地产事件，引发争讼。适蓝再茂12岁，面对道士栾道明抢占华阳书院，"毅然身当质讼，司台履境亲验，置道明于法不逞之徒"。莱州府道台亲临查处，保护了蓝氏华阳书院的地产完整。

蓝水撰《蓝章年谱》载，明正德十三年（1518），蓝章筑华阳书院于劳山华楼山之阳，岁时游览，自号"大劳山翁"。华阳书院为蓝章所建应该是肯定的，但其创建年代应该在明正德十三年前。考蓝章之子蓝田"幼读书华阳书院"和蓝因、蓝因读书时的年龄推断，华阳书院不可能建于正德十三年（1518）以后。明弘治二年（1489），蓝章之父蓝铜逝世，葬于"华楼凤山之阳"。其墓地就在华阳书院东面的蓝家庄。此时，华楼周边已是蓝氏家族的地产。由此断定，蓝铜病故后，蓝章在家"丁父忧"守孝期间始建华阳书院，退休后增建完善了华阳书院。明弘治二年（1489），蓝章为其父蓝铜在蓝家庄建造墓园，并在风景秀丽的华阳山下建造了一座看山的茅屋或书屋，供子孙读书游玩的休憩之所，这应该是华阳书院最早的雏形吧。

在华阳书院北石壁上有一处"弘治元年春"石刻，字体15厘米见方，古朴大方，用笔造诣颇深。华楼山以及石门山一带山上，有"官山界""蓝宅书院西南界，石门东北界"等石刻。按蓝重蕃《华阳书院记》残版记载，蓝氏华阳书院地产甚广。记云：

康熙三十二年（1683），华楼宫道人徐和林等出赖书院，与讼上控，蒙府宪勘验，当立界碑载书院山场四至刊刻于后。东至一横桥水沟为界，东南至恶狼岭石峤为界，挨下以分水岭通杨树沟接连一横桥沟为界，东北至分水岭接通一横桥沟为界，西至石门山口分水岭为界，西北至华楼宫界字为界，西南至石门山分水岭为界，南至山顶一流分水岭为界，北至华楼宫一流界字为界，华楼宫东南界，蓝宅书院东北界。神路东北石峤界字一个，东南至本宅，西北至华楼。挨上石峤界字一个，东南至本宅，西北至华楼。挨东北黑石壁界字一个，东南至本宅，西北至华楼。挨上东北垛着石峤界字一个，东南至本宅，西北至华楼。挨上东北鹰嘴石界字一个，东南至本宅，西北至华楼。挨西马面石界字一个，南至本宅，北至华楼。代悦莹西石峤界字一个，南至本宅，北至华楼。挨西南路南石峤界字一个，东至本宅，西至华楼。挨南石流子西石壁上道文界。道文南岭石壁上界字一个，东至本宅，西至华楼。挨西南香涧顶道文立界，华楼东界，蓝宅西界。香涧顶西风口东道文立界。风口西石壁界字一个，南至本宅，北至华楼。挨西红峤顶界字一个，南至本宅，北至华楼。挨西石峤界字一个，南至本宅，北至华楼。挨西又石峒界字一个，南至本宅，北至华楼。挨西石峒界字一个，南至本宅，北至华楼。仙人桥北石壁界字一个，南至本宅，北至华楼。挨西大顶华楼南界、书院北界。挨西小石峒界字一个，南至本宅，北至华楼。大顶西北界字一个，东至华楼，西至本宅。

道文立界石刻

华阳书院"传世十二，历年四百"，在培养子弟方面起到重要作用。蓝章规定，"凡蓝氏子孙，考取秀才后，可入华阳书院修业。"黄宗昌《崂山志》中记载："其（蓝章）子田登乡荐，已二十年。所称博学名儒，实自得于华阳书院者深耳。"蓝章之子蓝田、蓝困、蓝因均就读于此，人称"蓝氏三凤"。蓝田字玉甫，号北泉，16岁中举人。山东提学沈钟惊叹："不期即墨之乡，而产蓝田之玉。"因而名扬齐鲁，荐入太学。嘉靖二年（1523）进士，授河南道监察御史，议大礼，疏七上，偕

同官憾门哭，被廷杖几殆。以议礼得幸的给事中陈洸阿附张璁、桂萼等人，先后劾大学士费宏，尚书杨旦等十余人，蓝田持疏论之，并痛斥席书、陈洸等人的奸贪恶行，一时名动京城。后巡按甘陕，"平乱安民，奏所当兴革者十数事"。当地人赞曰："一按一抚，一子一父，虏不犯边，民得安堵。"其文名与关中康海、山右马理相鼎峙，而行义尤高。

华阳书院的藏书十分丰富，列即墨各书院之冠，远近许多学子慕名而来求学，遂使华阳书院成为当时即墨规模最大、人才最多的书院。蓝润《省克轩》诗记载了14名与其一起在华阳书院读书的外姓学友："甲戌就此肄业，致乙酉科，计十二年，寒窗之苦，不忍言矣。先后同社，则王提封、孙介庵、王鸣元、王仲玉、杨升之、杨葵卿、吕秋卿、胡二酉、宋惟恭、尹潜初、卢树之、赵云子、袁雪航、姜玉璇诸公也。"由这里培养出的蓝氏人才有：蓝史孙，明嘉靖年间（1522—1566）贡生；蓝再茂，崇祯二年（1629）选贡，任南皮县知县；蓝涺，崇祯十四年（1641）武进士；蓝润，清顺治三年（1646）进士，官至湖广布政使；蓝深，顺治八年（1651）恩贡，任江南临淮县知县；蓝启肃，康熙二十三年（1684）举人，授内阁中书；蓝昌后，康熙二十六年（1687）举人，官德州学正；蓝启廷，康熙三十九年（1700）进士，官西和县知县；蓝中高，乾隆十八年（1753）拔贡生，官日照县教谕；蓝用和，乾隆二十一（1756）举人，

华阳书院残垣

官龙门县知县；蓝中珪，乾隆四十五年
（1780）岁贡生，官高苑县训导；

清康熙至乾隆年间（1662—1795），
蓝氏家族多遭变故，人丁凋零，华阳书院
也随之败落。其时，蓝章六世孙蓝启延为
甘肃西和县县令。年羹尧统兵西征，蓝启
延督调军饷，劳累而卒。其幕僚冯文炘再
次回华阳书院执教。当时学生中有蓝中琼
者，文思超群，冯文炘对其寄予厚望，作
《咏古松》诗以资鼓励："古松蟠云根，吐
纳众山气，岂徒烟霞赏，还裕栋梁器。"
不料，蓝中琼于20岁时病故。另有庠生蓝
荣照，秀慧天成，特工书法，因事而亡。两

名爱徒的相继过世，加之自
己无子女，冯文炘心灰意冷，
穷困致死。自此华阳书院日
渐清冷，藏书尽失，蓝氏后
人多移至即墨城东的东厓书
院或仰口小蓬莱之紫霞阁就
读。清道光年间（1821—
1850），蓝氏后人蓝希文又
增建山楼一座，之后百余年
间虽有修葺，终难复旧观。
清末民初，华阳书院尚有房
屋茅舍供人居住。1949年
后，院区辟为军用，房屋被拆毁，今华阳
书院旧基尚存。蓝田十二世孙蓝水曾于
1935年重游华阳书院时，触景生情，感慨
万分，有诗云：

当年选胜筑平泉，树石清幽别有天。
勇退聊寻山水乐，藏书但愿子孙贤。
谈经有地人何在，望月无楼夜不眠。
丹障哪知兴废感，高俊云表尚依然。
而今犹是旧平泉，浪说当年别有天。
阁圮已无书可读，楼倾空复月常圆。
门前逝水滔滔去，峰顶归云夜夜眠。
令我顿生兴废感，不能堂构愧前贤。

塘子观书院

钟昭群

塘子观又名堂子观，位于王哥庄街道晓望社区二龙山，建于南宋时期，为太平兴国院（太平宫）的脚庙。明万历八年（1580）重修。清光绪年间（1875—1908），道人吴介山再次重修。

塘子观在崂山九宫八观七十二庵中的建筑规模不算很大，但却因其不乏动人故事和作为崂山知名书院而闻名于世。特别是宋代"两谢"在此对崂山道乐的改革与广泛传播以及明末清初清官郭琇求学于此而名声大振。

据太平宫道士传述《塘子观庙志》载，南宋衰亡后，宫廷太妃谢丽、谢安姐妹俩携随从化装成渔民，乘船逃难来到崂山东麓太平兴国院（太平宫）出家修道。太平宫前临仰口湾，谢丽、谢安每一出门望见大海，便触景生情，掩面痛哭。宫中道士颇为同情，便劝说两谢移居离海稍远的山后脚庙——塘子观。

风景秀丽的塘子观

"两谢"在宫廷时就精通琴法韵律，能演奏古琴和笙、管、笛、箫等多种乐器，在塘子观入道后，便全身心投入到道乐的研究中，开始尝试把宫廷音乐融入道教音乐的经韵曲牌之中。"两谢"来到塘子观之前，"接大驾"和"祭三清"的仪式除了用《大赞》，就是丘处机的《三涂颂》，讲究清静无为的戒律，禁止响动乐器。"两谢"来塘子观后，对道教音乐不断进行研究与改革，首先加入了古琴弹奏，再后来又加入了吹奏乐器。并把丘处机的《三涂颂》之首段编配上富有江南丝竹乐曲特点的旋律，其音乐虔诚、优美、感人，同时富有地方乐曲和宫廷乐曲双重特点，并名曰"三清号"，成为崂山道乐之精华，此曲一直传至今天。谢丽、谢安还积极开辟"应风"道乐，创编了《望海》《观潮》《遊湖》《听涛》等应风曲，为百姓的外坛服务，并倡导以管弦伴奏。主张道士念经，既可用管弦伴奏，也可用打击乐器伴奏，使崂山道乐的改革与传播又进了一步。这样，崂山道乐便分成了两个区域，即以打击乐器为主的内山道观（崂山里的道观）和用管弦伴奏的外山道观（崂山外围道观）。外山道观可以参加民间的"应风"活动，又称"应风山门"。塘子观则同时具备内山道观和外山道观两种演奏方式。在此影响之下，应风道乐正式走向民间，并

开展得轰轰烈烈。在崂山外山道观区域流传着这样一首民谣："百福庵的笛子大妙山的笙，马山的管子万般通。"这足以说明当时管乐在应风道乐中所处的地位。应风道乐在民间的"求雨""祭孔""祭岳""度亡灵"等外坛民俗活动中被广泛应用，具有极强的影响力。"两谢"创编的曲牌和经韵被称为"谢谱"，塘子观则成为当时崂山道乐的研究和交流中心。"两谢"仙逝后，人们将她俩葬于现在崂山区王哥庄街道晓望社区村东处，坟头高筑似两座土台，后人们把这两座土台称为"双台山"。"两谢"对道乐的潜心研究与改革的精神一直鼓舞着后人发奋向上，敢为人先。如今，在双台山前坐落有著名的双台中学，这里依山傍海，人杰地灵。多年来，双台师生扎实敬业、无私奉献、刻苦钻研，把一所山村学校逐步发展成青岛市教育改革十面红旗学校、省级规范化学校、省级初中教学示范学校和全国文明建设工作先进

崂山道乐表演

单位，这里人才辈出，创造了若干崂山教育的佳绩。

塘子观因"两谢"声名远扬，加上这里风景奇秀，前拥群峰，右临曲洞，松瘦石奇，洞水曲映，因而文人墨客常会于此。元初，南宋皇室后裔赵孟頫，博学多才，书画绝伦，琴棋韵律无所不通。他于元世祖至元二十九年（1292）专程来到崂山塘子观探望两位皇妃。下榻塘子观期间，与"两谢"就道乐进行了深入的探讨与研究，针对"两谢"的《三清号》创作了著名的道乐琴曲《相见欢》，完成了他的《琴源》《乐源》两部乐著。在塘子观他还亲笔题写了"世外别墅"四个大字，至今清晰地保留在观西的巨石之上。后来，清初即墨进士、湖广总督郭琇幼年在此求学，更为塘子观增添了色彩。

郭琇字瑞甫，号华野，生于明崇祯十一年（1638），自幼家境贫寒。有年大旱，粮食歉收，母亲领他来到南山（即现在的崂山二龙山），以乞讨、拾野菜度荒。走到塘子观时，郭琇听到庙里有朗朗的吟书声，就爬窗偷看，然后把学到的字用树枝在地上练写。后被老师发现，看他聪明好学，便把他留了下来。从此，老师悉心教导，郭琇用心学习，终于脱颖而出，清康熙九年（1670）中得进士。后来他出任吴江知县，"莅事七年，弊绝风清，循声为江南第一"。后经巡抚汤斌力荐，升任江南道监察御史，此后又任佥金都御史、左都御史等职。郭琇为官清正，其刚正不阿闻名朝野，曾先后上《参河臣疏》《纠大臣疏》《参近臣疏》等，并因此遭受奸臣余党诬陷，被罢官回归故里。

康熙三十八年（1699），康熙皇帝南巡回京，路过山东德州，郭琇奉命赴德州迎驾。康熙皇帝对大臣说，朕幸江南，吴江百姓至今感戴郭琇，可见是个好官。并当即授旨郭琇为湖广总督。郭琇被朝廷重新起用，任湖广总督数年。任职期间，他为国为民，廉洁清正，勤勉干练，善断疑案，湖广"治行为江南最"，深受百姓拥戴。他不计私利，弹劾权奸，在权臣面前毫无惧色，特别是对贪官污吏的腐败以及结党营私的不正之风进行了有力抨击。他的行为对巩固朝廷统治做出贡献，对"康乾盛世"的实现功不可没。但终因其不能与权臣同流合污，最终还是被排挤罢官，再回故里。

郭琇归家后，远离政治，远离喧嚣，钟情于崂山山水间，尤其喜欢到幼年读书的塘子观一带游玩。这里读书的孩子只见此人衣着简朴，为人随和，和蔼可亲，但不知此人是自己的学长，曾为著名的封疆大吏湖广总督。康熙五十四年（1715），郭琇77岁时满怀对塘子观的眷恋故去。

塘子观因成就郭琇而成为崂山的著名书院，多少文人墨客慕名而来。清光绪年间，掖县举人林钟柱发现此处确是一处教书育人难得的好地方，遂于其中教授生徒，凡数十年，培养出不少人才，并将塘子观正式取名为塘子观书院。他在诗中对塘子观这样描写："极目西南望，山腰屋数弓。竹间高树出，石底暗流通。寂寞松阴绿，萧条寺壁红。遥看村叟过，策蹇小桥东。"

令人痛心的是，塘子观曾数遭厄运。1938 年，日寇侵略青岛，霸占崂山，经常进山扫荡。1939 年，日寇扫荡塘子观，杀死道士，烧毁庙宇，一代名观毁于一旦，塘子观也再听不到读书的声音。1948 年，道长周源深与主持郭明禄募资重修，但规模远不及从前。然"文革"中，塘子观作为"四旧"，再度被毁。后晓望村民又在原地简修塘子观正殿，从而对遗址进行了有效保护。2006 年，晓望村斥巨资重修塘子观。此番重修，禀遵古刹，扩其规模，尽显精华。塘子观虽不再作为村童读书之场所，但塘子观书香道韵的辉煌与风采又得以再现，这里成为崂山二龙山景区的重要景观，多少读书之人、莘莘学子慕名而来，游客络绎不绝。

文脉远播的劳山书院

钟昭群

劳山书院位于崂山之余脉的鹤山北麓深处的皋虞一带，清乾隆五十二年（1787）由即墨知县叶栖凤创建。因其建于崂山之余脉，又因崂山曾名为劳山，故命名劳山书院。叶栖凤，四川广安举人。在任即墨县令期间，对文化教育非常重视，文庙、学宫及社坛皆焕然一新，在即墨、崂山一带至今传为佳话。劳山书院建成后，叶栖凤又在崂山北九水太和观建书院，兴学劝士。后人将太和观书院也称之为劳山书院。该书院是否为地处皋虞的劳山书院的分院，还有待考究。

劳山书院气势恢宏，设备齐全。据同治《即墨县志》记载："大门居中，东西夹以房，其北讲堂三间。堂右耳房，左为夹道。堂后楼，楼后台。房均五间，堂、楼、房俱有两厢。"书院设山长1人，总理其事。该书院定期召集儒生讲学、课考，颇具影响力。道光二十五年（1845），即墨知县王九兰倡捐，置地680亩为学田，地方人士黄凤翔、黄凤文又捐荒田250余亩，田产收入作为书院灯烛膏火耗费用资。同治十一年（1872），即墨知县林溥重修劳山书院，并撰写《修劳山书院记》，叙述了重修劳山书院的经过。林溥，字少紫，江苏甘泉（今属江苏扬州）人，咸丰二年（1852）进士，长于诗画，工墨梅，丰神洒落，气韵古秀。著有《扬州画苑录》《扬州西山小志》等。在任即墨知县期间，为民造福，官声甚好，时称良吏，百姓拥戴。林溥邀请曾在青峪书院教过书、参与他亲自主修同治《即墨县志》的主要编辑，即墨举人黄念昀来劳山书院担任山长并主持书院的重修工作，重修后的书院规模扩大，生源增加，管理更规范。今尚有生员蓝恒矩、江桂森、牛光荣课本原文存

太和观

世，为策论、文章及诗赋，并有儒师的评语及奖励金数额，是研究劳山书院教学活动的珍贵资料。随着现代教育的问世，劳山书院也与时俱进，于清光绪二十九年（1903）改为现代官办学校，因书院地处皋虞，故新学堂命名为"皋虞学堂"，后几更其名，几易其地，抗战时期遭日寇狂轰滥炸，被迫解散。

劳山书院今已圮，院址已成为居民居住地，但劳山书院在崂山书院的历史地位极为重要。它坐落于崂山余脉鹤山深处，学田达上千余亩，书院管理模式遵循宋代朱熹所创白鹿洞书院之教规，颇有公塾气象。与崂山区域内其他著名的书院比较，康成书院以奉祀郑玄为意，且存世不长；华阳书院、下书院等大都带有家族性质，多属私家书院。也就是说，只有劳山书院才是具有真正意义上的书院并一直发展延续为后来的现代学堂，其文脉远播。

附即墨知县林溥为重修劳山书院所作《修劳山书院记》：

凡事无巨细，贵得天时，固也。然而人事岂可不讲哉？融如晴霁，天也；经营撙节，则人矣。人定胜天，一不至，功且不成；事欲成之速且坚且省，未易言也。吾于修劳山书院益信。书院创于乾隆间（1736—1795），至是垂百年，倾颓过半，屡议修，迄不果，筹费艰，司事者且畏阻也。今年余集绅董议，锐意捐修，余者倡，绅富量力捐得成数。山长黄存廉举江君方镠，谙练明会计，俾董厥事，涓吉鸠工，两

月而毕，坚好如式，不可谓不速矣。初计工需三千缗，及竣事，工溢于所估，而费不加增，且赢五百缗，即速且省，何道而能然哉？或曰天也，盖谓冬雪将辍工，忽融和晴霁，工复作也。不知虽有人时，而督责不勤，必旷日持久，而工仍迟。勾稽不当，必支销糜费，而用不节。不节且迟，当此严冬，费且告竭，融如晴霁能持久恃乎？乃董事者悉心经画，并日而营，且锱铢程量，如家常之计米盐，督操作者然，又得天时以助之。夫是以成之速且坚且省也。是天时半，人力全也。时余已瓜代，方谓不及视成，即蒇事来告实，始愿不及此，欣然喜且叹，成事非难，得人难，知人尤难。苟得其人，斯无难矣。矧书院关一邑文教，嗣是师生以时讲习，观摩砥砺，是盖文风将兴，殆有默相之俾。余锐意修举，又得人力任其事，以至不日观厥成也。虽曰人事，其实天也。计修先大门，次讲堂、堂后楼、后室、后橱皆五楹，堂有厢，楼有耳房，悉新之。工始于九月某日，竣于十一月某日，共用京钱二千五百缗。总理者山长黄孝廉念昀，监工会计始终其事者贡生江方镠，副之者州同衔任宗岳，廪生郭由章、监生江思先也。

同治十一年（1870）岁次壬申嘉平月既望，升任东平州知即墨县事扬州林溥并识

青峪书院

钟昭群

青峪书院位于崂山水库东北之青峪村，由即墨人江恭先创建。江恭先，清道光十四年（1834）举人，安州知府。因刚直不能媚上官，辞归乡里。在青峪筑舍隐居，并建书院延请黄念昀教两个儿子读书。黄念昀，字炳华，号海门，道光二十年（1840）举人。经、史、子、集无所不通。德行高洁，极孚声望。候选知州，拣选知县。后以弟殁归里，坚辞不就，以成就后学终其一生。黄念昀无子，过继黄肇颚为嗣子，黄肇颚与堂弟随嗣父就读于青峪书院。黄肇颚，字仪山，清即墨人，贡生，清末著名文人。黄肇颚自入读青峪书院，便

对崂山的一山一水、一草一木倾注深情。同治七年（1868），他与嗣父参与当时即墨知县林溥主修的《即墨县志》编纂工作，走遍了崂山的山水之间，搜集了大量反映崂山的游记、碑文、诗词等。对崂山

崂山续志

75

的古迹、名胜、人物、物产、别墅等有了深入的了解，从而立志在黄宗昌、黄坦父子《崂山志》基础上撰修《崂山续志》（又称《崂山艺文志》），逾十年之久，终于光绪八年（1882）完成30万言之鸿篇巨制。《崂山续志》内容丰富，全面记述了崂山的山川地理、名胜古迹、人物物产、风情掌故等，集历代名人游崂诗文之大成，

对今天了解、研究崂山的历史文化弥足珍贵，是一部难得的崂山山志。

青峪书院存世不长，建成后仅培养了4名学生便不再收徒。但4位学生都有较深造诣，尤其是培养出黄肇颚这样一位对即墨、对崂山历史文化做出巨大贡献的学人。因此，青峪书院虽历史短暂，但却名声远扬，在崂山书院史上可圈可点。

俄罗斯饭店

宋立嘉

历史上青岛和俄罗斯的关系源远流长，现在还保留完好的俄罗斯建筑在青岛也有很多处，俄罗斯饭店就是其中之一。

俄国十月革命前夕，俄罗许多大富豪变卖家产，将资产换成黄金，纷纷逃离俄国。有的跑到东北地区，还有很多人到了青岛。北九水的俄罗斯饭店就是在这个时期建起来的，具体时间大约在1915年，同时建成的还有俄罗斯教堂等。

俄罗斯饭店在内三水附近，背山靠河风景优美。该楼用当地花岗岩建成。《胶澳志》记载："本区石料丰富，故建筑多用石"，应该是俄罗斯饭店建筑用料的真实写照。大门朝西，南面因为山势落差大，所以用石柱与北面的地基取平，地铺石条，屋内向阳不潮湿。饭店分三层，充分利用了山势。俄罗斯饭店不但构造独特，而且环境幽雅清净，位置极佳。从南面看是一座小楼，在北面看类似平房，门前有一条近百米的幽径石梯小道，装有栏杆，曲折蜿蜒到山下，路两边竹林翠绿，青松蔽日，一年到头空气清新极了。过俄罗斯饭店东去有梯子石，以前是到蔚竹庵的必经之路，是20世纪20年代修的，现已废弃，偶有山民和户外活动者从此经过。房南下就是内三水，一座实木小桥下，两个高低不同的水潭相连：高处为"无极潭"，低处为"无隅潭"。在这里，可以欣赏到潭水的景致，奇特的山峰"将军石"等景观。前几年路过俄罗斯饭店，看到里面成了一个培训中心，里面养了大大小小很多狗，游人只能在山下仰望而已，真是可惜。

崂山大饭店

白秀芳

大饭店的由来

1931年，青岛市政府对崂山道路进行了一系列的改造之后，逐渐在崂山修复了一些重要景观。在此期间，有位叫栾心圃的富商带着他的夫人和女儿来到柳树台，投资并重新整修了这里的建筑，建成了崂山大饭店。这饭店专门招待那些前来崂山旅游的外国游客和达官贵人。饭店经营各种精美的风味西餐，其中以一磅重的精粉面包和海味拼盘著称，另外大饭店还设有歌舞厅、酒吧等。为了招揽顾客还曾经在大饭店前面的空地上建了弹子房和小球场等。

据青岛市史志办公室编

《崂山志》记载："青岛自1926年开始出现公共交通，不久即开通由市区至崂山附近乡镇的公共交通路线。1934年6月新组建的青岛市公共汽车股份有限公司在全市经营10条公交路线，行经崂山的就有5条。其中，由市区通往崂山的有河南路

20世纪30年代的柳树台

（当时青岛市公交总站所在地）至白沙河和河南路至板房。另外三条是沧口至夏庄、五里岗至大崂、九水至登窑。"从这里可以看出当时到崂山最方便的是经南九水到柳树台，而位于柳树台的崂山大饭店占据了极好的位置。为了招揽游客，饭店在1931年的青岛《中华报》报纸上大做广告称："到崂山去避暑，比牯牛山岭凉爽，比莫干山伟大，比北戴河美丽，比青岛市节省，崂山大饭店最相宜！"栾心圃竟将广告做到车票上去，"崂山大饭店可以午餐"。不得不令人佩服经营者手腕的高明。

可惜好景不长，1938年1月，日军在山东头海岸登陆，第二次侵占青岛。各地的达官显贵纷纷举家内迁，位于柳树台的崂山大饭店也早已人去楼空。这里的主人在慌乱中竟然来不及带走随身之物，自家的小汽车也不要了，仅带领家眷仓皇出逃，崂山大饭店匆匆关闭。

在这期间，崂山大饭店被"青保"（青岛保安总队）占领，他们四处骚扰袭击日军，使日军恼羞成怒。1942年，日军全面清剿，将崂山大饭店里面的所有物品一并砸烂并将建筑焚毁，以杜绝"游击队"日后重返此地，建筑群彻底荒败了，崂山大饭店从此谢幕。

抗战胜利后的1946年2月13日，国民党中央特派视察东北九省及华北各省市接收工作的沈鸿烈，为了慰问青岛乡区民众，来到崂山，栾心圃被邀故地重游。同行的有李先良、高芳先、芮麟及各报记者等30余人，分乘5辆吉普车到了柳树台。

据芮麟记载："自北九水至柳树台，汽车完全在山顶盘旋。山高道陡，惊险万状。将至柳树台，同车的栾心圃太太忽地掩面哭起来了。战前心圃夫妇在崂山经营崂山大饭店，建筑雄伟，风景秀丽，为崂山名胜之一。事变后，他们不甘留居青岛为敌伪的顺民，万里跋涉，入川抗战，备尝艰苦。今日归来，崂山大饭店不见了，仅留下几堆瓦砾。合抱的柳树也一株没有了，只剩下一座荒山。此情此景，怎不令人心伤泪落？心圃扶着他太太到饭店遗址巡视一周，也禁不住长叹一声。本来人间哀乐，万物荣枯，事业兴衰，决无永恒不变之理。崂山大饭店，即使不为日军摧毁，总有一天也得毁灭的，不过在永恒的宇宙运转中延长一瞬间罢了。了然于此，也就可以释然了。口占一绝，以慰崂山大饭店主人。'八年西去又东回，大好楼台剩劫灰。寄语栾家贤伉俪，前尘如梦莫深哀。'心圃夫妇读之，当亦为破涕一笑。"

崂山大饭店的前身

崂山大饭店的前身是德国人建立的麦克伦堡疗养院。最初建设疗养院的提议是皇家海军高级医官莱尔切提出的，他的建议被德国统治者采纳。1902年，疗养院开始兴建，建筑工程设计者是建筑师、建设局长波尔。建设资金主要来自发行的福利彩票和私人捐赠。其中，麦克伦堡公爵私人捐款最多。故1903年3月10日，在总督楚佩尔的提议下，疗养院被命名为"麦克伦堡"。1904年9月麦克伦堡疗养院建成并正式对外开放。据《胶澳发展备忘录

1906 年 10 月至 1907 年 10 月》记载："地处崂山的麦克伦堡疗养院，今年接收了 1077 人，去年则为 1009 人；其中成年人 763 名，儿童 63 名，驻军伤病员 251 名，其中来自保护区的疗养人员为 982 名，来自外地的为 95 名"。麦克伦堡疗养院成为 20 世纪初德国人和青岛达官贵族最喜爱的避暑胜地。胶澳总督府皇家翻译埃里希·米歇尔森博士在《青岛发展回顾》（1910 年 6 月 11 日）一文中提道："德国远东救济委员会和慈善博彩的丰富捐款足以在崂山庙宇之地建起一座庄园，它可以为殖民地的病人和需要疗养的人提供一处康复之地。为纪念其捐款者，它被命名为麦克伦堡宫，成了避暑地。从前去崂山远足探险，需要携带各种东西，如口粮、炊具、卧具和仆人等，因为那里不能提供任何现代化的东西，不得不在庙中过夜。现在则有平坦而舒适的道路通往一座现代化的宾馆，人们可在该处毫不费力的散步，甚至可以走得更远，去欣赏崂山所有的美景。"房屋建筑为砖木结构，以木为主，地基采用了当地产的崂山花岗岩。共有 3 座建筑物，设有 5 个大病室和 5 个小病室，大室可容纳 7—8 人，小病室可容纳 5 人。同时，还建有食堂、吸烟室、阅览室、化妆室、娱乐室、女宾室、浴室等配套设施。疗养业务由一卫生兵上士负责，伙房由一名护士兼管，医疗器械全部由德国运来。

1914 年日德战争，早在日军发起进攻的前一天，德军就已经预感到事态不妙，自己动手焚烧了麦克伦堡疗养院。据当时的德方史料记载：9 月 18 日下午，德军开始放火焚烧疗养院；19 日双方激烈交火后，疗养院更是浓烟滚滚，"战火彻底毁坏了美丽的避暑夏宫"；等到当天下午 5 时许，没等日军强占柳树台，德军已经骑马携带物资撤离阵地。就这样，由德国人修筑的麦克伦堡疗养院因"一战"而成废墟。其实，德方史料是有误的，疗养院主体没有遭到大的破坏，而 19 日的大雨让火彻底熄灭。从日方史料可以看到，日本战旗在疗养院前飘扬，而疗养院表面完好如初。后来日本部分修复了疗养院的设施，并改名为崂山病院，专供日军驻青岛部队疗养。但从此之后，就失去了对疗养院的记载。但从后期的各种资料来讲，崂山大饭店的前身就是麦克伦堡疗养院是确凿无疑的。

日军占领柳树台

名人与崂山大饭店

1931 年，驻青岛市区的中共山东省委在崂山大饭店召开省代表（扩大）会议，选出省委委员，组成新的山东省委，陈逵任书记。省委会议在偏远的崂山召开，想必是为避开白色恐怖的围剿吧。

著名画家黄公渚先生在 1933—1935 年期间，曾经多次入住崂山大饭店，省却了来回跑路的辛苦。他曾经作词《清平乐·秋日游南九水暮宿崂山饭店》："数行官柳，路入南龙口。弹月桥边人载酒，照影溪柳面皱。打窗如雨虫声，梦醒山馆难成。林月窥人半面，多情却似无情。"黄公渚先生酷爱崂山山水，经常在山中数月，遍游名胜，以画笔歌颂崂山的奇峰怪石、幽涧深谷，先后完成了 100 余幅崂山山水画，很多写生、写作都是在崂山大饭店里完成的。在诗文创作方面，黄先生著有《匋厂文稿》六卷、《匋厂词乙稿》线装一册、《劳山集》等。黄公渚先生所著《劳山集》，是一部描写崂山自然景观、歌咏礼赞崂山的文学创作集。

1934 年 8 月 1 日，现代著名作家郁达夫自己到崂山柳树台，先走进崂山大饭店吃了午饭。遗憾的是饭店由于接待不周，"值事者董某，貌尤狞恶"，给他留下坏印象。饭后，郁达夫登崂山大饭店南大楼，向西南远眺，除望见王子涧上之千岩万壑、

石山树林外，还遥见胶州之远山，海色迷茫，亦在望中。他感叹道："柳树台无柳树，竹窝中不风竹，尤觉可笑。"其实他主要是不了解山中情况，很早以前，在该村东端的平地上曾经有两棵大柳树，故而得名柳树台。在修建麦克伦堡疗养院过程中，柳树被砍掉了，故柳树台无柳树。竹窝村原叫猪窝村，因西山上有一个野猪窝而得名，后觉得村名不雅改为竹窝村了。

1935 年夏天，现代著名作家苏雪林曾在青岛度过了 1 个月的避暑生活。8 月 18 日，她和丈夫邀请黄雪明女士一起到崂山游玩，三人在崂山住了一晚，苏雪林也给我们留下自传性游记《崂山二日游》。对此次崂山之游，她在游记中作了详细的记述，从中我们可以窥见许多今天已经无法见到的 20 世纪 30 年代中期的崂山风貌。苏雪林自柳树台入山，非常后悔没有在崂山大饭店就餐，而是步行了四五里路方才

《柳树台烟雨》 刘海粟

到达北九水内一水的饭店吃的饭。她抱怨道："汽车在柳树台停止，这是最后一站。停在站外的汽车甚多，可见同我们一样的'雅士'究竟不少。看表已上午十一点半。我们因在旅行社所买车票有'劳山饭店可以午餐'字样，便去寻这饭店，步行了四五里路方才到达，很累，又很饥饿。早知如此，就在柳树台饭店午餐了。"

1936 年 7 月 20 日，中国图书馆协会和博物馆协会联合年会在青岛举办，邀请刘海粟先生到会演讲；7 月 23 日晚，应当时青岛市政府邀请，刘海粟先生携夫人成家和女士和部分画作乘坐"海元"号轮船来青；7 月 27 日，刘海粟先生住在崂山大饭店并登临崂顶写生；8 月 8 日，刘先生的《柳树台烟雨》第一次在观赏者面前熠熠生辉。《柳树台烟雨》绚烂而深远的画面展示出"赭红是仙山的灵岩，七月的山花，雾里的远树；浓翠是雨中的劲松，隐秘的流泉，千重的峦峰；灰白是飘渺的云气，咸湿的雨丝，摇曳的涛声"的崂山景胜。

曾经名气四扬的崂山大饭店现在已经消失得干干净净，在旅游业快速发展的今天，我们何不打出"崂山大饭店"的牌子，让它焕发新生呢？

消失的观川台

白秀芳

观川台位于崂山南九水九水社区以南，在汉河社区北1千米处。南九水河在这里拐了个"C"字形的大弯，长时间河水的冲刷，把坚硬的悬崖掏空，后来有了一个小平台。洪深（中国现代话剧和电影奠基人之一）的父亲洪述祖看中这块地方，建了"观川台"，此地也因而闻名于世。

观川台是座别墅，别墅是一座2层的四方形的欧式小洋楼，每层的每一面开有2个窗户。在室内看外面的风景，每个窗户都有不同的画面。楼顶四周设有栏杆，有两个作用：一是可以避雷击，二是可以当安全防护。客人登楼顶，凭栏观看四周景致，环山抱涧，一览无余。这在现在看起来并无新意，但在20世纪20年代，可是轰动青岛的大新闻。

小洋楼背依翠峰，前瞰绿水。在楼东的岩石上，建房采集石料，开出一片完整的石墙，石墙刻着"观川台"三字，还刻有洪述祖的七律诗《崂山》："青山转处起高台，台下水流更不回。涧势落成瓴建屋，溪喧声似蛰惊雷。"

小洋楼北建有池塘，曲栏夹桥宛转其中。池塘里种满了荷花，养了很多鱼。观川台北有榕树数株，大可合抱，树枝四向平出，很多气根。时间长了，根入地为干，到树下好像进了明堂飞榭。这里还种了很多松竹和果树，院里种了很多品种的花，特别是院里种植了崂山窝梨。每年春天，梨花飘雪，还有桃树和卡其树（洋槐树），都给洪深留下深刻印象。

后来洪深结合自己的亲身感受，写出了我国第一个有对白的话剧剧本《卖梨人》，演出后非常轰动。洪深还结合青岛遭受德、日帝国主义侵略的史实和自己家庭的经历，创作了电影文学剧本《劫后桃花》。1935年，"明星"公司不惜耗费巨资，邀请被誉为电影皇后的胡蝶，拍摄了这部

洪述祖旧宅——观川台

影片。观川台名声大噪。

在上山的路上，还安排劳力挖了脚窝权当石梯，可攀到半山腰的一处平地上，这里建有一小亭，取名"揽翠亭"。该亭古色古香，客人在此一坐，凉风习习而来。其山苍翠秀丽，不少奇峰异石；其水涧溪十里，不乏清泉碧潭，自然景观盎然成趣，在赏心悦目之余，惊叹大自然的鬼斧神工。

南面将军石巍然站立，山石秀气，是进入南九水的门户。而旧时的南九水村也是重要的交通要道，进入崂山的唯一大道——台柳路从这里经过。德占时期，就在观川台西的南九水设小衙门，管理崂山诸多事物。

观川台的主建筑小洋楼几经易主，日本占领青岛期间被无偿占有，在观川台开过福岛饭店。洪深后来偷偷看过观川台旧居。"里面装饰得这样华丽了，待客的下女，更加比以前年少而漂亮了。中国人游玩崂山而到此停车留连、喝茶饮酒的人，一天比一天多了。"

后来，观川台建筑被完全损坏，村民在台周围开垦农田。1958 年打石头时候，洪述祖的石刻全部毁掉。2006 年，去考察观川台的时候，已经找不出一点痕迹，只有南九水河水一如既往地哗哗地从崖下流过。

崂山烧炭窑

王 伟

在崂山腹地海拔 800 米左右的牧场附近发现一处完整的崂山烧炭窑。窑面呈三角形，最宽处 2 米左右，最长处有 5 米左右，高 2 米左右，上开口。窑周围平整，北侧有山崖挡风，附近有水源，有山间小路通往四周。窑下南有下开口，高、宽各 0.5 米，有拱顶，上砌乱石，应该是引火的地方。在窑中央有直径超 0.5 米的柞树一株，可判断树有近百年树龄。

明代以前，青岛地广人稀，山高林密，是猛兽的天下，虎狼成患，经常出来伤害山民和牲畜不足为奇。由于崂山原始森林巨大的经济价值，先民看中这块风水宝地，开始砍伐树木，开垦民田。

树木除做饭、取暖、借火驱除巨兽等自用部分外，大部分被运往山下，通过码头由海运到外地。为了减轻往山下运输木材的辛苦，产生了把原木烧成木炭的"先进工艺"。这样一来，运输成本降低了，

1927 年航拍的略显荒芜的崂山

木材的价格却成倍增长。烧炭的人通常住在山上，几个人合伙，把砍伐下来的原木、树杈、树枝在山坡上挖窑烧炭。挖好窑，把一层层的木头装满，点燃后再用土把窑封起来。每天上下午全都要有人出来绕山巡视一遍，直到烧好为止。山坡上树没了，就向山顶转移，直到整座山上的树被烧光，再另找一座山重复这一过程。

西麦窑的村庄由来介绍中说，据《齐乘》及有关史书方志记载，起初崂山长满密密麻麻的檀木、楸树、松树以及樗、柞、槐、柳等高大乔木，到了五代以后，一些逃避战乱和苛捐杂税的人们陆续流落到这里，他们伐木烧炭维持生计。到了文化鼎盛的两宋时期，他们又建造了许多熏制松烟的窑，将熏制的烟黑运到江浙一带制墨。这样，山上的树木几被伐光。

青岛是一个港口城市，旧时集市贸易的发展都和码头有联系。唐宋时期，胶州湾一带为南北贸易重镇，也是和朝鲜、日本交流的重要通道。北宋时，在密州板桥镇设市舶司，是我国北方唯一置司之域。到近代，青岛口、女姑口"旅客商人，云集于此"。"百物鳞集，千帆云屯，南北之货即通，农商之利益普。"松毛球、茅草，木炭在 1949 年之前是大集交易的主要品种。木炭不但是过年前必须准备的年货，还出口到外地换回粮食等物资。直到 20 世纪 70 年代煤取代了柴草和木炭，木炭才淡出了我们的视线。可见木炭出口，在旧时崂山的贸易中占很大的比重。

从沙子口街道办事处的一些村名可以得到佐证，明初移民在这里建了八个村庄，其村名有五个带"窑"字，依次为西登窑、登窑（1934 年改为登瀛）、南窑、西麦窑和东麦窑。为什么叫"窑"呢？因为先民们来到时，这里有许多烧炭的废窑，所以就用这个"窑"字来命名自己的居住地。崂山文史专家王瑛伦先生曾经考证，在崂山明代大移民前，应该有窑民文化，但没有相应的资料来证实这件事。我们只好推测，明代以前由于先民大量砍伐树木，造成水土流失，破坏了生态平衡，人们失去生存的条件，只好流往他地，而遗留的炭窑遗址成了最好的证明。

斐 然 亭 外

颂　山

斐然亭是崂山有名的人文景观之一，坐落于返岭后村南的深入海中的山岬悬崖之上。亭为方形，纯用石建，高 5 米，宽 4 米，深 6 米，结构仿欧式，美观大方。亭外绕以石雕栏杆，游人可倚栏凭眺四周景色。

此亭为上海人所建，读碑文得知名为"建亭以观海"，实则颂扬沈鸿烈主政青岛开发崂山的功德。"他日者，成章出其余绪，以治青者广之于全国则斯亭也。"为什么选此处？原来这里是沈鸿烈主政期间修的崂东滨海公路的中间，当年能驱车来此观景就是沈鸿烈的功劳。况且坐亭四顾，景色迥异：西面是连绵的秀峦奇峰，东面是碧波浩渺的大海，北面隐约可见巘山，南面可观蜿蜒入海的崂山头。还有海中小岛，天外渔舟，岭下惊涛，林间幽村，无一不入诗入画。

今日之斐然亭景观如何呢？它已经成

斐然亭旧影

斐然亭

了趴伏在松树间的一座不起眼的小亭子。不说西面的林海蔽峰，也不说东面海中连绵不断的海产品养殖池；不说南北错落的楼房工厂，更不说昔日幽村的小草房已变成宽敞漂亮的楼院；单看那坑凹不平的公路已改造成宽阔平坦的水泥路，从前一月两月不见跑一次汽车，现在只住在这里的渔民、山民的私家车就往来如梭了，足以看出这一地区的巨大变化。

附1933年沪上人士立、奉化王正廷撰《斐然亭碑记》：

岁壬申夏，市长沈成章治青之明年，政通人和，中外翕习。乃进而为繁荣之计，招沪上人士来观光其疆，田野沾，教化兴，道路荡平，工商辐辏，农村殷庶，自治有章，百业盛兴，万国来集，熙熙皞皞，世外桃源，市政修明，较租德人时，庶几过之。起日招作崂山之游。计青自收复以来，力求治理，中经丧乱，暴力横侵，民生凋弊，伏莽丛滋，而崂山尤为盗窟，行者视

为畏途，颇讶其招游之勇。迨晨光熹微，云车飙发，高邱峻壑间，轮辗如飞。盖周山均筑驰道矣。不半日而达华严寺。登山而观，大海泱泱，恍然如睹尚父、桓公之遗烈犹有存者。客有议建亭以观海者，同人因憬然曰："是地也，非即昔人绿林豪客呼啸之薮乎？"试观平畴绿野，禾黍临风而离秀者，是昔日之荆天棘地而荒墟也。渔庄樵舍，松槐掩映而交荫者，是昔日之深沟高岩而岩关也。山宁海谧，中外仕女，裙屐风流而游赏者，是昔日之瘴烟狐火，虎狼鼯鼬盘据而嗥啸也。苟萑苻之不戢，胶人士且无以安旦夕，吾侪又何得优游于此！而况昔日之崎岖盘曲者，今一变而为砥直康庄。而东海波腾，岛夷窃窥，亦复敛之就范，岂匕无惊。是皆成章年来之毅力经营，大有造于此地，不负国人当年收回之夙志也。呜呼！观成章之勋烈，信夫尚父桓公之遗风未泯，又何观海为哉！斯亭之建，宜名曰"斐然"，以记成章之功。佥曰："唯夫日月风云，天之章也；山川花鸟，地之章也；政治文章，人之章也；得其道皆斐然而成矣。"是日也，风清日丽，水秀山明，而成章之经营治理，历历在目。是天地与人，皆斐然而成章矣。是乌可以无记。他日者，成章出其余绪，以治青者广之于全国，则斯亭也，更可照耀于千秋万祀，而永垂不朽矣！是为记。

历史遗迹——"围子"

姜全方

在北宅街道办事处驻地的北面有一座山，它怪石嶙峋，巨石险峭，突兀于群山之间，在高山之顶有垒起的围墙，北宅科人叫它"围子"，因它在山顶，这山也便叫"围子顶"；又因它在北宅村后面，当地人也叫它"后围子"，不过它是五龙村的"围子"。

对这个"围子"，我从小就充满了好奇，十几岁时就瞒着家人特意爬上去看了一回。长大后，上山拾草时，也不由自主地去了几次，每次看过后，都会吓得做噩梦——因为它太险了。

你看，这"围子"的西面有一刀劈斧剁的石壁，怕有几十丈高。从下面抬头望，

高不见顶；从上面向下瞅，立觉头晕：真是一道天然屏障。它的南面和东面，虽不如西面险峻，但想上去，即使手脚并用，不一会儿也累得气喘吁吁。只有北面那道山梁，才是进出"围子"的道路，不过山

北宅街道鸿园社区围子顶

梁十分狭窄，不容多人行走，"围子"又高又陡，上下也得小心翼翼，可谓"一夫当关，万夫莫开"。再看"围子"上的石头，每块不下几千斤，真不知当时人们用什么方法垒上去的。这些巨石近可当防御工事，远可作御敌的有力武器。你可想一想，几十块巨石一齐向山下滚去，巨石带动乱石，越滚越多，越滚越快，越滚越响，尘土飞扬，响声震天，简直是千军万马在呐喊厮杀。进攻之人不被砸死，也会被吓退。

其实，这样的"围子"，在北宅街道绝不止一处，东陈村、北宅科村、蓝家庄、凉泉村、毕家村、大崂村等都有自己村的"围子"。这些"围子"都有一个共同的特点，就是建立在高山之上、险峻之处，易守难攻，既可防身，又可御敌，而且十分坚固。几百年过去了，尽管石缝里长出了野草，爬满了荆棘，但它仍不减当年的雄姿；尽管暴雨疯狂地冲刷，大风无情地吹刮，但它仍盘踞山顶，岿然不动。

这诸多"围子"当年是因何而建的呢？听老人们说，是为了防"红胡子"。至于"红胡子"是什么样，大概连当年建"围子"的人也没看见吧！否则，民间定会有关于"红胡子"长相的传说。这"红胡子"到底是怎么一回事呢？他们就是清朝时期的农民起义军。太平天国时期，我国北方也有一支强大的反清力量，他们旧称"捻子"，后来叫"捻军"。清咸丰三年（1853），活动在豫皖一带的捻军响应太平军北伐，多次打败清军，据《崂山县志》

记载："咸丰十年（1861）八月，捻军沿青州进入崂山地界，十月撤走……同治六年（1867）六月，捻军再次进入崂山，七月撤离。"可以肯定，他们来到崂山是与清军作战，意图推翻清王朝，但几万人的吃饭、穿衣等所需资金也必定就地筹措。所以，当地的官府一方面要迎战（李沧区卧狼齿一带仍留有清军为防捻军进攻而建的工事），一方面就在民众中散布流言蜚语，诬蔑捻军为"红胡子"（捻军用黄、白、红、蓝、黑五色旗区分军队，可能来崂山的就是红旗捻军，故官府称为"红胡子"，这也只是一种推断，不敢断言为史实）。而那时的老百姓在没见到捻军之前，怎能不听信官府的谣传呢？于是人们为了生存，便以村为单位自觉行动起来，选一险地，建成了我们今天见到的"围子"。

"围子"的来历还可追溯到明永乐十八年（1420）的唐赛儿起义。唐赛儿是一位白莲教教徒。元末农民大起义中的红巾军，多为秘密组织白莲教的教徒，明太祖朱元璋也曾加入其中。朱元璋深知秘密教派的厉害，他建立明朝后，便采纳李善长的建议，下诏严禁白莲社活动，并在《大明律》中以法律形式予以规定。其后，白莲教以各种支派的形式变换名目继续发展，当时以山东的白莲教势力最强。至明永乐十八年（1420）二月，唐赛儿便率数万教徒举行起义。据《崂山县志》记载："明永乐十八年（1420）蒲台（今属山东博兴）人林三之妻唐赛儿率农民起义，义军浩荡东下，破即墨县城，旋南下崂山。"

笔者由此推测，唐赛儿领导的农民起义军如同元末义军中的"红巾军"一样，而被崂山人称为"红胡子"。或者说，官府视起义军为"土匪"，并将此说法在民众中广为散布，于是当地老百姓将"红胡子"视为"土匪"，常把两者连在一起说。

忆往昔，峥嵘岁月，兵荒马乱，人们颠沛流离；看今朝，太平盛世，国泰民富，人民安居乐业。那一个个"围子"作为历史的遗迹还在向世人昭示着人民渴望和平，国家需要稳定。

崂山的烽火台

王 伟

打开崂山的旅游交通地图,仔细观看你便会发现有一些标注为烟台山、烟台顶的地方,如王哥庄湾附近的烟台顶,沙子口湾附近的烟台山、烟台顶等。它们大多是一些处于沿海附近的形状有点孤立的山头,也是当年明王朝在海防线上选址建立烽火台的地方。烽火台又被称为烟墩、烟

台,是古代人们在发现敌人入侵时在此点燃烟火用来报警的一种军事防御设施。我国远在周代就有了用烽火传递信息的方法,那时各边境线上以及从边境到国都,每隔一段距离就筑起一座烽火台,内储柴草。遇有敌情发生,白天施烟,夜间则点火。台台相连接,传递警讯。紧邻大海的崂山地区,在明代以前没有什么海防设施。自明洪武年间(1368—1398)起,中国沿海地区从南到北不断受到倭寇来自海上的侵袭。这些强盗烧杀掳掠、无恶不作,各地的众多报告,引起了明朝的注意。因此从明永乐(1403—1424)初年起,朝廷便采取了一系列加强海防建设的措施,设立了卫、所

沙子口烟台顶

等军事组织并在海边的一些山头上建起了大量烽火台等报警设施。每座烽火台都配有士兵日夜警戒，巩固海防，保卫老百姓的生命财产安全。在之后的岁月里，侵犯我国的倭寇不断受到明军的重创和毁灭性打击，逐渐不敢轻易再来冒犯，明朝后期海上来的威胁便基本消除。明王朝覆灭后，这些用来报警的军事设施便废弃不用了。

以前我只是在书中读到过烽火台，但这种设施具体什么样子却一直没见过。2007 年秋季，在浦里南山，听村民说这山北部的那处有点孤零的山头就叫烟台顶，上面就有古烽火台遗址。听到这消息，我心里很高兴，便决定要爬上去看个究竟。此处杂草丛生，可见平时人迹罕至，费了九牛二虎之力，我才从乱树和荆棘丛中爬了上去。这处山头的顶端是一个圆锥形的土石台子，土台顶端较为平坦，直径约 3 米左右，中间约有 30 厘米左右的凹陷，表面形状看起来有点像火山口。因季节原因土石台表面全被一尺多深的荒草覆盖。可怕的是，我的登山杖刚搭上土台端部的边沿，就听里面有响声。探头一看，一条 3 米多长、拳头粗的黄绿色大蛇在草丛中窜走，不由地惊出了一身冷汗。这是我爬山以来见到的最粗的蛇。虽然知道是条无毒的蛇，但也不敢多停留，赶紧用相机把烽火台拍了照，也没顾得仔细欣赏山下四周的景象，便匆匆下撤。可惜的是，这秋季荒草太深，回家后从照片上也看不出什么来，但是烽火台的形状却已深深地留在记忆中。

2009 年 3 月，去爬劈石口处的鳖石顶，在它西面的山头上意外地又见到了一处烽火台遗址。崂山的西北支山脉延伸到此位置成了一条窄窄的山梁，再向前经马鞍石向北扩散延伸至三标山脉。这一带山梁海拔约 600 米，在烽火台遗址位置的东面山下是滨海大道通向王哥庄一带平坦的山谷，西面山下峣峪的山谷通向水面宽广的崂山水库。站在这里东西方向的视野非常的开阔，向东瞭望能望见大海和海中的岛屿，20 多里地的海边小蓬莱和浦里南山的烟台顶都看得非常清楚，就像在脚下。看来在古代，这里的海上如发现有敌船靠近，前方烟台顶辨别清楚后只要发出报警的烟火，在这位置马上就能看到并接力点燃烟火报警，以便让后方做好抗敌准备。

仰口湾畔的峰山，山势平缓圆浑，是

峰山

典型的丘陵状态，海拔只有 125 米。但因地理位置前突，又紧扼仰口湾，所以为历代兵家所重视。20 世纪 50 年代修的战备公路直通山顶，水泥建的哨所和山洞还都保存完好。山顶最高处有一座 3 米多高的土台巍然耸立。正在拾草的当地老乡介绍，老辈人传说这就是当年抗倭寇的烽火台。因为现在是冬季，草木稀少，适合拍照，我就从不同角度给它拍了几张照。总的来看土台形状与崂山其他地方的烽火台都差不多。

经过仔细观察，发现这种圆锥形烽火台是用黏土和碎石子层层夯砌而成，采用这种工艺和建筑材料，价格低廉而且材料易得，但建起的建筑却非常坚固结实，既能耐得住高温烘烤，又能历经几百年的风雨而不坍塌，显示了古代劳动人民的聪明智慧。这种工艺方法在古代被广泛用于修筑河堤等建筑工程，并流传到近代。当年我下乡在农村参加过修水堤工作，亲眼见过人们用这种材料的混合土来打夯筑坝。烽火台顶端的凹陷以前应当比现在深得多，估计起码也要将近一米左右（太深也不好进行清理），以防止里面被点燃的柴火和烟灰被山风迅速吹跑，保护周围用火人的安全。

从地理位置看来，崂山东面方向的这些烽火台应归鳌山卫直辖。除此之外，在青岛的其他地区，也有一些烽火台。这些烽火台则属海防重镇浮山所管辖，它们分别设在大山、双山、孤山，湛山、贮水山等地，距今也有近 700 年的历史了。

孤山烽火台在湖岛村东侧。《胶澳志》载："孤山高与大山等，独立挺秀，故名孤山。"孤山有 4 个山头，主峰海拔 105 米，人称"烟台山"。明代的墩堡就设在此处。由主峰向南还有两个山头，俗称二山和尾巴山，其西南之独立小山头称小孤山。20 世纪 30 年代，青岛市市长沈鸿烈在孤山上修筑炮台，安了两门大炮。孤山墩堡西面是海，位置非常重要，可以和楼山墩堡和蓄水山墩堡遥相呼应。

双山烽火台位于原四方区正东方，《崂山县地名志》记有"双山，海拔 134.3 米，面积约 0.57 平方千米，山上植有黑松、刺槐，覆盖率约 80%，是扼守小白干路与台柳路一带的制高点，有重要的军事意义"。双山原名叫"范家口"，后叫"唐家口"，1934 年改为"双山"，当地人习惯称"口子"。日本二次占领青岛期间，曾经在这里修建两处碉堡，扼守进入青岛市区的门户。而小白干路（以前叫小阁路，现在的重庆路）是通往城阳地区的要道，台柳路则是进入崂山的主要道路。

塔山烽火台，位于原四方区东北方，因山形似塔而得名。清乾隆年间（1736—1795），此地才建村，许多姓氏的人纷纷迁来。为祈求兴旺发达改名"达山"，后俗称"答山"。民国以后，讹化为"大山"。《胶澳志》记为："（错埠岭）西北六千米为大山，海拔一百十公尺。"德人谋乐在《山东德邑村镇志》描写为：大山即"大的山之意，连同附属的两个农舍群。共计 200 余人"。

湛山烽火台，位于市南区，海拔 83 米，著名的湛山寺就在这里。以前的大湛山村毛姓和小湛山村丁姓是驻守在湛山烽火台的军户后代，他们的先辈亦军亦民，有警则战，无警则耕，遇有倭寇袭扰，白日举烟，夜间举火，传递警报镇守海疆。

贮水山烽火台，位于市北区北部，此山也叫"马鞍山"，海拔 83 米的东峰与海拔 73 米的西峰远看状如马鞍。明代在马鞍山上建立烽火台，从此也叫烽台岭。1897 年，德国侵占青岛后称该山为毛尔托克山，在山上建毛奇炮台一座，并修建了 6000 吨的贮水池，所以称为贮水山。1914 年，日本取代德国占领青岛，在山上建了日本神社，即日本大庙，山名俗称大庙山。从地理角度看，贮水山一直是战略要地。

青岛市区的烽火台遗址除孤山还有点痕迹外，其余几处荡然无存，但留下的信息足以让我们城市的历史前推到明代，意义重大。

随着历史的发展，明朝的一些建筑，特别是军事设施，在 21 世纪的今天已经不多见了。可是在我们青岛的崂山沿海一带，因为以前交通困难和开发较晚等原因，像烽火台这样的明代军事遗址，有几处还是被很好地保留了下来，只是现在不太被大家重视罢了。这些烽火台的遗址基本都处于海滨风光带上，周围风光秀丽，稍加整修，相信可以成为游客参观古战场的旅游景点。

崂山的古寨堡

王伟

崂山白沙河畔山顶上的古寨堡，我以前虽然看过有关资料，也多次从它的山下经过，但却一直没有爬上山去实地考察一下。这不，刚刚摆脱了最近这些繁杂的家务事，我便约上同样对此感兴趣的山友，两人乘车一起沿白沙河进山，拜访一下这处古寨堡。

我们是从黄石洞上的山，因为楼里村后新开了一条宽土路，截断了原先上山的小路，再加上周围茂密的竹丛林，让我们稍微费了一番周折，才走上标有"道山"石刻的正确小路。在黄石洞周围，我们拍了几张石刻和秋天山景的照片，再转行到山顶后，沿着山梁从北面登上古寨堡所在的这处山头。

高度约100多米的小山不算很高，但东、南、西三面，坡度很陡。山南面更有大片的悬崖，是个易守难攻的地方。山顶最高处被一圈人工垒砌的石墙围了起来，形成了一个寨堡。由于大自然的风吹雨侵，

寨堡石墙的上半部分有些垮塌，但整个寨堡石围墙的轮廓，基本保存完整。石墙随着山势起伏，好多地方石墙的残留高度有近2米高，石围墙的宽度约有1米，基本都是采用三四十厘米的大块石头垒砌。在寨堡的西面，还有一处保存比较完整的石门，石门宽度大约1米，两人如果并肩进入，会感到困难。门道厚度1.5米左右，残留的石门高度约有2.5米。石门两边墙体采用的石块，要比其他地方大得多，几乎都在五六十厘米以上。寨堡内部长满了乱树杂草，看得出这里少有人进来。寨堡的面积不是很大，东西、南北的间距，各有20多米，估计这里面能容下近百人。

建于山顶部的这处寨堡，工程巨大，但建于何时却没有具体资料留下。民间传说中，崂山好多地方的石寨墙，都是清朝时期，地方上为了防备捻军的进攻而建。经仔细察看，这里石墙用料的风化程度，和豹山南天门的石寨墙，以及烟台顶等崂山其他地方遗留的石围墙的，风化程度都差不多。相信都是同一个时代的产物。

19世纪中期，在中国南方出现了太平天国起义。在它的影响下，中国北方也产生了捻军起义。因为捻军是采用大规模的骑兵流动作战方式，曾几次逼近京城，让清廷大为震惊。刚镇压了南方太平天国的曾国藩、李鸿章、左宗棠等人，又接了朝廷急令，调他们的湘军、淮军到北方来与捻军作战。一开始因不适应捻军的战法，这些人连吃败仗并受到朝廷的切责。后来，曾国藩等人针对捻军的骑兵流动战法想出

了狠招，那就是"坚壁清野，阻水筑墙"。李鸿章建言："今欲绝贼粮，断贼马，惟赶紧坚筑圩寨。如果十里一寨，贼至无所掠食，其技渐穷，或可克期扑灭。"于是清廷下令在北方地区执行这个政策，在官府的督促下，村镇间大规模的高筑寨墙运动展开了。这也是冷兵器时期，中国最后一次大规模的垒筑寨墙运动。其效果也很显著，捻军攻寨要损耗大量兵力，却又得不到有效的供给，势力被逐渐分散、削弱，最终被消灭。

清代崂山里人烟稀少，但在官府的严令和民众自保的形势下，众村合力，特别是在靠近平原的崂山西、北麓一带，建起了很多寨堡用来自卫防护。但在之后的岁月里，战争进入了以枪炮为主的火器时代，寨墙的防御功能大为降低。崂山里的一些堡寨，慢慢地也就不再被人们所使用，而逐渐荒废倒塌，成为我们今天所看到的现状。

进入21世纪，我觉得像崂山古寨墙遗迹这类东西，应该给它增添一项旅游功能，如果把它们列入文物景点去进行开发管理，应该是很好的旅游资源。当年这类建筑的选址，一般都是建立在视野辽阔的地方，能远远地发现警讯，便于人们及时采取措施。譬如，今天我站立在这处古寨堡的寨墙上，极目远眺，远处苍松翠柏的华楼山，耸立半空的石门山，层层叠叠，犹入图画般展现眼前。白沙河谷如丝带般缠绕着群山，大片的芦苇花铺满河谷。波澜不惊的湖水上，白色的鸟儿在飞翔。这里就是一处极佳的观景台，是优秀的旅游资源，是值得重视的古遗迹。

西台围子遗址

散布在崂山的石屋

王 伟

在崂山几乎到处都可以看到巨大的滚石，它们撒遍山坡，塞满河谷。一些滚石叠架在一起，中间形成的空隙就被视为山洞，地质学上叫滚石洞。如果条件合适，人们就利用它来居住，山民称为"石屋"。被称为"石屋"的山洞在以前生产力低下的情况下，在一定程度上解决了住宿问题，很受山民的欢迎。很多道士受到启发，也利用山洞做庙宇，用来修炼和居住，有的就作为供奉神灵的场所，还有的当成封蜕处。白云洞、白龙洞、明霞洞等洞大都是这样的例子。山民住山洞里，冬暖夏凉，为了防止野兽攻击，在洞口垒上石头，安上门窗，洞内盘上锅灶，垒上火炕，形成了家。在石屋附近开荒种地，维持生存，这样的家慢慢扩大，石屋子住不下了，就在石屋附近用石头建造房子。

崂山多石，石材丰富，石作墙、片石

双石屋村

98

作屋顶是 1949 年前崂山山民房屋的特色，时间长了就演变为村落。像北九水景区的双石屋村就是这样形成的，据史书记载："清康熙年间（1662—1722），毕氏从毕家村迁此居于两个像屋的石洞中，后立村，名双石屋村。"德占时期，在双石屋还驻扎过骑兵，每天在双石屋和柳树台之间巡逻。离此不远的观崂村西山山腰也有个石屋，明代有个官员曾经在此住宿，以后此石屋叫"官落石屋"，村因此得名"官落石屋村"，后演变为"官老石屋村"，1934 年改为"观崂村"。官落石屋住过的官很大方，为感恩村民的照顾，把周围的山送给村民。后来附近的太和观道士心存私念，欺民霸山的情况时有发生。1912 年前后，距观崂村不远的太和观道士刘圆丰，想将观崂村周边的土地据为道观所有，欲将村民逐出观崂村。在此生息繁衍了几百年的观崂村村民联合起来，一纸诉状将太和观告到当时的即墨县衙。在即墨县衙迟迟未作判决的情况下，村民还一度派出代表到济南告状。一直到 1926 年，观崂村村民终于胜诉。为了铭记这段历史，村民请石匠将当局下发的官契和布告按原样刻于石碑上，立于村口，世代流传。时隔近 80 年，石碑上的文字清晰可辨，两块石碑一为"官契"，一为"布告"，官契的"发布单位"是当时的胶澳商埠局。

高石屋

在王哥庄街道长岭社区西的日起石下有高石屋，其洞巨岩穹窿，可容纳数百人，洞口有石墙垒砌，估计以前有门有窗。洞里有石床，有锅台，生火做饭，烧炕取暖，是个很好的"家"。难怪广住大师在这里一住就是 18 年。尼姑广住在清朝嘉庆年间（1796—1820），得到胶州邓夫人和白云洞道士资助，在天成观的废墟上建起了新的庙宇。庙中供奉弥勒佛和罗汉，山民称此庙为"弥罗庵"。天成观建立后，陈和清和张教鹤各捐献私山一处，成为庙山，供应道士的生活问题。由于此观建于高山之上，交通极度不便，加上地方偏僻，进观烧香的人很少，此观建立不久即废弃。洞前为弥罗庵故墟，旁有清风洞，进洞清风吹面，斜处有天光透出，犹如一线天。洞是透洞，穿 10 米左右，豁然开朗，可利用岩峰盘回攀登到日起石山顶。顶有池，大小不一。大者深不可测，有生物，真是神奇。登高远眺，山海相连，云缠雾绕，船行大海，霞伴鸥随，山风送爽，松涛和鸣，此情此景即使凡夫俗子也成了忘却尘缘的神仙。

大河东社区茶涧里有大石屋，1949年前常有人居住，在附近种地、烧木炭和看山，因此这条涧叫"石屋涧"，由此东去可登崂顶。

在石老人社区西南靠海处有石屋门，居洞中可观南海，不过沧海横流，石洞坍塌，已经找不到进口了。北宅街道晖流社区有雁儿石屋，经常有野雁在石洞栖息而得名，1934年改为"燕石村"。离村东行1.5千米就是青岛四大瀑布之一的花花浪瀑布。在夏庄街道办事处有南屋石，明崇祯时期，从城阳迁来袁氏开始住在南石屋，后来渐渐演变为现在的南屋石社区。崂山巨峰景区原铁瓦殿东有个"卧牛石屋"，下雨时候，放牛的可赶群牛进洞避雨而得名，明清时期有道士在此修炼，遂改为"白云洞"。很多人容易将其与仰口景区的"白云洞"混淆，其实两者一南一北相隔甚远。

那罗延窟探源

路　泉

在崂山棋盘石风景游览区有一座那罗延山，其高入云顶，有巨石层叠若城门。崂山之山皆浑朴，而此独有玲珑通秀之形。东南麓即华严寺，西为挂月峰，东邻狮子岩，北立大仙山。

那罗延山因北麓有一那罗延窟而得名。那罗延窟以天然巨石结为窟门，向北开，窟如覆钟，一气呵成。宽8米，深36米，高30米，四壁光滑如削，底面平整如刮。石壁上方突出一方薄石，酷似佛龛。顶部有一浑圆而光滑的洞孔直通天空，上宽下窄，天光射入，洞里十分明亮。从洞中向北望，谷地北面山峰有一奇石，如老僧说法。山中奇松姿态万千，谷中花草飘香，溪水淙淙，空中不时有鸟蝶飞过，如仙境一般。在花岗岩山区中有如此宽阔、奇特的岩洞，国内实属罕见。据《华严经》记载："东海有处，名那罗延窟，从昔以来，诸菩萨众，于中止处。"说明那罗延窟实为非凡之地，是菩萨居住地。古人有诗记

那罗延窟

曰："面壁沧溟不计年，玲珑石室尚依然。云穿窟底侵苔湿，珠老空中坠露圆。失足佛光皆火宅，回头东海即西天。蒲团坐破青山在，雨雨风风总是禅。"

相传佛教产生于公元前6—前5世纪中，自汉明帝永平十年（67）传入中国，经三国两晋到南北朝四五百年间，佛经的翻译与研究日渐发达，到了隋唐遂产生天台、华严、唯识、禅宗、净土、密宗等许多具有中国特色的宗派。

《华严经》全称《大方广佛华严经》，又称《杂华经》，有晋天竺佛驮跋陀罗等所译的60卷本和唐于阗实叉难陀所译的80卷本。本来，佛经是释迦牟尼的弟子们所记录的佛祖在世时的说教，并包括后来的佛教徒撰写的释迦牟尼言行的著作。后来也有把其他佛教著述（包括佛论）都称为佛经的。据《开元释教录》所载，佛教传入中国后，经历代翻译并包括中国佛教著述在内，到唐开元（713—741）时，共有1076部、5048卷。其后续有增加。

笔者认为，《华严经》上所指的那罗延窟即崂山的那罗延窟。理由有三。

一是那罗延又作罗野拿、那罗延那，译作人本生、坚固力士。他是天界之力士，端正猛健，其力大于象70倍。此窟与梵文的那罗延名实相符，传窟上原来没有孔，那罗延佛在成佛前带着徒弟在洞里修炼，当修炼成佛后，凭着巨大的法力将洞冲开一个圆孔升天而去，才留下这么个通天的圆洞。这显然是佛家之语，笔者不敢妄言评论。但这恰恰说明，这座天然石洞具备

了那罗延修炼的诸多要素，佛家将其视为难得的佛土。因此，僧侣称此窟为"世界第二大窟"。

二是崂山自古以来就有高僧修行。据史料考证，崂山崇佛寺，又称荆沟院（今城阳区惜福镇街道院后村南）建于魏文帝景元五年（264），当地百姓有"先有荆沟院，后有即墨县"之说。晋安帝隆安三年（399），名僧法显西去印度等地谒圣求经，取得大量佛经后乘船回国，途遇大风，漂泊至崂山登陆。当时不其城为长广郡治所，太守李嶷接法显于不其城内。法显在不其城内逗留了一段时间，翻译了部分佛经。从此，佛教在崂山声望大振，广为传播，崇德庵、大士庵、石竹庵（慧炬院）等佛教寺院相继建立。直至清末，石佛庵、法海寺、华严庵三足鼎立为崂山佛教三大寺院。唐初普丰自峨眉来崂，创建大悲阁。普丰禅行孤洁，常在那罗延窟修行。元顺帝至正年间（1341—1368），高僧安定来崂，栖那罗延窟中，面壁十年，忽悟法乘，乃作偈题壁上曰："口说无挂碍，今朝挂碍无。风光随处好，净土不模糊。"书毕，整衲而化。因此，那罗延窟为菩萨聚居地是一点也不奇怪的。宋理宗宝祐元年（1253），沈净明在《五灯会元》跋中说："幸生中国，忝预人伦。涉世多艰，幼失怙恃。本将知命，遂阅《华严》大经、《传灯》诸录，深信此道，不从外得。切见禅宗语要，具在《五灯》。卷帙浩繁、颇难兼阅……"可见《华严经》等均为禅宗所讲的话，这些问答中，他讲到东海的

那罗延窟这样一处净土，后来载入经书也是顺理成章的。

三是《辞海》记载："德清（憨山）为明高僧。出家后云游各处，住东海崂山。"《憨山年谱》亦记载，明万历十一年（1583）四月，憨山为寻访那罗延从五台山到崂山，在那罗延窟居住两年左右。憨山是不会找错地方居住下来的，而且别处也再也没有第二处那罗延窟。何况当时记载，明代又一高僧达观禅士，在憨山来崂居那罗延窟时，追随亦至。二人相见窟中，晤参甚欢。憨山因作十稿以赠之。其一云："冷冷三脉自曹溪，到处随流路不迷。忽自石梁桥上过，为谁沾惹一身泥。"达观禅士在洞中留十余日，去时谓憨山曰："崂山非佛界，不可居。"憨山不听，后因高山寒冷、食物运输困难等原因，憨山下山至太清宫这方道教圣地建海印寺，引发了一场长达十余年，惊动朝廷的僧道官司。官司以"毁寺复宫"告终。此是后话。

仙 古 洞

王 伟

仙古洞位于崂山北九水外八水西山崮子下的高山坡上，洞口为东南方向，洞为椭圆形，内壁光滑，高 2 米，深 3 米，可容一塌，有人工修凿的痕迹。在洞的尽头，有一个长方形的石台子，为人力精工凿出，估计是放油灯的地方。明清时常有游人宿此洞并有诗咏，由于时间的变化，现在洞里比较潮湿，估计是上方有水渗漏造成。洞外有石刻"明周鲁书仙古洞"7 个大字，字直径约 30 厘米左右，估计是后人所为。据《崂山续志》记载，还有"仙古洞"三字，但今已不见，有可能把周鲁题"仙古洞"混为一谈。周鲁为明代登州（今山东蓬莱）武举，工诗善书，曾遍游崂山，留诗文，并勒石题记颇多。其有七绝《题仙古洞》云："云烟霭霭映青山，山藏古洞洞藏仙。仙人缥缈乘云去，

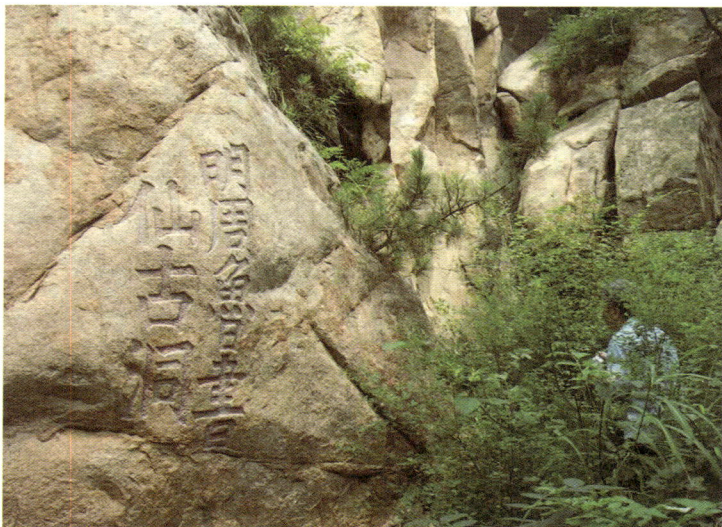

明周鲁书仙古洞

遗留古洞后世传。"在仙古洞外有 8 平方米左右的建筑遗址，旧为三清殿，房子废墟中长有二人合抱不过来的粗大松树，可见历史之久远。

仙古洞依山面水，风景秀丽如画。在洞外 10 多平方米的小平地上，四面苍松翠竹，围成天然屏风。洞口上下青藤野葛织就古雅的珠络垂帘，更为神奇的古洞增添了迷人的色彩。站在小平台上，透过树丛往对面看去，隐隐约约可见对面的"公鸡楼""母鸡楼"和远处的将军崮。洞下那叮叮咚咚的山间流水、沙沙的松涛声、一阵阵鸟叫声，汇成了一曲清幽动人的深山仙乐，是名副其实的"洞天福地"。近处外八水的流水和大大小小的水潭，四面的秀丽山色和一幢幢华美的楼房，都倒影在潭水里面，非常好看 。到北九水游览时，如不到仙古洞寻

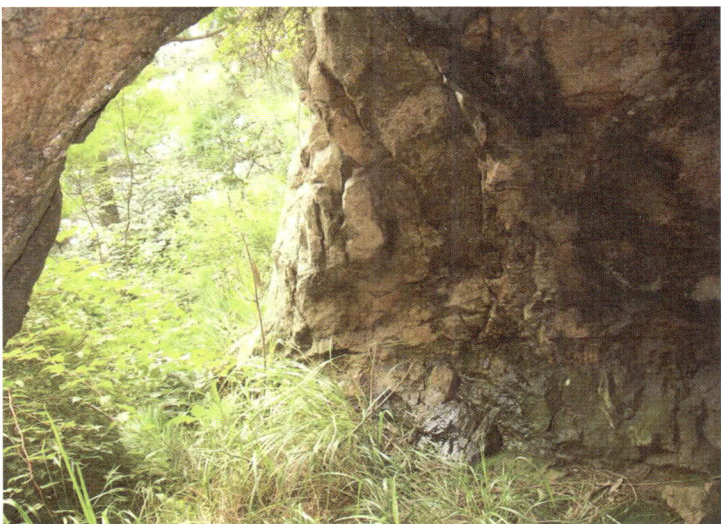

仙古洞

幽探胜，享受一番人间仙境的乐趣，那才是遗憾一辈子的事。

仙古洞在北九水风景区交通最方便处，因为不被重视，逐渐被人们遗忘。实际上仙古洞旅游价值巨大，只要稍加改造，就能添一处新景观，盼望仙古洞早日与游客见面。

玄 真 洞

颂 涛

玄真洞也叫三丰洞，传说张三丰曾在这个洞里长期修道，故名三丰洞。此洞位于崂山太清宫景区昆仑山玄武峰明霞洞的上方500米处，地势显要，寻找困难，主要是没有开发，还保持着原始风貌。

从明霞洞顶坍塌的巨石后绕过，有窄石梯登攀可到明霞洞上。右拐前行50米，有上行的小路，路不清晰，都是些随意摆放的岩石。钻石洞，攀石阶，右转左突，闪转腾挪，人必须爬着前行，稍一抬头，就被巨石按下，体型丰满之人只好"望洞兴叹"，扫兴地走回头路。攀过这段路，路好走些，有密布的松树可扶着借力，树渐少，山越高，可以看见"万年船"了。"万年船"巨石因为顶部被自然打磨成一座船型而得名。拐上左路，不一会儿，有竹林挡在面前，分开竹林过去，

玄真洞

高高的山上竟有一块平地，后面就是30多米高的挺直悬崖，在底部有一洞，洞口高1.7米，宽1.5米，深2米，里面渐宽，成葫芦状，人处其中，不可立，盘腿坐却宽敞的很。洞口上有"重建玄真口吸将乌兔口中吞"字样，据说是张三丰所题刻石，是道家练功吐气吸纳的口诀，这就是著名的玄真洞。门前有黄杨树一株，有700多岁了，是国家一级保护植物，默默地守护着玄真洞，见证着玄真洞的历史。玄真洞东不远处有一石壁，下有高约半米的小洞，可能是摆神位的地方，道家紫气东来，这里是圣地，洞旁有诗刻，诗曰："白云留住须忘归，名利萦人两俱非。莫笑山僧茅屋小，万山环翠雾中围。"这是明代登州武举周鲁所题。从"山僧"字样推测，明代曾经是僧道交替。从玄真洞的位置看，玄真洞是修炼的场所，直线下去就是明霞洞，吃住睡在下面，练功在上面。现代人可直接从石壁路下去，惊心动魄。周

三丰洞周鲁诗刻

至元曾写诗曰："不识明霞外，高高更可通。人攀松顶上，洞在半空中。大海群山贮，烟峦眼底生。三丰遗迹在，几度仰风踪。"玄真洞名声显赫，但少有人寻到，故增加了很多神秘感。

慈 光 洞

房振兴

　　鸟道悬崖入翠微，一龛高敞白云隈。

　　坐观沧海空尘世，回首人间万事非。

　　明朝四大高僧之一的憨山大师于明万历十一年（1583）四月，由五台山来崂山。初居那罗延窟，后移居巨峰之阳的慈光洞。在此打坐静修一年有余，触景生情作了上面的这首七绝诗，刻于慈光洞内石壁上。他又题写"慈光洞"三字刻于诗词上方。

　　明曹臣《崂山周游记》〔崇祯十年（1634）游崂山时所作〕中记载：（慈光洞）壁穷径绝，梯隙而上。再发天光，洞前悬石如掌。海色愈来足下，唾之若可及波。

　　洞左一窦如龛，虚圆明洁，足展座蒲。憨和尚题诗洞中，横勒三字，曰慈光洞。

　　黄宗昌在著《崂山志》〔基本成书于顺治十四年（1657）〕中载："自（白云

慈光洞

庵东上两里为慈光洞。壁穷径绝，上有隙，梯而出，俯视海光，如在足下矣。洞左一窦如龛然，明而洁，居其中。可自鉴也。"

清朝的周紫登来游崂山，经过艰苦攀登，到达仰慕已久的慈光洞，感慨万千，作诗一首，诗曰："茫茫沧海巨峰东，城郭遥连西北通。借问路旁仙子宅，慈光洞在半天中。"

周至元所著《崂山志》里是这样描写慈光洞的："慈光洞在自然碑下偏西峭壁。前俯深壑，势甚高旷。洞形如卵状，内可容数人坐。壁光滑如镜；中镌憨山诗一首，完好如新，风雨莫蚀，故也。人坐洞中，视白云，已在下；看海色，如可挹。悠然如登碧霄，非复尘世景矣。"并作诗一首，诗曰："峭壁危岩不易跻，崎岖一径登天梯。置身已在烟云上，回首忽惊日月低。海色能教尘梦远，佛光专照客心迷。何当舍得餐霞诀，好向此中事隐栖。"

蓝水著《劳山古今谈》载："慈光洞，作卵形，北壁刻有憨山书'慈光洞'三字，西壁刻憨山七绝一首并慈宁宫侍者张本题名。他字完好，惟两人名俱镌去。盖憨山谪去后，道士以系罪人惧被累而毁去之。"

现太清宫三皇殿西侧耿真人祠中供奉的耿义兰，是明嘉靖年间（1522—1566）进士，后弃官修道。云游三山五岳，最后看中崂山，在慈光洞修行多年。

明朝道姑刘贞洁，在慈光洞修行多年，后道名远播，被慈圣太后赠号"慧觉禅士"。

有材料说慈光洞和白云庵同时期创建于唐朝，是千年古刹。许多文人墨客闻名而来，写下了许多不朽的传世之作。还有许多介绍慈光洞的志书和游记，在这里就不一一列举了。

在古代慈光洞声名远播，在崂山中是最高的庙宇。由于慈光洞所处位置极高，道路艰险，非经当地人带路，外人很难找到。现在的崂山巨峰，经过50多年的植树造林，山体面貌彻底改观。特别是近几年修风景区，打石头、建索道，更使环境变得面貌全非。现在要想找到慈光洞，更是难上加难。

我们多年来一直不断寻找，逢人就了解，其中包括村民、巨峰风景区的工作人员和环保人员，始终不得要领。在2007年登山节时，恰巧碰到一位70多岁的老人。20世纪50年代，他曾经在巨峰从事植树造林工作。经其指点，我们攀陡壁，钻石缝，终于找到了慈光洞。

慈光洞位于自然碑下西南方向，在悬崖峭壁下，是一个自然形成的卵形山洞。洞口朝向西南，洞高有2米，宽一米五以上。洞内下部经过人工开凿，留有洞孔，底下可以穿横梁，上铺木料，既防潮又隔凉，便于修炼打坐。洞口迎面上方刻慈光洞三字，下方有约2平方米大的地方被人凿平，憨山咏慈光洞的诗刻不知什么时候被谁凿去了。洞的右方有一片用红油漆写的字，现已模糊不可辨认。洞的左方有一行隐约可辨的字，刻有"明万历乙亥年（1575）六月廿七日"等。洞的外面是一

慈光洞内景

块平地，估计不到两亩，上面栽有不少落叶松和灌木。洞口上方凿有一条凹槽，估计是当年建房时为放置檩条而凿。洞的前方是悬崖，面对大海，视野开阔。远眺前方，大海、岛屿、村庄、蓝天、白云一览无余。洞口附近留有两块正方形石块，还有石梁、石台阶、墙基等建筑材料，一看就知道是一古建筑的废墟。我们在洞西南方向的一块巨石上发现两块石刻，由于年代久远，字迹漫漶不清，隐约可以辨认出是两块记载修建和重建时间的石刻。

根据现场考察和有关资料，我们经初步研究考证，得到以下结论。

一、慈光洞创建年代久远。经过对发现的两块石刻的初步研究判断，慈光洞是一座古庵，创建于唐代的说法是可信的。

二、是古代玉清宫遗址。周至元的《崂山志》载："玉清宫在慈光洞，西为中

巨峰，俗呼上庵。创建无考。明万历间重修。盖与铁瓦殿同时兴建者。自铁瓦殿毁后，宫亦旋圮。其匾额移悬旱河庵，即今之玉清宫也。"根据慈光洞上的石槽和洞附近的建筑遗迹，证明慈光洞不是一个孤立的石洞，而是背依石洞所修建的一座庙（像白云洞、明霞洞一样），是玉清宫遗址无疑。

三、洞中镌刻憨山的诗已不复存在。周至元的《崂山志》载："洞中镌刻憨山诗一首，完好如新。"与其他介绍崂山的资料中所记载的基本上是大同小异。经现场考察，洞中镌刻的诗已不知何年何月被何人凿去，只留有憨山亲笔题写的"慈光洞"三字。

四、洞中所镌刻"慈光洞"三字是异常珍贵的历史文物。憨山大师在慈光洞静修时应邀题写了许多匾额和碑刻，并在慈光洞中留诗一首。"文革"前，华严寺中还存有憨山大师亲笔手书的一幅中堂。这一切现在都荡然无存，只剩下"慈光洞"三字，这是崂山唯一留下的憨山大师真迹。我们应该珍惜和保护它。

五、试解"慈光洞"三字的含义。"慈光洞"三字是憨山大师给其所住山洞起的名字，并亲笔题写，刻在洞内的上方（原先此洞无名或叫其他名称）。"慈光"两字有什么含义呢？据查资料得知，明万历帝母亲慈圣皇太后非常恩宠憨山和尚，委任其为皇太后修佛的替身，并出资在五台山修建寺院供憨山静修。憨山后来为发展佛教来到崂山，在石洞中面壁静修时不

慈光洞周边景致

忘皇太后的恩宠，将所静修的山洞命名为
"慈光洞"，意为"慈圣皇太后光辉照耀的
山洞"。

六、洞内"万历乙亥年六月廿七日"

石刻的初考。万历乙亥年是
万历三年，即1575年。憨山
大师是万历十一年（1583）
到崂山的，此石刻时间早于
憨山来崂山8年。不知是哪
位高人在此洞静修时所刻，
是刘贞洁，还是耿义兰，还
是其他人，有待进一步考证。

七、黄宗昌、周至元、
蓝水等似未到过慈光洞。经
过现场对慈光洞的考察，比
较对照有关记载慈光洞的志
书、文章，基本可以断定，黄宗昌、周至
元、蓝水等人，他们都没有到过慈光洞，他
们写作慈光洞的材料都是沿袭明曹臣《崂
山周游记》的内容。

丘处机的衣冠冢和石棺

房振兴

丘处机，字通密，道号长春子，山东登州栖霞人。生于金熙宗皇统八年（1148）正月十九日。于金世宗大定七年（1167）春在昆嵛山烟霞洞拜王重阳为师，时年19岁。与马钰、谭处端、郝大通、王处一、刘处玄、孙不二并称"全真道北七真人"。

金世宗大定十年（1170）正月，王重阳仙逝。丘处机同马钰、谭处端、刘处玄四人背负师父骨骸送至咸阳埋葬并守灵3年。之后，他独自在陕西姜子牙钓鱼的磻溪自修7年。后来又去龙门修行6年。在这期间，他仅穿蓑衣斗笠，虽寒暑交替也不改变，世人呼他为"蓑衣先生"。经过艰苦的修行和磨炼，丘处机悟彻道法，功德圆满，创立了全真道龙门派。

金章宗明昌元年（1190），丘处机回到山东，先后在栖霞昆嵛山、青州云门山等地传道。当时宋、金、蒙古三方纷争，战乱不止。丘处机倡导"摒恶行善""恤苦救民"，深受民间拥戴，声望与日俱增。

丘处机和王重阳的其他弟子一道，两次来崂山（有说三次、四次的，甚至还有说七次的）游览山水、宫观道院，在崂山太清宫等处传道谈玄，宣传王重阳所创立的全真道。崂山的道众非常感兴趣，接受并遵守全真道的戒律，从此崂山的道教学说全部归属道教北方全真派。

丘处机在崂山共留下41首诗词，改牢山为鳌山，还在崂山的多处道观、名胜，留下许多题刻。

金正大四年（1227）农历七月九日，丘处机逝于燕京（今北京）白云观，年79岁，遗骸安放于白云观处顺堂。三年之后，道士们启棺给遗体更衣时，但见其手足如绵，颜面如生，众弟子将遗骸营葬在白云

丘处机衣冠冢

观东侧，在坟墓顶放置一个树根雕成的钵子，其徒弟可持此钵去皇宫中求赐。乾隆年间将处顺堂改称丘祖殿，沿袭至今。白云观中"丘祖殿"内供奉着丘处机的塑像和牌位，历朝历代，香火鼎盛，参拜者不绝。

据传，丘处机逝后的殡葬之日，凡其生前所到之地，全国有72处同时举葬入土。崂山上清宫是丘处机曾经修炼过的地方，崂山道众为了缅怀这位终生为了道教发展的道教"龙门派"始祖，特在风景秀丽的上清宫南，选择了一处风水绝佳的高岗之地，用花岗岩为丘处机修建了一座衣冠冢，又名"丘祖坟"。每年正月十九丘处机的诞辰日，崂山的道众都在衣冠冢前举行盛大的纪念活动。直至1966年文化大革命开始，这个活动才终止。

在文化大革命初期，全国兴起"大破四旧"的风潮，庙宇中的许多神像、经书被打砸焚毁，很多古迹被破坏。丘处机的衣冠冢也不可避免地遭到破坏。一群红卫兵手拿锹镢，把坟墓扒开，挖出石棺一具。砸碎棺盖，只见棺中有积水，上浮一只手杖，很像现在使用的弯把伞柄。在混乱中，手杖不知被谁拿走，那是丘处机当年用过的东西，是考古价值极高的文物。丘处机的棺体也是林场的工人借口要作水池用，才没有被破坏。

殡葬丘处机用的石棺现在究竟存不存在？如果存在又在哪里？我们始终关注着。多年来，每次爬山经过上清宫时，都要向路边做生意的山民和庙中的道士打听一下，

很遗憾，没有一个山民和道士知道丘处机的衣冠冢在哪里，有的人甚至表示从来没有听说过。我们也曾经在上清宫附近寻找过几次，结果都是无功而返。在2007年1月27日，我们又一次来到了上清宫，恰逢上清宫有两个年龄较长的道长。其中一个说曾经见过石棺，但现在具体位置也说不清楚。我们按照道长指的大概位置，一头钻进上清宫对面山沟的密林丛中，拉网式仔细搜寻。由于该处地方多年来无人到访，到处是荆棘和野玫瑰，搜寻工作十分困难。大家正在进退维谷之时，山友阎林发现在一处乱树林中，露出一角池水。我们走近一看，原来是一个石头雕凿的水池，完全埋在土中，从顶面看来还算精致，水中落满树叶。仔细一看，一头宽，一头窄，是棺材的形状。大家抑制住激动的心情，清理杂草，细心地测量一番。石棺长2米多。

发现丘处机衣冠冢时的现场

113

最宽处 1 米多，窄处宽 0.8 米；最宽处高 1 米，窄处高 0.8 米左右。石棺北面是一摞石头，石头上面是一个水槽，应该是用来引山泉水的。石棺北面的一角被一棵树的树根严密包裹起来，树的直径有 25 厘米左右，估计树龄有 40 多年了。丘处机衣冠冢的石棺被林业工人作为储存山泉的水池完整地保存下来了，石棺一角的大树是最好的见证人。丘处机衣冠冢中的石棺被我们找到了。

我们在石棺附近的一处高地找到一个深坑，周围散布着许多建筑用的石块。据我们分析是当年丘处机的衣冠冢，只是没有发现墓碑和石棺的盖子，不敢完全确定。

丘处机的衣冠冢距今有近 800 年的历史了，在殡葬中盛放丘处机遗物的石棺是幸存的珍品。

寻觅大方禅士墓塔的踪迹

房振兴

据史书记载，大方禅士，名广住，字大方，清乾隆三十二年（1767）二月生，胶州王氏女，幼时多病，后舍身出家为尼。清嘉庆二十三年（1818）四月来到崂山。受胶州邓夫人和白云洞道人的资助，在崂山长岭村西北日起石下清风洞（又名高石屋）清修 18 年。道光十五年（1835）三月十五日，合十趺坐而化。鉴于她德行高洁、苦行坚毅的意志，白云洞道人葬其于洞下，为其筑石塔。

咸丰元年（1851）三月，曾任礼部尚书、军机大臣的胶州人匡源为其立碑于雕龙嘴，并亲自题写碑文。碑文末赞曰："海山苍苍，宇宙茫茫，一片真如，无显无藏。倏尔厌世，舍此皮囊。来也何自，去也何乡。广住不住，是名大方。大方大方，山高水长。"清胶州著名文人王大来为其赋诗一首："巉绝孤高第一峰，住师从此卧云松。休粮犹养听经鹤，持碣常临护法龙。坐破棕团朱藓台，闭藏石塔碧云封。洞天冷落无人径，但听山魈话旧踪。"

这段尘封的历史距今已有 170 多年了。白云洞道士为其修筑的石塔是什么形状，现状如何；匡源在雕龙嘴为其立的碑，究竟现在还存不存在：史书都没有记载。

为此，我们走访了雕龙嘴、长岭村中上了年纪的老人，得知石塔、石碑在 20 世纪 60 年代被彻底毁坏了。石塔被掀翻砸碎，现在不知情况如何；石碑当年被砸成许多块，抛在山沟涧底，踪迹难寻。

怀着对崂山历史文物关爱的心情，我和朋友们决心到深山之巅去寻觅大方禅士的墓塔。记载中的墓塔位于日起石下的清风洞，海拔 700 多米。经询问当地老人得

115

日起石

知，从长岭村往西北方向翻越两座高山，需要走 4 个多小时。并且山路崎岖陡峭，荒草没漆，荆棘丛生，陌生人进山很容易迷失方向，村中 60 岁以下的人几乎没有知道的，只有很少几位老人了解情况，但也没有能力走那么远的山路。

崇山峻岭，林海茫茫，巨石遍布，山峰众多。哪座山峰是日起石？清风洞在哪里？墓塔又在何方？由于没有当地人领路，寻找起来无疑是大海捞针。

经过几年来的反复寻找，我们首先确认了日起石，又找到清风洞，最后终于在一处树林中发现了散落在草丛中的数块塔石构件。

根据塔石构件的形状、大小估计，墓塔由灰色崂山花岗岩雕凿，六角形，有 2 米多高，下粗上细，最大处直径有 1 米；石塔造型优美，属于亭阁式建筑；塔基、塔身、塔刹三部分由 5 块石制构件组成，做工精细，花纹装饰美观，属于小巧玲珑型的石塔，在崂山中实属罕见的。

日起石、清风洞是因为古代有个大方禅士在那里苦修而名扬崂山。大方禅士在漫长的 18 年中，孤身一人于环境恶劣的深山，与狼虫为伴，毫不畏惧，决不退缩，专心致志，苦修佛法。她那坚强的意志十分令人敬佩，她的事迹始终流传在民间。

大方禅士的墓塔虽然倒塌了，但是石制构件完好无缺，经过 170 多年的风风雨雨，仍然保存了下来，是很珍贵的历史文物，也是古代崂山石匠留下来的不多见的艺术佳作。

崂 山 古 墓

关建国

过去中国人死后，崇尚入土为安。土葬是崂山地区旧时普遍流行的形式，于是就留下许多古墓。

佛教古墓

华严寺的塔院其实是墓地，塔院是一个小小的院落，里面有历代住持僧人的墓塔。最高的一座为该寺第一代住持慈沾的七级砖塔，是大师的藏骨处。在这座砖塔的左前方有一小石塔，是善和大师（俗名于七）的藏骨处。在附近还有大大小小的墓塔6—7处。

僧人死后，一般是坐化。埋葬方式是把死者装进缸里，上面再扣一缸，接缝处进行处理，形成一密封体；然后找合适地方，把密封体外用青砖堆砌，形成墓塔。时间长了，日积月累可成塔林，少林寺的塔林就是这样形成的。崂山佛教历史较短，没有大规模的塔林。

法海寺在文化大革命前

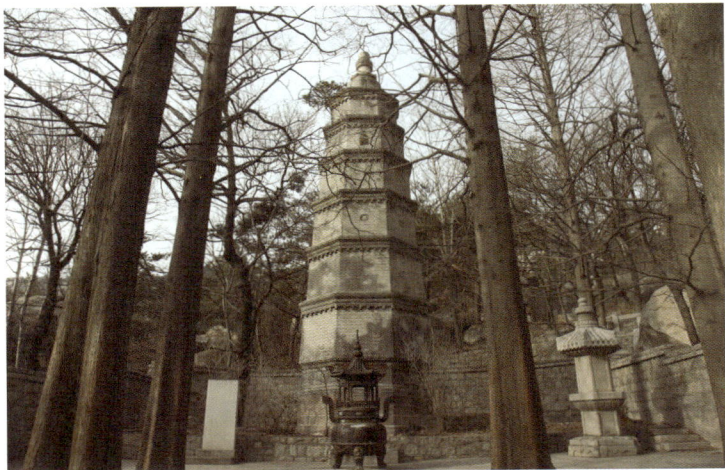

华严寺塔院

曾经有"崂西三塔"胜景。这三座石塔有宋哲宗元祐年间（1086—1094）住持圆通的和明永乐年间（1403—1424）僧人广进及玉柱的，高低不同，巍巍壮观，可惜都被破坏掉了。

僧人也有和常人一样装棺盛殓的，建墓地，立墓碑的，这主要是地位一般的僧人的安葬方式。

在天成观西附近，2008年崂山研究学者房振兴发现了大方禅士墓塔。在塔基处下有盗洞，因此已被破坏。大方禅士名广住，号大方，在弥罗庵修行18年，死后埋葬在这里。碑文放在雕龙嘴（已经破坏），灵位设在白云洞。这种佛、道共处的和谐局面在崂山很常见。

道教古墓

崂山是道教盛行的地区，道士留下的古墓较多。2007年6月15日，我在白云洞西1千米处一密林里发现保留完好的石塔。石塔高3米左右，底座2平方米，碑文1平方米。上书"金山派　平度州　泣清十三代羽士王浮德之墓　道光十年孟冬吉日立"。道光十年为1830年，距今已经有近180年历史。这座石塔保留完整，实在幸运，主要是在密林中不易被发现，有关书籍和照片没有记载，故留下珍贵的历史文物。在白云洞逍遥谷有2座类似石塔：一座是玄清老祖第10代弟子王生本的，一座是第11代弟子赵体顺的。这两座石塔都在文化大革命中被推倒，至今石件还散落在荒草中。

2009年5月份，我到茶涧爬山时，在

白云洞墓塔

参场看山的朋友老黄谈起他在开荒时，曾经挖出一处墓穴。墓穴中有口棺材，红松料的，外表已腐烂，一碰即碎。里面有一具尸骨，陶碗一只，俗称"长命灯"。陶罐在脚部，里面按习俗放着五谷杂粮，供死者食用。另有陪葬的铜钱一枚，上面铸有"万历"的字样。随后，我实地察看了墓穴所在处，位置在茶涧庙遗址西南处，应该是茶涧庙道士的坟墓。茶涧庙建于明代，历史上曾一度香火旺盛。这个墓穴利用两块山石的夹缝做成，两头封堵。中间的墓壁位置中，镶嵌着一块青灰方砖，上面写有"清规"字样，是先将字写好后进窑烧制的。依据墓葬习俗判断，我认为这可能是明末清初的古墓。后来在长城看见地上的方砖和墓里的方砖都是一尺见方，判断时间应该在明代。在法海寺曾经有"清规"字样的镶嵌石刻，后来被铁匠拿

"清规"方砖

去当了磨石，字我没有看到。有山友判断为道士墓，我认为应与佛教有点关系，到现在还是个谜团。

在华楼山灵烟崮顶有"老师父坟"，至今没有考证出是谁的墓穴。两个长2米，宽0.8米，深0.9米的石椁全是用凿子一下下凿出来的。最难想象的是棺材盖，几吨重的岩石，不知道是怎么移动到石椁上方的。元代名道刘志坚地位肯定比不上"老师父"，只好选择灵烟崮下的岩洞，存放尸骨。华楼宫道士墓不计其数，可惜的是文化大革命中大量墓碑被毁，很多被利用做了旅游道。在路上经常可看见石条上有字，令人惋惜。

2008年在华楼后山发现古墓群。这里位于华楼山北麓，坡坡涧之西山涧，有坟7座，各有石碑，上有"清处士 道光年"等字样，距今有近200年历史，这些墓碑在市内早就当成文物保护起来了，在这里

却安静地躺俯着。从墓碑可以考证，清代以前，灵峰庵住了不少道士，去世以后，埋在这里，符合道家羽化升仙后，遗体埋在道庵北或西处的传统习俗。

崂山文史研究者"绿水青山"于2009年10月12日，在灵峰道庵前的坡坡涧里，看到乱石丛中露出一块石头，是人工雕琢的长方形石料，很像一块残缺的石碑。

在清理了上面的碎石后，仔细查看一下，表面没有字痕，就把石头翻了过来，果然看到上面刻了许多字，由于风化侵蚀严重，大部分字体模糊不清，很难辨认。

后来在石碑上撒上细土，用手轻轻地把表面上的土扫去，石面上凹处就留下许多细土，字迹就显出来了。经初步辨认，字体一共三排，为繁体字，字体不是很工整，文为：

乾隆肆拾二年庙宗（田）力（贵）

皇清仙师官讳正玉之墓

四十二年四月二十日立

根据文字内容，判断是一个道姑羽化后人们给她立的墓碑，不知何年代被人为或者自然的原因破坏，残缺的墓碑流落到涧底乱石堆中。

关于这石碑没有找到任何记载，乾隆四十二年为1777年。如果石碑确实是乾隆年间（1736—1795）的，那么这块残碑应

该属于比较珍贵的历史文物了。

古墓群能够完整保留下来，是因为1949年后修崂山水库，北路传统上山通道被破坏，游人大都从南线上山，这里罕有人至的缘故。古墓群的发现可以让我们了解道家的殡葬文化，华楼诸多庙宇的变迁历史，使这方面文史资料更加完善。

2010年1月21日，崂山区乌衣巷社区的居民在社区的北山上发现一"怪石"。这块"怪石"隐藏在一片茂密的竹林中，反卧在土里。崂山文史专家房振兴找到附近村民，刨松冻土，用撬杠活动古石碑，然后几人合力翻了过来。从一头半圆形人工加工的形状判断，原来这块"怪石"是一古石碑。初步鉴定是明代正阳庵始建时第一位道士的墓碑，属于比较珍贵的历史文物。

明道观也叫棋盘石庙，位于崂山东麓招风岭前。有个三真洞是道士藏骨之处，里面有清代道士郝、袁、李三道士的尸骨，故称"三真洞"。

普照洞也是道士藏骨之处，里面有罐装着不知道哪位道士的尸骨，以前是封闭的，后来被人打开。

蔚竹庵以前也有一座五级石塔，是1930年建的道士藏骨处，后被毁。2006年，在此处立石碑一处。

玄阳观西侧有三座六角形墓塔，每座墓塔塔身皆为五层。现还有一墓塔遗迹，

状如弃井，周围用1米长、0.2米高、0.3米宽的弧形石条垒起，应该是原来的墓塔地基。

儒家古墓

市北区小水清沟黄家茔旧有三座大坟。据同治《即墨县志》记载，黄嘉善之父黄作圣、祖父黄正、曾祖父黄昭，皆因黄嘉善而被褒封为尚书加太子太保。而黄嘉善之孙黄培，在康熙八年（1669）由于文字狱被处以绞刑，就埋葬在小水清沟。黄家茔占地数十亩。立有牌坊、石狮、石人、石马等，茔内有三个大冢墓，可惜的是随着城市化的改造，踪影全无。

在城阳惜福镇也有黄家茔，埋葬的是黄培之子黄贞明。黄贞明因其父遭此巨戮，与清廷结下不共戴天的深仇，遂入崂山深居。黄贞明之妹年已及笄，悲父之惨死，亦在崂山出家为尼，老死于巨峰前之白云庵。惜福镇黄家茔的规模是很大的，现在有个地名叫少山，以前叫"烧山"，因为

普照洞

清明节或重大节日，黄家人赶着马车拉纸上坟，场面是很壮观的，也反映出黄家的财大气粗。

蓝铜是蓝章之父。蓝家是明清时期即墨五大望族之一，蓝家庄一带有蓝家的华阳书院和墓地。以前，蓝铜墓占地2亩多，周围遍植松柏，封土高约3米，墓碑高约2米。碑两旁排列汉白玉石人、石马、石羊、石狮各一对，神道前置牌坊一座，文化大革命时全被破坏。我在这里找到2尊无头石造像。如果把其余部分找到，意义是非常大的。

衣冠冢

童真宫又称童公祠、童政宫，位于城阳区惜福镇街道傅家埠社区。相传始建于汉，后经历代重修。为纪念东汉不其县令童恢而建，元初改为道院通真宫。通真宫分前后两院，后院有童恢墓，墓周遍用石条砌半米高挡土，占地10平方米左右，是衣冠冢。院内松柏青翠，古树参天，侧柏很有名气，相传于汉代所植，至今已有1800多年历史。冢为东西向，面西原有石碑一座，镌刻碑文"敕封后汉不其尹童府君之墓"，该碑立于清乾隆年间。墓前有石雕小虎两只。墓呈圆丘形，土封，高3米左右，周长约20米，围以院墙。1966年"破四旧"时衣冠冢同所在的通真宫一起遭破坏。1993年，本籍台胞宫相珉、宫崇金、孙丕禄先生返乡探亲，捐资人民币5000元，由村民宫相贞负责施工，修复墓体。新冢穴内埋一碑，封土冢头大小如初，位置略有差错，同原样以矮石墙围之，并于冢前立新碑一通，铭文记之。

丘处机这个名字大家应该不陌生，他是全真道北七真之一，世称长春真人，他曾经两次来崂山，并命名崂山为"鳌山"。崂山道众为了缅怀丘处机，特在风景秀丽的上清宫南，选择了一处风水绝佳的高岗之地，用花岗岩为丘处机修建了一座衣冠冢，又名"丘祖坟"。文化大革命中"丘祖坟"遭到严重破坏，坟被扒开，随葬衣物被抛弃，好端端的一处景点没有了。在"丘祖坟"所看到的情景实在令人心酸。整个"丘祖坟"有一座长2米左右，一头大一头小的石棺，大头宽1米，小头宽0.8米，石棺内装满污水，周围长满杂草，垃圾遍地。后来有关部门找了块石条将石棺盖住了。

童恢衣冠冢

蓝氏石造像的由来

姜玉冰

最近我们在崂山北宅蓝家庄附近发现两尊无头石造像。关于此石造像的来历以及他们是否为文物，我们进行了相关探讨。

历史上，这一带乃至今青岛市区，在行政上都属于即墨县。即墨县在明清时期，有周、黄、蓝、杨、郭五大望族，多有在崂山建书院教育子弟的传统。而蓝家庄一带就有蓝氏家族的华阳书院和祖坟。志书记载，蓝铜，蓝章之父。其墓位于蓝家庄村南，占地 2 亩多，遍植松柏，墓封土，高约 3 米，碑 2 米高，两侧排列石人、石马、石羊、石狮各一对，神道前置石牌坊一座。蓝章葬父地名栖凤地，此庄即为栖凤庄，后来改为蓝家庄。

蓝章，字文绣，明代即墨人，成化十二年（1484）进士。曾任婺源县和潜山县县令，皆有治声。后擢升贵州道监察御史，又巡按山西，屡迁右金都御使。后因忤刘瑾下狱，谪抚州通判。刘瑾败，蓝章复起，巡抚陕西，后升任南京刑部右侍郎。正德十二年（1517），蓝章连上三疏告退归故里，在崂山华楼山南的华阳上南麓（今蓝家庄村西的部队院内）筑华阳书院，占地亩余，结庐而居，自号"大崂山人"，教儿子蓝田、蓝因、蓝囷读书，其后世多就读于此。蓝章卒年 74 岁，著有《崂山遗稿》等。

蓝章长子蓝田，神颖天成，为文宏肆奇拔。七岁能诗，十六岁中举。明嘉靖二年（1523）中进士，授河南道监察御史。曾七次上疏，历数恶吏罪恶，因而声震一时。后巡按陕西，修其父政，民间谣曰：

蓝家庄概貌

"一按一抚，一子一父，虏不犯边，民得安堵。"

由蓝田父子的身份职务和地位，可知其祖蓝铜也是地位显赫。即墨城里过去有40余座牌坊，其中十余座是蓝氏家族的。嘉靖五年（1526）蓝章去世，葬在蓝家庄附近书院村的"龙虎地"。因为二支山脉弯曲环围，在谷地突然隆起，恰似天工雕成"龙""虎"镇守谷口，俗称"龙虎地"。而他的墓于次年即嘉靖六年迁到即墨城北，原墓地始称"南茔"。蓝氏十世孙、明崇祯十四年（1614）的武进士蓝湄历官南京神威营都司。明亡后，在此地筑茅庐三间隐居，娱于经书字画，取名"读书楼"，又名"三树堂"。

由以上史料不难推断，石像应属蓝氏坟地的故物，是四五百年前的明代文物无疑。石狮、石羊、石马、石人，各自代表墓主人忠、孝、节、义四种美德。而石人在历史上确有其人，他叫阮翁仲，是秦始皇时期镇守边关的一名著名将军，胡人望而却步。死后，秦始皇曾造其像立咸阳宫前，胡人见之，仍有畏惧。石像为汉白玉石质，其附近散落的看不出什么部件的损坏雕刻件也是汉白玉，洁白无瑕。可惜石像也缺少头部，估计是明末战乱或者1966年"破四旧"运动的结果。

华楼山以及石门山一带山上，有"官山界""蓝宅书院西南界石门东北界"等古代石刻，可见当年的蓝氏不仅仅在此有其先人墓地和子弟读书的书院，并且有大片的山林和土地用于樵耕，以供给相应用度，这就需要一些劳动力。于是，蓝家庄这个村由此形成。

时代变迁，沧海桑田。如今，华阳书院和其他书院一样，荡然无存；蓝氏墓地也被楼房民居所取代；当年的劳苦大众，成了这里真正的主人。而古代贤哲们勤奋耕读的精神还在激励着后人。

驱虎庵与钓鱼台探析

曲宝光

驱虎庵位于崂山太清宫南侧，据传始建于宋代，为华盖真人刘若拙所创。钓鱼台位于驱虎庵下方，是一个伸入大海中的岩礁岬角。钓鱼台之名源于何时，无可考稽，想来应与太谷子宋绩臣镌刻在台面岩壁上的一首独钓诗有关。宋绩臣（1183—1247）生活在金元时期，他能在钓鱼台上镌刻这样一首诗，说明他当时有可能就是在驱虎庵修行。因为二者距离很近，而钓鱼台又是一个十分适合练功打坐的地方。如此看来，说驱虎庵创建于宋代应该是可信的。

崂山历史上曾有九宫八观七十二庵之说。宫与观是道教庙宇的称谓，就如同佛教的寺和院。宫、观、寺、院都是由政府批准建造的正式宗教活动场所。我国自汉明帝时期建造白马寺开始，对于宗教场所一直采取严格的政府审批制度，民间不得私自建造。民间私人所建的

驱虎庵遗址上的建筑

庙宇只能称作庵。对于庵这一称谓，有不少人都以为是对尼姑所居之处的特指，称尼姑庵或姑子庵。其实这是一种误解。庵的本义应是"小庙"，并无佛、道、乾、坤之分，我们可以广泛地理解为凡是未经政府正式批文建造的民间庙宇统称为庵。崂山的庙庵，以道家所建居多，但佛家所建亦为数不少。这些庙庵的名称多以所处位置和所奉祀的神祇命名，如石门庵、石湾庵、汉河庵、大士庵、姑子庵等。对驱虎庵之命名，过去的资料中多记载为：古时崂山里猛兽较多，时常出没伤人；刘道人武艺高强，勇驱虎狼，为民除害；山民们感激其造福之功，为所居的茅庵赠匾："驱虎狼庵"，后人简称"驱虎庵"。对这一说法，笔者不敢苟同，另抛陋见，贻笑大方。

首先来看驱虎庵的创建者刘若拙其人，据有关资料记载，刘若拙（890—981）生活于唐宋时期，自幼在罗浮山曜真洞出家入道，拜青精真人为师，勤学苦练，深得道家内外双修的真谛。二十余年后道成，始云游各名山，于后唐庄宗同光二年（924）东至崂山寻访师叔守中子李哲玄。因师出同门，又相交契合，见崂山环境幽静，很适合清修，遂留在崂山，初时在太清宫南侧建茅庵一处，

供老子圣像，独自修行。北宋初年，宋太祖赵匡胤闻其有道，诏请晋京入觐，敕封"华盖真人"，留京布道。后真人坚请还山，太祖则拨出国库银两在崂山为真人敕建道场。因落成于宋太宗太平兴国年间（976—984），故初名"太平兴国院"，后改为"太平宫"。同时，修葺太清宫、上清宫为其别院。自此，崂山道教声名远扬，四方道人纷纷前来投奔，崂山道教一时盛况空前，故而道藏《洞天福地记》中将太平宫列为"第六福地"，将上清宫列为"第七福地"。全真道一代宗师丘处机在其咏崂山诗中写道："华盖真人上碧霄，道山从此蔚清标。至今绝壁幽岩下，尚有群仙听海潮。"可见刘若拙对崂山道教影响之深远。

再来看刘若拙的师叔李哲玄，李哲玄生于唐宣宗大中元年（847），自幼聪敏勤学，考中进士。因其性好清淡，受孙思邈、

刘若拙墓

司马承祯等人道学思想影响，遂弃官云游，寻访真道，几经辗转，入罗浮山曜真洞拜师修道十数载，深研玄理，尽得精奥，后辞师云游，济世度人，于唐昭宗天祐元年（904）来到崂山，居太清宫中住持修行。后周太祖广顺三年（953），云游京师，治病救人，普济众生，被后周太祖敕封为"道化普济真人"。第二年，返回崂山潜心研究道家内功修持理论。著有《太上黄庭内景玉经》和《太上黄庭外景玉经》，充分强调脾在练功修身方面的重要性和脾与其他脏器之间的辩证关系，对修身和养生都有很好的指导意义。李哲玄的这些著作被后人纳入《道藏·洞玄部》。

从这些资料记载中，我们可以看出，刘若拙与李哲玄同出罗浮山曜真洞，属道教清修无为派门人。清修无为派是由唐代的一批文化素养较高的学者创立的，他们既不热衷政治、出入宫禁、追逐权势，亦不栖身山林、自修自悟、与世无争。而是

钓鱼台

致力于道教学术的研究，进行道教义理的探索，著书立说，传布道教思想。这些道教学者推崇老庄之学，吸收佛教哲学和儒学，融合三教，注重清修，轻符咒之术，善养生之道，对道教理论的发展有重大贡献。其代表人物有孙思邈和司马承祯等。

孙思邈被后人尊为"药王"，主要著作有《千金方》《福禄论》《摄生真录》《保生铭》等。其养生术强调节欲适作，以德济养，合乎情理，他并不相信金丹可使人飞升成仙，而把炼丹作为制药的手段。

司马承祯，号白云子，师从潘师正，上承茅山宗陶弘景。作道书多种，其中以《坐忘论》和《天隐子》最为重要。司马承祯之学以老庄为主体，吸收佛教止观学说，儒家正心诚意之学，阐发"主静"与"坐忘"的养生修真理论。他认为人心"以道为本"，但"心神被染，蒙蔽渐深，流浪已久，遂与道隔"，所以需要修道，净除心垢，使"道与生相守，生与道相保，二者不可相离，然后乃长久"。而修真之初要在于"安坐收心离境，住无所有，不著一物，自入虚无心乃合道"，亦即"坐忘"。"坐忘者，何所不忘载？内不觉其一身，外不觉乎宇宙，与道冥一，万虑皆遗。"并提出"一曰斋戒，二曰安处，三曰存思，四曰坐忘，五曰神解"的修道步骤，总称为"神仙之道，五归一门"。又

以敬信、断缘、收心、简事、真观、泰定、得道为七条"修道阶次"，形成较完备的修道理论。

这些理论的核心就是清静无为，这与佛教《般若波罗蜜多心经》中"以无所得故，菩提萨埵，依般若波罗蜜多故，心无挂碍；无挂碍故，无有恐怖，远离颠倒梦想，究竟涅槃"的说法是基本一致的。清静无为说来简单，而要真正做到，却是难之又难。《红楼梦》中《好了歌》所写道："世人都晓神仙好，惟有功名忘不了……世人都晓神仙好，只有金银忘不了……世人都晓神仙好，只有娇妻忘不了……世人都晓神仙好，只有儿孙忘不了……"功名利禄，金钱美女，这些尘世间的诱惑是每个人心中挥之不去的魔障，也是人们成仙路上的拦路虎。就是因为这些尘世的浮华，蒙蔽了人的眼睛，扰乱了人的心智，迷失了人的本性。故而人想要得道成仙，首先要驱除心中的魔障。由此看来，刘道人欲驱之虎，并非山中之虎，乃心中之虎也。要想驱除魔障，首先要静下心来，能够入定坐忘。钓鱼是一种以静制动的活动，修炼首先要耐得住寂寞，过去的小学语文书中有一篇《小猫钓鱼》的课文，讲的就是不管做什么事都要用心专一。只有用心专一才能成功，否则将一事无成，修炼更是如此。如此说来，宋真人的独钓诗也是"钓翁之意不在鱼"。驱虎与钓鱼这样两件看来毫不搭界的事情却有着某种内在的关联。驱虎也好，钓鱼也罢，其目的都是要达到清静无为的境界。只有清静无为才能成仙得道。即使成不了神仙，亦可健康长寿。李真人与宋真人已经率先垂范。

驱虎庵与钓鱼台是大自然和历史赋予我们的宝贵财富，是宝贵的自然与文化遗产，也是我们发展旅游事业的重要资源，值得深入发掘，同时，还要与时俱进赋予它新的内含，为崂山旅游事业的发展发挥其应有的作用。

崂山钓鱼台"一字诗"浅析

曲宝光

崂山太清宫东南侧有一个伸入大海中的岬角，称做钓鱼台。钓鱼台的岩礁平面上镌有一首七言诗，文为"一蓑一笠一髯叟，一丈长杆一寸钩，一山一水一明月，一人独钓一海秋。"落款"太谷子 宋绩臣"。在这样一处偏僻的岩礁上，为何能镌有这样一首诗，这首诗镌于何时，有何寓意，很是耐人寻味，因此颇受学者们的关注，探究之文已为数不少，笔者不揣愚陋，也略叙皮毛之见。

钓鱼台"一字诗"

宋绩臣与《道藏》的刊印

宋绩臣（1183—1247）又名德方，字广道，号披云，别名太谷子，莱州掖城人。幼从刘处玄学道，继师事丘处机，好儒道经典，涉猎子史，为随丘处机西行雪山谒见成吉思汗的十八人之一。还住燕京长春宫，为教门提点，深得丘处机之器重，以藏经大事托付之。丘真人谢世后，他令弟子秦志安于平阳玄都观总掌藏经编辑之事，并不遗余力亲自参与。广罗遗迹，历数万里，历时八年，终于完成重刊《道藏》的浩大工程，凡7800余卷，名《玄都宝藏》。

全真道初创之时，注重炼养，本不尚读经，其说皆独出心裁，不拘门户渊源。但数代之后，方觉无征不信，欲整理教统，使道家理论具有来龙去脉，而能为教内外所重。于是有"北五祖""北七真""南五祖"之说，还有了《道藏》的重刊。这些工作说明全真道起自老子，乃道教之正宗，且用以教诲后之教徒，使道教统绪不至于衰落。同时也为证实"道在佛先"寻找依据，而正缘于此，这一浩繁的工程从一开始就存在风险，也为后来的佛道之争埋下了伏笔。

诗文解读与比较

钓鱼台上"一字诗"的字面解读应该是，在一个月朗星稀的秋夜里，一位披着蓑衣、戴着斗笠的老叟正在聚精会神地垂钓于崂山太清湾畔。

由于此诗镌于海隅，鲜有世人得见，因此一直未能收录于历朝历代所刊印的诗词名集中，及至问世，又被世人疑为是抄袭之作。原因是这类"一字诗"传世的作品很多，其中影响最大的当属清初大文学家王士祯的《题秋江独钓图》，诗文为："一蓑一笠一扁舟，一丈丝纶一寸钩，一曲高歌一樽酒，一人独钓一江秋。"王士祯（1634—1711），号渔洋山人，清顺治

十五年（1658）进士，官至刑部尚书。工诗擅文，被奉为诗坛盟主。由于他的这一特殊地位，后人多视其作品为正宗。其后陈秋舫（1785—1826）也作过一首同样题目的诗，文为："一帆一桨一扁舟，一个渔翁一钓钩，一俯一仰一场笑，一江明月一江秋。"另外纪昀（1724—1805）亦作有一首类似的诗，文为："一篙一橹一渔舟，一个梢头一钓钩，一拍一呼一还笑，一人独占一江秋。"

这几首诗从形式上看，似有一些相近之处。其实细品起来，味道各不相同，意境也是相去甚远。先看一下王士祯的诗，题目为题秋江独钓图，就是说这是为《秋江独钓图》题写的一首诗，或者说是写《秋江独钓图》画意的一首诗。历史上有过多幅《秋江独钓图》，王士祯所题之《秋江独钓图》为明代画家戴学进所作。戴学进（1388—1462），字文进，号玉泉山人。绘画临摹精博，深得唐宋诸家之妙，被誉为明代画家第一。但其一生并不得志，屡遭同僚妒忌。就是这幅《秋江独钓图》，也遭谗言而被贬。玉泉山人绘制这幅画的画意，笔者不敢妄言。而从王士祯的题诗中，只能看出一种慷慨激越之情。这曲高歌，难说是纵情欢歌，还是慷慨悲歌。酒无定性，喜也可饮，忧也可饮，难辨哀乐。陈秋舫与纪昀的诗，则完全描绘的是一种愉悦欢快的场景，一种积极向上、笑对人生的意境，纪诗甚至有些戏说的味道。

而反观宋绩臣的诗，则是通过月亮、青山、大海、钓叟，将天、地、人三者巧

妙地融为一体，充分展现道家天人合一的思想：在皎洁的月光下，在空旷的天地之间，一位老者正在静静地垂钓，显得十分空灵。这种意境很容易使人将其与唐代大诗人柳宗元的"孤舟蓑笠翁，独钓寒江雪"之句联想起来。因此，这首诗于平实中另有寓意。

卦象与易理探析

从更深的层面上讲，这首诗与易经八卦似有关联，诗中嵌入了十个一字，这十个一字，如同八卦中的十根爻，按顺序可以排列成一个复卦，"一蓑一笠一髯叟"为两阴爻一阳爻，"一丈长杆一寸钩"为两阴爻，"一山一水一明月"为两阴爻一阳爻，"一人独钓一海秋"为两阴爻。这样依次排列起来，就成了一个"习坎卦"，习坎卦的卦辞是："习坎，孚，维心亨，行有尚。"习，原意为鸟重复学习飞行，有重的意思。此处象征两个坎重复成水，一再到来，奔腾不息的形象。坎，陷也，险也，阳陷于阴中为坎，此卦上下皆坎，是说陷之深，而险之重，所以叫习坎。文王系辞认为，患难的遭遇君子也不能避免，所可自主的唯此心而已，卦体中实，是喻处在险境中，如能实心实意安于义命，不以困厄而渝有常之守，不以危难而萌侥幸之图。这就是有信心，有这样的信念，就能不辞艰险，不计较利害得失，心就踏实而亨通了，往而济险，也必能静观时势，熟察事机，可以易危为安而成出险之功。

坎卦的象辞说："水洊至，君子以常德行，习教事。"这是说君子观此象，体会到德行和教事都要像流水一样，接连不断，德行不常则不熟于心，有时难免疏忽；教事不习则不熟于见闻，有时难免遗忘，要像水之洊至，从不间断。如此看来，此卦所喻，一为处险之道，二为修为之道，处险不惊，修为不辍，方能亨通。

诗之寓意揣摩

全真教在丘处机掌教时期达到鼎盛。然盛极则衰，全真教极盛之后，逐渐改变了初期清净俭朴、苦修历行之教风，而以华贵为荣：道观极其壮丽，道首奢侈腐化，结纳权贵，与世俗之浊风卑行同流合污，在社会上的威望也已渐衰减。有资料记载，宋真人的这首诗镌于元定宗元年（1246），这一年距丘真人仙逝已近20年，全真教的腐化之风应已初现端倪。在元人王鹿庵《真常观记》中载：今掌玄教者"居京师，住持皇家香火，徒众千百，崇墉华栋，连亘街衢，通显士大夫，泊豪家富室，庆吊问遗，水流而不尽"。道宫成了热闹的社交之地。虞道园《紫虚庵记》亦云："今为道家之教者，为宫殿楼观门垣，各务极其宏丽。""大抵侈国家宗尚赐予之盛，及其土木营缮之劳而已。"从这些记载中，不难看出全真教所存在的教内险情隐患。

另外，佛道两教在历史上屡有摩擦。大蒙古国早期，因丘处机之故，全真教倍受尊崇。但其后则佛道并崇，佛教中尤以密宗最受宠信。道教徒宣传老子化胡，以示道在佛先，造成了两教情感上的纠葛。又因元初时道教侵占了不少已荒芜的佛寺，引起双方利益上的矛盾。因此，佛道之争

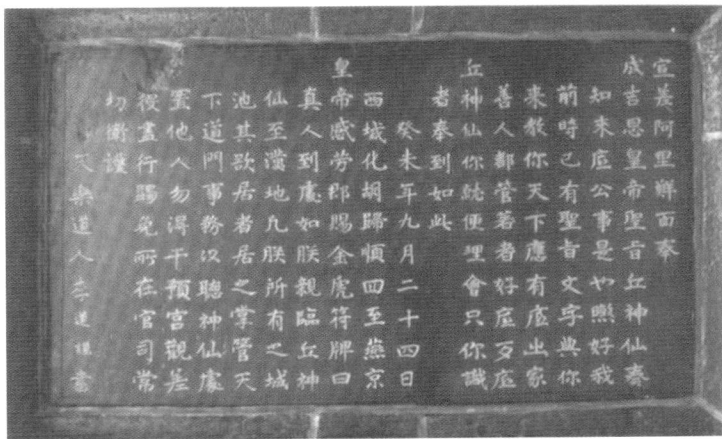

太清宫三皇殿廊檐圣谕

世祖至元十七年（1280）、至元十八年（1281），又进行过两次大的清理，焚毁所谓道教伪经，尽焚《道藏》伪经杂书，唯《道德经》系老子亲著，予以保留。两次焚经虽使全真道受到打击，但全真道及其首领仍继续得到朝廷扶植利用，事态没有扩大。至元七年（1270），宋绩臣还被追赠为"玄都弘教披云真人"。

已在所难免。由于佛教在其时更受朝廷器重，故佛道之争常以佛胜道败为结局，这是教外之险。如此看来，当时的全真教已是内忧外患，险象环生。后来时局的发展，也验证了这一点，就在宋真人羽化十年后的元宪宗八年（1258），佛教徒指摘全真道徒伪造《老子八十一化图》，僧道各集17人辩论，结果道士失败。宪宗勒令道士落发，恢复侵寺200余所，将《老子化胡》等所谓伪经及雕版尽行焚毁。而后于元

明代以后，全真道中兴，崂山明霞洞北侧岩壁上所镌的"重建玄真吸将乌兔口中吞"刻石就是佐证。自此，全真道的影响愈益扩大，成为中国道教的主要流派。由此可见，处险之道最重要的是有信心，而修为之道则贵在不辍，也唯有身处逆境，方能显出人的坚强意志、崇高品德。全真道教正是凭着这种信心与定力而与时俱进，生生不息。

朝连岛点滴

辛兆琢

近日，拜读了崤山区史志办编纂的《崤山区图志·风物卷》，受益匪浅，深深感受到60多年的艰苦奋斗，40年的改革开放，崤山区发生了翻天覆地的变化，故乡的面貌日新月异，人民生活丰衣足食，看着一张张图片，使我激动万分。

图志中的"海岛翠屏"卷刊登了朝连岛的图照和介绍，更使我倍感亲切，也勾起来我对朝连岛点滴往事的思绪。因为我曾驻守朝连岛16年，为保卫祖国海防献出了青春年华，对岛上的一草一物、一景一色都有着深厚的情怀。

关于岛名的书写

《崤山区图志·风物卷》121页对朝连岛的介绍写道："潮连岛又名褡裢岛、沧舟岛、沧州岛、窄连岛。"这是现在人们对朝连岛名称比较普遍的一种认识。查阅1954年由第一海军学校编印的《海军地理

山东省人民政府立"朝连岛"石碑

图集》第 10 页《胶州湾附近形势图》标写的名称是"朝连岛（沧州岛）"，而非"潮连岛"。1992 年 10 月中国地图出版社编制出版的《中国地图册》第 18 页《山东省地图》中标名也是"朝连岛"，并非"潮连岛"。2011 年 8 月，山东省人民政府在朝连岛立碑明确标明岛名为"朝连岛 CHAO LIAN DAO"。因此在行文中岛名书写为"朝连岛"是规范的写法。

朝连岛灯塔

朝连岛灯塔

朝连岛上有一座百年灯塔，是青岛地区最早的灯塔，也是德帝国主义侵略青岛的铁证，见证了朝连岛被德、日、美帝国主义侵略的历史。1898 年 3 月 6 日，德国强迫腐朽懦弱的清政府签订了丧权辱国的《中德胶澳租借条约》，山东半岛被强占。德国不但把胶州湾一带据为己有，而且把侵略魔爪伸向山东内地，开始了残酷的殖民统治和疯狂的经济掠夺。德国占领青岛时，觊觎朝连岛重要的战略位置，把朝连岛划入"租借地"。1898 年，在岛上建了灯标。1903 年，又正式建了高 12.8 米的白色六角形灯塔和各种助航标志，驻守德军官兵十余人，负责过往船舶的导航和通讯。自此，打开了帝国主义侵占掠夺的海上通道。第一次世界大战期间，日本帝国主义进攻德军占领下的青岛。1914 年 8 月

27 日，日军第二舰队到达崂山湾后，立即封锁了海面。当日下午，便出动陆战队占领了朝连岛，并在岛上设立警戒哨和无线电台，进行海上侦察。1914 年 10 月 17 日，德日两军在朝连岛海域交战中，德军驱逐舰发射鱼雷，将日本海军巡洋舰"高千穗"号击沉，舰上 271 名官兵葬身海底。抗日战争胜利后，国民党反动政府与美帝国主义签订了《青岛海军基地秘密协定》，美国海军在朝连岛上建立了导航设备。如今，经历了百年风雨的灯塔仍然矗立在朝连岛上，与人民解放军战士一起守卫着祖国的海疆，守护着来往的船只。

中国领海基点方位点

朝连岛上矗立着一方中华人民共和国政府立的中国领海基点方位点石碑，此碑的设立具有十分重要的战略地位和历史地位，是确定我国领海范围的重要依据。领海基点是计算领海、毗连区和专属经济区

的起始点。根据《联合国海洋法公约》，领海基线是测量沿海国领海的起点，通常是沿海国大潮低潮线，但是在一些海岸线曲折的地方，或者在海岸附近有一系列岛屿时，便使用直线基线划分的方式。即各海岸或岛屿确定各自的适当点，以直线连接这些点，划定基点。这些点就被称为领海基点，这些直线就是这一海域的领海基线。领海基点石碑是维护我国海洋权益和宣示主权的重要标志。领海基点标志的设立、维护和保养，对于维护我国海洋权益、巩固海防建设、保护海洋环境、加强海洋管理等具有长远的战略意义和重大的现实意义。中国领海基线的划定，在青岛就是以朝连岛为领海基点，向东与千里岩岛连接，向西与坪岛连接划线，该线向外12海里就是我国领海线。

1962年4月13日夜至4月21日晨，

中国领海基点方位点石碑

美国海军"狄海文"号驱逐舰突然窜入青岛外海游弋七天八夜，并三次侵犯我领海，对我青岛沿海实施全面侦察骚扰。美舰的游弋侵犯，首先被我朝连岛观通站雷达发现，并准确定位跟踪及时上报。我国外交部发言人就美国军舰入侵我领海的行为，以无可辩驳的事实依据，提出了三次（197次、198次、199次）严重警告，捍卫了我国的神圣领海。这一事例足见国家在朝连岛设立领海基点方位点的重要性。

守岛60周年纪念碑

1950年11月17日，青岛基地派出第一支守岛部队，30名侦察战士进驻朝连岛，结束了百年来有岛无防的历史。2010年11月17日，数百名曾驻守朝连岛的战友自发地在青岛聚会，纪念守岛60周年。会后在朝连岛立碑纪念。碑的西面镌刻着"朝连岛精神永放光辉"，正面镌刻着朝连岛精神"以岛为家、以苦为荣、团结拼搏、无私奉献"16个大字，东面镌刻着"勿忘峥嵘岁月，永葆革命青春"。这是对无数守岛官兵共同铸就的朝连岛精神的铭记，是对60年来战士们无私奉献的最好回报。

朝连岛虽仅有0.245 5平方千米，但却撑起了祖国的一片海疆。它经历了中国近代被列强侵略踩踏的历史，见证了新中国国防由弱变强的划时代转变。朝连岛上的解放军守岛官兵发扬朝连岛精神守卫着祖国的边疆，谱写了很多可歌可泣的故事，这些都值得我们深入考察挖掘。

明霞洞与戏凤台

宋品毅

在崂山风景区垭口西北方向，太清索道站上方，昆仑山主峰——玄武峰的半坡上，有崂山道教全真金山派的开山祖庭——明霞洞。这里有被誉为崂山十二景之一的"明霞散绮"。高峰、面海、环山，古朴、静谧、仙气，将明霞洞衬托的宛如仙境，每当朝阳东升，彩霞映峰，紫气升腾，"明霞散绮"如梦如幻。

明霞洞由巨石崩落叠架而成，洞高约

明霞洞

3 米，洞内面积约 10 平方米。洞外岩壁上不乏历代修道者题诗刻字，洞额上镌有"明霞洞大安辛未（1211）"七字，传说为全真龙门派道士丘处机所题。洞外石壁上刻有金山派开山道士孙紫阳（玄清）修真记及邵元冲所题的"霞朱半天"等。

明朝隆庆年间（1567—1572），孙玄清主持对明霞洞进行扩建，扩建后的明霞洞占地 2000 多平方米，房屋 32 间，建三清、观音两座大殿，均为砖木结构的硬山式建筑，顶面原是黑布瓦。清代乾隆（1736—1795）末年，崂山降大暴雨，西侧的观音殿被塌下来的巨石砸毁，再未修复，但原来栽在观音殿院内的 5 株小叶黄杨长势依然良好。文化大革命期间，明霞洞也遭到破坏。崂山旅游开发后，得以修复。修复后的明霞洞，建筑改为木石结构，顶面改用黄色琉璃瓦，十分壮观。重修后的大殿（即以前的三清殿）改为供奉玉皇大帝，两侧分别供奉托塔天王和太白金星；东西两边塑有四大天神。

山门外一株贴梗海棠，春来花朵开满枝头，十分鲜艳。山门内有两株树龄在百年以上的玉兰，花开时节，花大如盘，香味扑鼻。玉兰树后有两株高大的银杏，与山门外的一株相呼应，这 3 株古银杏的树龄都在 700 年以上。玉皇大殿殿门左右各有一株山茶，树龄都在 400 年以上。殿院西侧还有一株树龄 600 余年的紫薇和一株

135

树龄百年的辛夷。在殿院中还有法氏玉兰（俗称望春花）、圆柏、流苏、凌霄等古树，把这新恢复的道教殿院装扮得高雅华贵。明霞洞有三泉，俗称上泉、中泉、下泉。以位于神龛下面的上泉最为著名，庙内道士称其"神泉"。泉水终年充盈不涸，水质清洌甘醇，是道人敬茶待客所用的上品水。

2014年冬日，我多次探访明霞洞，发现了很多新景观和新石刻。在明霞洞门口上方岩石上有"天池晴波"石刻，字径10厘米，落款为"民国二十二年（1933）七月"，又有"海城陈兴亚游明霞洞登北大顶发见天池口题"。此石刻，崂山志无记载。

在明霞洞南侧100米处，索道站下有一高崮。东顶部较小，宛如凤鸟灵秀的头部；中部呈弧形微向西倾斜，构成凤凰腹部向前悬浮的轮廓；东南侧斜面上，由于长期的外力雕凿，鼓起的岩体斑驳嶙峋，奇松异竹，点缀其间，宛如凤凰的锦羽；西部倾斜入洞，凤尾好像在洗浴。整个石峰矗立于幽谷之中，在云雾的烘托下，如一振翅欲飞的凤凰，当地人称"凤凰头"和"戏凤台"。

在这里发现5处石刻，它们是"一指天"，单根手指长1.5米左右，手指指向天空。旁边是"石臼"石刻。在石刻的上方巨石上，一个天然形成的石臼，里面的存水竟然结了冰，晶莹剔透，

像一大碗装满石花菜熬成的凉粉。"醉仙石"像一把太师椅，可与白云洞景区的仙椅一比，只是这椅子把歪的不像样子，像是喝醉了一般。"天险"石刻在最西部凤尾上，面朝东方，字旁边还打着方格，字也写得中规中矩，有棱有角。

在"天险"石刻巨石上远望，戏凤台三面环山，周围松若虬龙，竹林幽幽，风光旖旎。西南面下方是上清宫方向，前望群峦下伏，峭壑深邃，朝旭晚霞，空蒙浩渺，变幻无穷。北面峰顶是万年船，依此下来是三丰洞、玄真洞、明霞洞。

而"崂山明霞洞"石刻在"天险"石刻的背部，不上巨石顶部还真难发现。这5个字竟然是凸字石刻。我们知道石刻大部分是阴刻，凸字石刻在崂山只有寥寥几处。因为风化的原因，露出白色花岗岩颗粒，使字更显得古朴大方。

临走时，偶然发现高台下面有一块断石上有个字——"霞"。经判断，应与旁边的另一块断石合成一块碑。伸手摸了摸

"崂山明霞洞"石刻

底下，果然有字。我和几位山友将石块翻过来，拼成了一块完整的石碑——崂山明霞戏凤台。原来这个高崮叫戏凤台，很有诗意的名字。再望明霞洞方向，确为观赏绝佳之处。

"崂山明霞戏凤台" 石刻

考察戏凤台，百思不得其解。是谁修建的戏凤台？这里的石刻和路径是谁建的呢？查了很多版本的《崂山志》，请教了很多崂山文化方面的专家，都是第一次听说，也是第一次看到我拍的石刻照片。

据资深山友"亮泉"说，他分析是20世纪30年代所开辟的旅游景点，字迹很像陈兴亚所写。陈兴亚是书法大家，因为当时青岛市市长沈鸿烈和他都曾是张学良的部下，到了青岛如同到了家一样。而当时负责崂山旅游建设的是邢契莘，作为沈的一员大将，他在青岛建设方面颇有建树，特别是修道路，建桥梁，盖学校，留下很多政绩。而崂山的石刻在这一期间开始大量开发建设，于是请有书法奇才之称的陈兴亚，在崂山写了大量的石刻。而戏凤台所在位置，有点像中转站，游客从垭口或者青山村的二宫分道走到这里，需要休息一下，戏凤台便应运而生。而现在这里仍然起到这个作用，在戏凤台东面设置的茶亭、长廊、小卖部，是游客短暂休息的好去处。

1949年后，戏凤台逐渐闲置，野草、松树、茂竹把这个高岗封闭起来，客观上起到保护石刻的作用。

北九水的亭

宋立嘉

　　到北九水看水是一大快事。但看水必须爬山，爬山是件累并快乐的事情。爬山累了，最想找地方休息一下，北九水的亭便应运而生。你坐在亭子里看风景，亭子里的你也成了风景。

　　从内三水检票进入景区，最先看到的是石门亭。石门亭高踞在凉清河对岸的岩

石门亭

石上，古木荫翳，下临澄潭。游人坐亭中，凭栏俯视，四面秀丽的山色和来往的游人，都倒影在潭水里面，非常好看。石门亭所在的位置是内四水，涧对岸一峰如削，秀出云端。从东南方飘来之云雾常被此峰分切，故名斩云峰。在峰下河谷有石门，高如城墙，人可穿行其间。有人认为两边的山像一座大门，其实这是误解，真正的"石门"在南边山峰的半腰上，在这儿是看不见的。而这个石门下有一条古道，斑驳的石条上青苔滋长，一看就知道很长时间无人经过了。这条路树林茂密，可直通到降云涧和黑风口。如今，观崂村寨上一带做旅游商品小买卖的人家还

潮音瀑的仙坊和观瀑亭

经常在这条路上走动。

在石门亭的一侧，有一巨大卧石，上面刻有"石门亭"三个大字。字径60厘米，集苏东坡字所成。这几字只有到石门亭里才能看到，而游客只是看到掩映在绿荫里红亭的一角，不愿意过河到小亭一坐，错失了一大景观。在石门亭的另一侧，是新造人工景观道德碑，感觉与周围环境不太协调。石门亭东去可到蔚竹庵，南去可到潮音瀑。

潮音瀑东侧有一亭，现在叫仙坊，其实是抗战纪念亭，是1945年为纪念1943年在这里与日本侵略军殊死奋战英勇牺牲的抗日壮士所建。这座长方形平顶凉亭的亭前有4根整体石柱支撑，亭中有刻石记载抗战纪念文字和建亭经过。文化大革命时遭破坏，刻石不见，但壮

士精神永存。亭顶现改尖顶并加高铺红色瓦，亭前新修护栏、游览石阶道和拱桥。

潮音瀑北侧沿台阶而上离地面10米处的崖顶有一亭，这就是观瀑亭。亭古色古香，六角六柱，高3.5米，底面积6平方米，花岗岩石结构，亭中央有一圆形石桌，石凳正好是连接石柱的石条，外面有护栏。亭正对潮音瀑，底下便是靛缸湾。亭门楣上有沈鸿烈所题"观澄"两字；支撑亭子的六根石柱也刻有文字，是邢契莘的题联，可惜的是字被水泥封住，看不出原题字的模样。亭内还有刻字悬于上方，"观瀑亭"末有小字"鱼鳞口为劳山最大之瀑布，游人玩赏每作勾留，特辟此亭，籍供休憩。沈鸿烈。民国二十二年（1933）"。观瀑亭是北九水最古老和珍贵的小亭，经历了80

观瀑亭

多年的风风雨雨，小亭完好无损，刻字清晰如初。经历"文革"能保留下来的亭子，游人坐在亭中观瀑听潮音，别有风味。

从潮音瀑东去上山，在山梁最高处，有北九水最高的亭——留韵亭。兀立在山顶的这座六角亭，前檐下挂着一块斑驳的漆匾，写着"留韵亭"三个大字。在亭的柱子上有题联，可惜字经风雨的侵蚀，斑驳难辨。好容易才看出上联是"听泉声鸟声风雨声嘉祥音回荡声传瑞韵"；而下联则看不清字了，真是可惜。留韵亭建在高

台上，视野开阔，而且是木质结构，游人爬山累了，在木凳上休憩，观赏周围风景，心旷神怡。

走上亭子平台，环望四周，俱是群峰耸立，重重地把亭子包围其中。到夏季，经常有云雾穿过小亭，让你分不出这里是仙境还是人间。下留韵亭就到了蔚竹庵了。在蔚竹庵下到石门亭的位置，也有一小亭，没有名字，我给起了个名字叫"山水亭"。在亭里可以欣赏周围的山，也可以看脚下的水，十分惬意，是游客必到之处。

云雾深藏蔚竹庵

睿 鹤

"柳台石屋接澄潭，云雾深藏蔚竹庵。十里清溪千尺瀑，果然风景似江南。"

缓慢地拾山级而上，踏着蔚竹梵径，观苍松竞茂、怪石奇秀，听涧溪成韵、泉水叮咚，呼吸着清新幽静的气息，穿梭在

蔚竹庵

绿荫夹道中，"将至道舍，石磴百折，盘旋直上，两旁夹以修竹，浓荫沉绿，天地皆青"。"行竹径中约里许，秀倩幽深，浓翠如滴""有松成林，触风作韵。大路所经气象开阔，而捷径则山花载途，泉石幽邃，取径不同，景物亦异"，循着古人写满诗文的足迹，终于在绿荫沉沉的旧竹新篁深处觅到这世外仙境。在这海拔650米的高处，不仅仅那夏日的酷暑已然褪去，反而还因肌骨中进了些许寒气而顿感心畅神怡。

崂山的钟灵毓秀形成了"蔚竹鸣泉"佳景，清泉涓涓，绿竹漪漪，清代胶州文人王大来作诗赞曰："玄都

141

近在最高峰，石磴追寻樵客踪。履下泉声三十里，杖边山色一千重。深藏胜境疑无路，绿到仙宫遍是松。更喜道人闲似我，邀看万朵碧芙蓉。"蔚竹庵好似泼墨的画卷。

进得庵来，精巧玲珑的二进式小院落呈现在前，问庵内的道长，庵是否是尼姑所建？否则，为何称庵呢？道长答道，"庵"本意是指茅草搭建的小屋，后来世人约定俗成地以为在庵的为尼姑，在寺的为和尚，在宫、观的为道士，其实不然。尤其在崂山，许多庵，如百福庵、蔚竹庵等，历史上都曾有过佛、道混杂的情况，以及尼姑、和尚、道士在不同的时期都曾住过的情况。庵和寺的区别也不大，如华严寺本名称华严庵。蔚竹庵原是道士宋冲儒创建，但历史上却也有过尼姑居住，清代道光年间重修庵后曾一度为尼姑庵，清咸丰年间（1851—1861）因尼姑无继，才由全真道华山派道士主持。

庵内有三块碑刻。《蔚竹庵碑记》立于明万历二十一年（1593），石碑半米见方，嵌在正殿东壁，文为："大明国山东莱州府胶州即墨县仁化乡聚仙社崂山蔚儿铺所建三元殿蔚竹庵。计开四至：东至鹰嘴石，南至三教堂，西至丑蒲（仆）洞，北至大山顶。住持道人宋冲儒万历二十一年三月。"《重修蔚竹庵记》刻石约1米见方，嵌在正殿西壁，清嘉庆二十一年（1816）所立。《重修蔚竹庵庙记》立于清道光十九年（1839）四月。创建、重修、再修将庵的历史划分了三段，如今，此庵

从去年开始动工的房舍扩建工程已接近尾声，这应为第三次大修了，昔日风采的重现当有日可期。

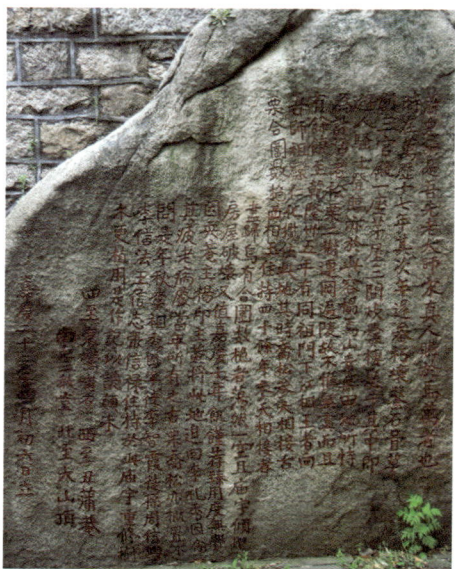
蔚竹庵嘉庆刻记

站在庭中，满眼的浓郁，满鼻的香气，原来这里有两株被称为"活化石"的银杏，一株树龄约100年的桧柏（而整个崂山100年以上的桧柏才存有6株）、一株树龄在130年左右的紫丁香古树。银杏、桧柏、紫丁香树寿命长、高大、树冠美、抗病虫害能力强。选用这些树种，以取其生命旺盛之意，可见蔚竹庵选用树木之考究，不难想见蔚竹庵昔日在崂山诸多道观中的地位是何等显赫。

小小道庵，又经历了怎样的人间沧桑呢？

它一度庙宇倾圮，神像凋残，想那400余年前，宋冲儒初建时，颇有些规模。道庵占地2.6亩，建筑面积150平方米，

有正殿 3 间、客堂 3 间、道舍 3 间及其他用房共 20 余间，所有房屋均为青砖灰瓦的砖石结构平房，清冷中透着闲适。正殿最初被称作"三元殿"，供奉真武大帝、观音大士和三官神像。前两个神像用檀木精雕而成，为崂山诸道场中木雕神像之首。三官神像为铜铸，规模不大，却有特色，在明朝间殿壁上还题有一首古诗："峭石开青壁，嶙峋不记年。叩门惊宿鸟，隔涧听流泉。树老含秋色，峰高入暮烟。蓬君栖隐处，遥望白云间。"而今这一切早已荡然无存。院外东约百米处本有座五级石塔，系 1930 年为纪念于西淑真人而建。文化大革命中被毁，只剩下残塔底座。它又曾一度风光无限，初建时的辉煌不再赘述，

蔚竹庵旧影

到 20 世纪初，该庵出了一位德高望重的主持道长唐宗煜，他于 1930 年离庵去西安八仙庵主持庙事，协助杨虎城将军积极宣传抗日，同时也让蔚竹庵正气撼世。这让蔚竹庵在胶澳一带成为旅游热点。在 1936 年旅游业兴盛时期，还一度作为崂山游览区域游客的膳宿休息处。

蔚竹庵却又因其地处荒僻得幸：青岛解放初期，崂山的九宫八观七十二名庵仅存 59 处，蔚竹庵有幸在内；1959 年，整个崂山有道士 86 人，蔚竹庵尚存 2 人；崂山各庙宇之碑共达 100 余通，文化大革命期间破坏殆尽，唯蔚竹庵的三碑至今犹存。

蔚竹庵曾以华山派而名闻崂山。崂山全真道教有诸多门派：华山派、龙门派、金山派、随山派、鹤山派、清静派、金辉派、遇仙派、南无派、嵛山派。1920 年至 1937 年，全面抗日战争爆发前的十余年间，金山派、随山派和龙门派成为三大主要教派；其次是华山派的影响较大，属于这一派别的蔚竹庵自然在崂山道观中享誉一时。到 1980 年恢复宗教活动时，崂山全真道教尚有金山派和龙门派，蔚竹庵的华山派已渐次式微而最终衰败了。

文化大革命中，所有道、观尽遭破坏，大殿被封闭，神像被砸毁，道士、道姑被遣送原籍。改革开放后，蔚竹庵随同其他崂山道观，终于盼来新生。1982 年 12 月 31 日，它被青岛市人民政府发文公布为市级文物保护单位。

从庵内出来，考察庵的周围，其自然环境保护极好，四周翠竹萧萧，环境清新

幽静。南坡为光叶榉林，郁郁苍苍；抬头与凤凰嵫上的"姊妹峰""相公石""海豹石""靴子石""扇子石"等相望。庵后陡嶂为屏，山石高垒，崖顶危石岌岌欲坠。庵东涧水潺潺，水气侵肤，扑面皆冷翠，"耳聆潺湲，目玩苍翠，极山行之乐。竹影没天，松阴匝地。耳目怡畅，亦觉形神清朗"，"蔚竹鸣泉"给人以声、色、心境之美；"斜倚老竿竹一节，森森个个舞风叶"，何等洒脱的意境。

从蔚竹庵出来，就进入了崂山深处，山路陡曲奇险，此时，大可怀揣着"我与山灵共怡悦，此俗难与俗人说"的清高，去领略"山不险不奇，游不奇不快"的意境。

太 和 观

不 同

太和观位于风景秀丽的北九水风景区双石屋，是"外九水""内九水"的分界线，即自大崂至太和观为"外九水"，自太和观至潮音瀑为"内九水"。这里松柏苍翠，竹林茂密，泉声叮咚，云影飘逸，鸟语盈耳，花香扑鼻。北九水车站和沈鸿烈别墅也在太和观旁边。

太和观又名"九水庵""北九水庙"。始建于元文宗天历二年（1329），原属丘处机所创的龙门派道观。到了明朝末年，这里已经不太兴旺，只有很少几个道士。清朝初年，即墨知县叶栖凤在这里建崂山书院，在观内的西厢藏有大量的书籍，供即墨县的一大批廪生在此处攻读，书籍由观中道士看管。清乾隆年间（1736—1795）重修，壁上嵌有乾隆时山东巡抚崔应阶诗碑一方。"观擅崂山景物之胜，处奇峰秀峦，环抱之中，大涧当前，隔涧为九水

太和观正门

145

厅，语花香。"由于独特的地理位置，太和观香火渐盛，这也助长了道士的骄奢之气，欺民霸山的情况时有发生。20 世纪初，崂山的道教势力很大。1912 年前后，距观崂村（时名观崂石屋村）不远的太和观道士刘圆丰，想将观崂村周边的土地据为道观所有，欲将村民逐出观崂村。在此生息繁衍了几百年的观崂村村民联合起来，一纸诉状将太和观告到当时的即墨县衙。在即墨衙门迟迟未作判决的情况下，村民还一度派出代表到济南告状。一直到 1926 年，观崂村村民终于胜诉。为了铭记这段历史，村民请石匠将当局下发的官契和布告按原样刻于石碑上，立于村口，世代流传。时隔 90 多年，石碑上的文字清晰可辨，两块石碑一为"官契"，一为"布告"。官契的大致内容是以马清忠为代表的观崂村村民用 7300 大洋买下了观崂村周边大约 4207 亩的土地，并详细标明了土地的四界。官契的"发布单位"是当时的胶澳商埠局，落款日期为 1926 年 1 月 1 日。"布告"的内容似是对"官契"的补充说明，写明从上述土地中划出一地作供奉香火之用，还写明村民优先承租土地、道观应按规定缴纳赋税等。由于这场官司，太和观元气大伤，到青岛解放时，太和观道士已传至 25 世，却只有道士 2 人，当家人陈明久。有庙殿 3 间，供神像 2 尊，住房 20 间，地 240 亩，山冈 10 亩。1949 年后，小学占用部分土地。"文革"中，神像、供器、经卷、庙碑全被捣毁焚烧，观被小学全部使用。其间还作为林业中学、北九水小学使用，后还改为九水饭庄。1998 年，被定为区级文物保护单位。现今已修复完毕。新修的太和观古色古香，门楣"太和观"是书法家贺中祥的手笔。高大气派的门楼，厚厚的木门钉有大铜钉，每排 7 个，共有 7 排，全部以朱红色为主调。门分 2 层，内门门楣书"道尊德贵" 4 大字。正殿还保留原先的模样，石柱刻字清晰如初，是清代的对联"龙扇初开四大天兵分左右，珠帘才卷二十八宿列东西。"横批"垂赐祥瑞"。主殿右侧建有旁殿，是道士休息之所和商店之类。院内有高大的落叶松高高矗立。

太 和 观 记

姜全方

在巍峨的崂山脚下，有一座小小的庙宇——太和观。举目眺望，它东依绿树青山，南临翠竹流水，西有"仙古洞"，北靠"太子涧"，它就是这幅画中的丹青最妙之处。进内九水的道路从它身边而过，人们不论去游览"蔚竹鸣泉"，或是观赏"岩瀑潮音"，必先把它观看。

太和观，又名九水庙、九水庵。建于元文宗天历二年（1329），清乾隆时重修。这座观即使在它的兴盛时期也无法和下清宫、华严寺、太平宫、华楼宫等相比，但它文化底蕴之厚，教学风气之浓，却是令世人倍加赞叹的。几百年间，在青山绿水的怀抱中，在山灵的感召下，琅琅读书声不绝于耳。

早在清乾隆年间（1736—1795），即墨知县叶栖风在太和观三厢房设"书院"，供即墨一批生员在此攻读。叶知县还经常来此给

修复后的太和观院内

147

生员授课。书院一直办到道光中期。直到民国初年，西厢房仍存有书院的大量古书。

1949年后，太和观又办起了小学，仍是教书育人的地方。1964年，这里成了北宅人民公社林业中学的办学点。文化大革命中，林业中学停办，这里又成了北九水学校的教学点。我就是在那时去任教的，当时的情景至今仍历历在目。高大的门楼，厚厚的门框，进门有一照壁，照壁两旁各有一个月亮门，顺月亮门踏着用石条铺就的甬路进入庭院，便见正北面有一大殿，院东西各有一厢房，近贴大殿两面的屋山又各有一矮屋。进殿观看，空荡无物，只有石柱上的对联字迹清晰："龙扇初开四大天兵分左右，珠帘才卷二十八宿列东西。"可见昔日之盛景。在低矮的靠近大殿屋山的那处小房里，挤满了20多个学生，一块黑板墙上一挂，孩子们的目光便聚集到上面，那是"读书无用"的狂热年代，但身处大山的孩子求知欲望那样强烈，真可谓游心书卷里，岂顾白日西，使你不忍有半点懈怠。这大概也源于太和观悠久而浓厚的文化氛围吧！

1971年，推倒门楼、照壁，又建了两个宽敞明亮的教室，办起了初中班。看到孩子们喜气洋洋地进了教室，我也高兴得好几夜睡不着觉。窗竹影摇书案上，野泉声入教室中。一年年过去了，一届届学生毕业了，少壮功夫终始成，现在有好些村干部和当地的骨干就是当年太和观的"学子"呢。

1998年，太和观被定为区级重点文物保护单位。现今修复工作基本结束，不久将以全新的面貌展现在世人面前。在它北面新建了教室，孩子们正享受着现代化的教育。看到此景，我不由得感慨：当年教书处，古观拥群峰。不改岁寒色，郁郁门外松。

石　障　庵

于可青

石障庵位于崂山仰口景区白云洞之西南 1.5 千米处，建于明代，祀玉皇、真武。又名石丈庵，因庵前有一巨石将庵遮住而得名。该庵原为尼姑庵，自清代乾隆年间

石障庵

（1736—1795）改由道家栖住。民国初年还有三间茅舍。现还遗留清代全石制建筑一座，高 2 米，4 平方米大小，连屋顶也是用片石一层层叠起，看起来小巧玲珑，用料考究。门的两边石柱有石刻门联，上联是"坤元默启一轮月"，下联是"圣德常统五斗星"，门楣是"石障庵"三个大字，门已经不见。石障庵是目前青岛市最小的道庵，因该庵所处位置在崂山腹地，道路蜿蜒崎岖，森林密布，前有大石，后有绝壁，没有人指导根本找寻不到，游人较少涉足，所以保存较好，给我们留下了宝贵的文化遗产。由于小，估

149

计是道人修炼打坐之所。在庵西有栖云洞作为休息之地。里面有支洞的石柱和废弃的石炕，外面石垒的挡风墙还依稀可见。南下有伏龙洞，传说洞中有大蛇，现在洞已经坍塌，当地人戏称两洞为"鸳鸯洞"。西山顶上有陨星石，悬置山头，摇摇欲坠。此处不远有崂山林场驻地旧址，所以绿化非常好，松柏幽幽，竹林翠翠，美国杉高大挺拔，映山红遍布山岗，还有山楂、木梨、杏、桃等果树，自然植被保护良好，是一处风水宝地。

游石障庵，可由雕龙嘴先到白云洞，然后西过毛儿岭、林场旧地就到了。从石障庵沿着涧底西南走约1千米，就到了滑溜口。这里是山中道路的交叉点，北下可到晓望游塘子观，南去有山梁路可登崂顶，西下可到蔚竹庵和北九水，东下不远就是明道观。

漫谈塘子观

姜兆信

塘子观坐落在王哥庄街道二龙山下，流水潺潺、险峰奇石、鸟语花香，如世外桃源。

相传古代山涧水塘终年不涸，西山有两条白龙，经常到水塘里嬉戏饮水，故得名"二龙山"。水塘旁有一道观，名塘子观，为太平宫脚庙，是道士修真练功之所。据记载，塘子观始建于宋代，明万历八年（1580）重修。清光绪年间（1875—1908）道人吴介山又重修，并更名"夕霞观"；民国初年复名"塘子观"，改为修真庵脚庙。属北支龙门派庙系。中祀真武大帝、霹雷将军。东、西两厢为道人吃、住、待客之处，观前有放生池。有土地360亩，狼弯埠等13处山峦，以及皇妃、道士、西大涧等三处茔地。1939年，日寇进山扫荡，庙宇被焚烧。1948年，道长周渊深与主持郭明禄募捐整修庙宇、神像。文化大革命破"四旧"时，庙宇成为废墟。后来，晓望村在原址重建正殿，加强对文物景观的保护。

庙宇的北山是文笔峰，有三峰并列，似笔架而得名。中峰两侧各突出一小峰，酷似隶书"出"字，为崂山著名奇石之一。从西北山巅远望，尤显秀丽。庙东侧有"光光崮""精定崮"两峰。两峰中间似门，故称"望海门"。清晨从门中观海上日出，景色妙不可言。山涧一"星石"，如弥勒佛南向端坐，左背纹理斜行，酷似水田衣。观后有一巨石，状如雄鹰姿立，名"蹲鹰石"，是崂山巨石奇观。塘子观在群山环抱之中，涧水曲映于下，风景秀奇，院宇雅洁，极为幽静，独具一格。宋末元初，大画家、书法家"雪松道人"赵子昂（赵孟頫）到塘子观游览时，触景生情，在巨石上镌刻"世外别墅"四个大字，苍劲清晰，至今犹存。清代莱州举人

塘子观旧址

二龙山叠库

林钟柱在此设学授徒时，作《塘子观》诗一首："极目西南望，山腰屋数弓。竹间高树出，石底暗流通。寂寞松阴缘，萧条赤壁红。遥看村叟过，策蹇小桥东。"清代郭琇幼年曾在此读书多年，于康熙九年（1670）考取进士，先后任过吴江知县、江南道监察御史、佥都御史、左都御史，上书《参河臣疏》《科大臣疏》《参近臣疏》，其刚正不阿闻名朝野。因遭权臣诬陷，罢官后回故里，后又被启用为湖广总督。

塘子观原为"太平兴国院"脚庙，宋帝昺兴祥二年（1279）农历二月，宋朝覆灭。当时身在临安（今浙江杭州）天目山的皇妃谢丽、谢安姊妹俩，携随从化装成渔民乘船在仰口湾登陆，到太平兴国院出家修道。后转到塘子观庙，姊妹俩常年在"闲云洞"中苦修，因而，人们将洞改为"谢丽洞"。元朝初年，正值道教兴盛时期，谢丽、谢安出资扩建了殿堂庙院，整修了白龙洞（即玄都洞）和闲云洞。她们利用在宫廷里学到的琴法、音律，结合崂山道乐经典，改善创新了道乐曲牌，编撰了道乐大曲牌《三清号》等。这些曲牌被称为"谢谱"，成为崂山道乐经典中的珍品，对丰富崂山道乐做出了很大贡献。明天启年间（1621—1627），朝内两太监边永清、杨名绍在修真庵出家，经常到塘子观"诵经唱和"。清末翰林王悟禅隐居于白龙洞中，食野果、生粮，开凿洞穴，练习书法，为崂山名道。

塘子观水源丰富，山泉多，水质优良。晓望村于1972年在此处建成库容12万立方米的塘子观水库。1994年，崂山区水利局在水库下建成库容136万立方米的晓望水库，不仅解决了工农业生产和居民生活用水，而且增添了一处亮丽的风景。2004年，在下游又建成崂山茶苑，举办了首届崂山茶节。望着采茶工人们在氤氲缭绕的云雾下手指飞舞，赏着茶的绿叶在剔透的水杯中徐徐伸展，隐约中好似听到那亘古演奏的道乐，那份惬意，恍惚间犹如置身于仙境。

探访大崂观和神清宫

岩 松

大崂观已不复存在，现在是青岛远洋公司的所在地。在门卫室登记后，我们进入大院内。一进大院，呈现在我们眼前的是原大崂观内崂山道饮遗址处，院内古树古柏犹在，石刻颇多，据说现崂山仅存的

十棵流苏树（俗称牛筋）在大崂观内有两棵。其中最大的一棵直径近半米，几百年的玉兰花枝繁叶茂。一处最古老的石刻保存完好，正面刻有"重修北极"，反面刻有"碑记题名"，诉说着往日的辉煌。原青岛市市长沈鸿烈别墅保存完好，牌匾"卧龙居"悬挂其上，竹林茂密，郁郁葱葱。在院内远眺骆驼峰栩栩如生，好似骆驼步履蹒跚地行走于崇山峻岭之中。

在观后，我们踏上寻找神清宫的漫漫长路。在山下碰到一位垦地种菜的老人，我们便问："大娘，到神清宫的路怎么走？"大娘回答："早着呢！老远！过了对面

大崂观"重修北极"石刻

153

那个口子（即山隘口），再往前走，山上没有路了都叫草盖上了。""那个山口叫什么？""俺叫它南天门。"大娘回答："大热天去那干什么？怪累的！花钱买罪受？"长年住山里的大娘怎能体会身处城市水泥大厦的我们那份对山的渴望呢。

告别老人，我们一路攀山，正如老人所言，山上没有路，荆棘丛生，野草遍山，山友硬是钻荆棘，踏草丛，攀岩石闯出一条路，攀上了被老人称为"南天门"的山峰。

站在山顶，遥望山下，水库波光粼粼，公路蜿蜒曲折，村舍星罗棋布，炊烟缭绕袅袅，一派和谐安宁、安居乐业的景色。稍事休息后，我们继续寻找，终于找到了神清宫遗址。据当地村民讲，神清宫被日本侵略者焚毁后，曾有简单的修复，当地老百姓一直供奉着神像神龛，香火未断。文化大革命中，从城里来了一帮年轻人（"红卫兵"），将神清宫彻底毁了，宫内的一棵近千年的白果树也被砍伐。现仅存一棵五角槭，历尽沧桑但枝繁叶茂，无声地诉说着历史。

由于当时较为落后，加之神清宫周围的山体石质（花岗岩）较好，这里成为村里的采石场，周围山体被破坏地面目全非。在寻觅中，一山友发现神清宫唯一幸存的山门石墩，静静地躺卧在碎石之中，见证着历史，见证着当年神清宫的辉煌。

神 清 宫

白秀芳

旧时的神清宫

神清宫位于北宅街道大崂社区南山之芙蓉峰的西麓。从山下沿山径而上，路旁石上镌有丘处机手书"访道山""游仙仑""寻真"。后二石已失，现只存"访道山"刻石。

神清宫倚山而筑，东、北两面为重岩叠石，宫南是一道深壑，处境十分狭窄，倍显清丽幽邃。神清宫为宋代创建之宫观，于元代建正殿，经过明、清、民国重修。现存有三次的修缮碑记，分别是明万历十三年（1585）、清康熙三十一年（1692）和民国十二年（1923）。

宋代时，三清殿有 3 间，

后为玉皇殿。历史上属道教华山派。两旁是道舍客房，庭前有银杏、紫薇，殿左有修竹苍松，浓荫笼罩庭院。该宫是崂山很富有的庙宇之一：现在的沧口飞机场过去就是神清宫的庙产，该宫还拥有广大的山

神清宫五角枫树

林和土地，宫东西南北数千米都是庙产，有很多的佃户和看山人。

殿东角岩石下有长春洞，相传丘处机曾在洞中住过，洞旁上刻"洞天"二字，是明朝周鲁所题。沿长春洞北上，有"滚龙洞"。洞不高，人要侧身再滚爬后，才能穿过，体能壮硕之人只能"望洞兴叹"。摘星台在玉皇殿西，巨岩突起，高两丈许，上平如台。登台南眺，华楼、石门诸山，竞秀斗奇。台下有脱尘洞，是道士单义省的藏骨处，有乾隆七年（1742）所刻"单义省脱尘洞"字样。在宫门前有一块巨石名"聚仙台"，曾建钟鼓楼于其上。宫西有罗信芳砖塔一座，建于清乾隆年间。此外，还有放生池、自然碑、卧云洞等名胜。清代胶州文人王大来有五言律诗《神清宫》："上尽登山路，山花晚更香。悬崖缀高阁，怪石抱回廊。翠积松窗暗，云起石榻凉。道人知爱客，晓起煮黄粱。"

抗战以来对神清宫的破坏

神清宫在抗战期间，曾经是一处抗战枪支修械所。全面抗战初期，"青保"部队利用神清宫周围的山洞和神清宫的建筑建抗战枪支修械所，老百姓俗称"兵工厂"，主要生产手雷弹和炸药，也修理和制造枪械。还专门从济南请了2个工程师：一个叫许经木，一个叫王守林，指导用旋床加工枪械的来复线等技术。因为这个兵工厂地理位置显要，曾经发生过几次战斗。后来日军增加兵力占据神清宫，并在神清宫附近挖了2处地道，直至抗战结束，枪支修械所都没有恢复。

1943年，日本人为了加强对崂山的控制和打压"青保"的抵抗，分别在崂山的几个关隘地段构建军事设施。有一个班共11个日本兵住在神清宫的道舍里，负责挖掘神清宫通往黄石坡的山洞，同时又在灰牛石村的村头盖起了炮楼，在河西岸的山上开挖山洞。这个时候"青保"二大队部分队员化装成农民住在村民家里。1943年秋天的一个晚上，"青保"全歼日本兵于宫内。日本侵略者恼羞成怒，炸毁了神清宫的道舍和钟鼓楼（大概是因为信仰问题，日本人保留了两个大殿）并将灰牛石村村民迁往大崂南河（扎席棚居住），直至1945年日本人投降村民才回到村子。1945年7月11日，"青保"第一大队大队长董修璋派第十中队长刘玉瑞率分队长臧锡声等15名队员赴崂西区神清宫解决敌久保部队驻该庙之大山小队，乘敌不备，先将其哨兵刺死，即闯入敌穴（敌约40余人），毙敌大山少尉1名、士兵12名，伤14名，获敌九二式重机枪1挺、三八式轻机枪1挺、三八式步枪4枝。"青保"消耗甚轻，但上尉中队长刘玉瑞身先士卒，英勇殉职。

很多史料把神清宫毁灭的原因全部归咎于日本侵略者是不对的。抗战胜利后，在神清宫后岩半石隙中，有一株古老的苍松，浓荫遮庭，景尤清绝。国民党军队竟把古松毁掉。1949年之前，庙产和山林在战争期间丢失和遭到破坏，庙宇也被破坏不堪。

1949年后，神清宫还有6个道士，有

庙殿 3 间、住房 8 间、神像 3 尊，香火依然旺盛。文化大革命时期，北宅公社在神清宫创办农业中学，道士被遣散。"破四旧"的时候，曾经在庙内抄出大量英文手稿，以前的神像和香炉等物被砸。农业中学停办后，村民拆除了大殿，银杏、紫薇全部被毁。

神清宫初毁于抗日战争和文化大革命时期，破坏最严重的时期是 20 世纪 80 年代：1983 年开山砸石，周围环境遭到毁灭性破坏。直到 2005 年被列为区级文物保护单位，才保留下一些遗迹。

神清宫的现状

神清宫有棵树龄几百年的槭树，整个大树的根部几乎全部扎根于岩石之中，岩石顶着树根，树根缠绕着岩石，两者浑然一体，历经数百年而树木依然丰茂，这确

崂山神清宫遗址现状

实让人赞叹。由于采石造成水土流失，但槭树依然顽强地生存着。每次在山上发现这种顽强的生命，都不禁让人肃然起敬。还有一棵五角枫长势良好。让人惊叹的是，大片的竹林将神清宫遗址掩映在绿色里，放生池周围的石竹子现在几乎长满了北山。在竹林的保护下，放生池清水荡漾，有些年岁的石头长着青苔，青蛙在里面快活地游来游去。在放生池不远处，被推倒的山神庙被重新搭建起来，原汁原味。山神庙所用石料上的花纹，记录着神清宫的历史。粗大的五角枫下是一深涧，从下面垒起的挡土墙，是一根根巨大的石条垛起来的，当初建造花费了不少力气。在神清宫下方进宫的路上，有"区级文物保护单位"石碑。碑的旁边是神清泉，大崂村民利用这水建起水池，源源不断地供给山下村民生活用水。

神清宫还有两大特色花卉，即南山紫荆葵，北山芙蓉花。紫荆葵者，崂山杜鹃也，是崂山特产花卉之一，春天在这里可以看到漫山遍野的杜鹃花。芙蓉花在杜鹃花开完后，它才轰轰烈烈地开放，一直能开到深秋。每年开花时节，很多游客来到这里，欣赏美丽的山花。

即墨黄氏家族与崂山华严寺

卜 语

华严寺位于崂山东麓返岭后村西那罗延山半腰，依山面海而建，它的建立与即墨黄氏家族有着很深的渊源。它本是即墨

黄嘉善画像

城准提庵的下院，明万历年间（1563—1620）即墨黄氏将花园改建成准提庵。其后人黄宗昌在明末时又修建华严寺。未成，毁于兵燹。清初其子黄坦续建于今址，清顺治九年（1652）落成，始名华严庵，又名华严禅院。1931年，始改称华严寺。沈鸿烈任青岛市市长时曾赠匾额题名"华严寺"。

从即墨黄氏家族建准提庵和华严寺可见其对佛教的虔诚。即墨黄氏家族在明清两代是即墨的五大望族之一，可谓仕宦世家，显名于世。其中尤以黄嘉善、黄宗昌较为著名。黄嘉善在家族中官职最高，为万历五年（1577）进士，累官至兵部尚书兼京营戎政，加太子太保，为朝廷重臣。黄宗昌更是由于编著崂山有史以来第一部志书《崂山志》和创建华严寺而为人们所

称道。

明朝佛教一度兴盛，憨山和尚被封为"国师"，曾在崂山大肆兴修庙宇，他与黄家素有往来，黄嘉善曾作《和憨山韵送达观禅士西游》一诗与其唱和。黄嘉善之弟黄纳善，19 岁即皈依憨山大师，诵经终生，不入仕途。黄嘉善之妻每天到准提庵打坐。黄嘉善之孙黄培之女，在其父亡后遁入空门，在崂山为尼。

另外一个与黄家来往密切的僧人是慈沾，他俗姓李，观阳（今山东海阳）人，德誉甚高。黄宗昌闻其名，于清顺治九年（1652）迎他至即墨，并筹资在那罗延窟东北兴建华严庵，但庵未建成即毁于兵火。黄宗昌在《崂山志》中介绍华严庵时写道："余以那罗延窟西方哲人演教处，慨古迹无存，卜筑于斯。拓而大之，不使前有盛事，后无徵焉。余之不聪敬，而殆于时，亦或潜息其中乎？志未竟而毁于兵，

天下之不使有成，即此可睹。上人慈沾真诚人也，可与图终。吾老矣，坦其继之。""坦"是黄宗昌之子黄坦，他续写了其父未完成的《崂山志》一书，并协助即墨准提庵慈沾和尚重建华严庵于现址。庙内有大雄宝殿、观音殿、韦陀阁（祖堂）、藏经阁、客堂等建筑。庙体宏伟典雅，体现了明代建筑的艺术风格，是崂山境内古建筑艺术之最。其布局之严谨，楼阁之壮丽，涧壑泉石之清奇，在崂山古刹中当为第一，也是崂山现存的唯一的佛寺。

崂山华严庵建成后，慈沾任第一代住持，为临济派第四代传人。慈沾居崂山 20年，于清康熙十一年（1672）去世，年 84岁。他生平"不为苟得，不募缘，不蓄幼童，以非礼来者若罔闻见，居即墨共 30 余年，未尝见有忌色嗔语"。华严寺前路西有一塔院，院中的一座七级砖塔下坐化着慈沾大师。

华严寺旧影

华严寺塔院内还有于七墓。于七，名乐吾，山东栖霞人。清顺治五年（1648），在锯齿牙山聚众起义抗清。康熙元年（1662）败，只身突围，史称于七"不知所终"。传说康熙四年（1665）冬，于七来华严寺拜慈沾为师，皈依佛门，法名"善和"，是该寺第二代住持。康熙十一年（1672）圆寂，终年65岁［一说于七是华严寺第三代住持，康熙五十九年（1720）圆寂，终年113岁］。

华严庵建有古朴典雅的藏经阁。阁内藏清顺治九年（1652）刊《大藏经》1部，7200卷；元人手抄本《册府元龟》1部，142册，共计1000卷。另外还有憨山手书条幅、于七画像等。1966年文化大革命初，青岛市文化局抢先将这些文物转移密藏，免遭焚烧，现藏于青岛市博物馆。另外，寺内存有清乾隆年间（1736—1795）山东巡抚徐绩《崂山观日出诗》刻石等古迹。

因华严庵依山而筑，每有建筑必须开山夷地，故历来只有修葺，未能扩建。自清顺治以来，华严庵虽屡经修复，迄今仍为当年规模。清乾隆年间（1736—1795），观音殿、祖堂、客房遭火烧尽，后来恢复。1930年，才筑成山门外通向海滨的华严路。1932年，增建一栋5间房的新式小楼房，时共有房屋120余间。

1982年，华严寺被定为市级重点文物保护单位。

华严寺印象

卫 敖

首次游佛庙华严寺是在 50 年前。从白云洞下来，沿海边公路南行，经老乡指点，直奔华严寺所在的山涧。

崂山华严寺藏经阁旧照

站在通往华严寺的石砌路口，怎么也看不见寺庙。这个山涧较宽阔，北、西、南三面环山；东临大海；中间一条涧溪，溪水湍流入海。山坡陡峭，林木青翠，巨石裸露。这样的环境，即使有庙也不会太大。

石砌的山路有一米多宽，盘山而上，弯转曲折，潜踪于山石间，掩迹于草木中。人走在路上也会被树石遮藏。路边石上题刻颇多，多是古人留下的。直到转上庙门下一段较陡直的石阶，举头仰望，眼前一片青葱的竹林，透过竹梢，便可见城楼似的建筑坐落在一道大墙之上，这就是寺庙了。寺建于山北坡峰下，山门东向。踏进山门，拾级而上，方知在下边见到的只是藏经阁。阁建在山门之上，阁外有环廊。进廊凭眺，山海胜景尽收眼底。一个妙字，脱口而出。山下寻它不见，它看山海却一览无余。

进得寺后，发现它竟是崂山少有的大寺庙。让人惊异的是在这巨石遍布的山腰上，竟然开出如此大的一片平地。寺中分前后两院，各建有大殿一座，前院还有一座侧殿，东北角尚有西式小楼一幢。庭院相当宽敞，奇花异卉颇多。其中，紫薇、丹桂、玉兰、耐冬都大可合抱。前殿檐下有一水井，水极清澈甘洌。登寺后狮子岩，俯视这座佛庙，殿宇楼阁虽雄壮，但不突兀。它后倚峭壁巨石，周围苍松遮掩，寺是山的一部分，山揽寺于怀中，山与寺混为一体，协调自然。怎一个"隐"字了得？径匿林石间，寺融山体中，壮丽而不张扬，宏大而不显露。隐中存神奇，寻得见真容。这是佛教借鉴

1957 年的崂山华严寺

道教"贴近自然，融于自然"的体现。可是现在，修建了宽大、夸耀的石阶和豪华的新山门，曲径通幽的韵味全变了。

荒 草 庵

辛承锡　刘洵昌

荒草庵位于浮山前怀、徐家麦岛北山，创建于明代永乐年间（1403—1424）。据传，初建时为望乡台。因明朝初期，崂山地区有大批云南、山西、河南等地移民，为了却思乡之念，迷信者认为冥间有望乡台，新死者之鬼登之，可以望见家乡的情形。经过数百年的演变，此处成为悼念亡灵、祭祀祖先、参拜神龛的庙宇。有诗云："荒草庵中一炷香，家人安稳子孙长。此间不是人间世，免得来生思故乡。"由此可见当年古人的思乡之情。

荒草庵之名，道家自有其说："天物芸芸各复其根，归根曰静，是谓复命，复命曰常。"天地间万物，草生长最快，"野火烧不尽，春风吹又生"，这是自然之运。草只要有一点根系，几天之后，就会很快长出来；随风飘零的种子不管落到何地都会生根发芽，这是生生不息的力量。草木似乎变化最快、

荒草庵遗址

163

荒草庵遗址的古银杏

最明显，"芸芸"代表普普通通的草，也用来形容宇宙万物的生生不息，这也许就是"荒草庵"之名的来历吧。

荒草庵里有奇人。据传，清初荒草庵有一道人，自云百余岁，碧眼，不食粮谷，惟以松子、果子为食，清溪泉水为饮。每客至，必先知之，欲往见，不果。名士有《荒草庵诗》云："荒草庵前碧眼仙，日饮溪绿果为餐。神融气合八荒外，道力神功不可言。"

荒草庵正殿祀玉帝，这是道教中地位最高、职权最大的神。偏殿祀城隍，这是道教所传守护城池的神。殿内四壁，壁画连篇，画的均是阴曹地府之事，以警世人。据传有个别行为不端之人，看罢壁画，毛发悚然，心惊肉跳。回家后，或所作所为有些收敛，或对待父母更加

孝顺。

每年的农历正月初九是浮山庙会，会场便是荒草庵。庙会上民间游艺活动丰富多彩，不但有舞龙、舞狮、杂技、武术和一些体育活动，还有柳腔、茂腔、曲艺和民间杂耍。浮山庙会就是周边农村的"狂欢节"。一大早，四乡八疃的男女老少便汇集而来，一半是祈神赐福，一半是游山逛景，于是庙会中的主要节目无非是"吃"和"玩"。吃的有糖球、麻花、炒栗子、火烧、炉包、馇锅子等等，玩的有耍猴、抽签、算卦、相面等等。庙前庙后空地上，人山人海，吆喝声、锣鼓声、孩子手里的喇叭声、游人的嬉笑声混合在一起，几里外也能听见。

如今的浮山，红瓦绿树，掩映着楼房。

荒草庵内的建筑

笑语欢声充溢在一个个门庭，只有荒草庵这座古老的庙宇，还保留着它原始的长方形院落，东南向的大门紧闭着，六棱形的石柱撑着出檐的庙殿。院内绿荫遮天的三株古银杏和大门前根深叶茂的三株古朴树向我们诉说着昔日的历史。另有一方醒目的石碑告诉我们，荒草庵为"区级重点文物保护单位"。

百福庵寻踪

路黎光

从崂山铁骑山西面穿越杂草树丛，走过一座小石桥，就进入了百福庵。环观古庵，四周被茂盛的林木围绕，殿宇的残垣皆掩映于深草杂树之中。只有大殿那一段高挺的屋脊和三殿的残梁断柱静立于山林，使人浮想联翩。

百福庵创建于宋徽宗宣和二年（1120），距今已800多年。古庵西面石桥下是一条不大的山谷，沿围墙外蜿蜒山下，正好用来引流山水。庵门朝东，北面劈山，南面有倒坐殿后墙合围，以山就势，形成院落。庵内有殿宇三座，被称作大殿、二殿、三殿。"萃元洞"为二座石屋，位于二殿西侧。大殿、

三殿两侧，对列四排房舍。院东北有泉井一口，临灶间。

清初，道长蒋青山主持庙事，并广罗经书、曲谱。明亡后，养、蔺二妃逃来崂山入道。二妃精宫廷韵律，好器乐。蒋青

百福庵残垣

山与二妃对崂山道乐的融汇、创作和发展起了重要的作用。蒲松龄在崂山期间，与蒋青山结为忘年交，频访百福庵。二人常游山论道，研经谱曲。

蒋青山对庵内的殿宇房舍进行了多次修建，并于乾隆二十七年（1762）携徒孙计约30人重建了三殿。百福庵在极盛时有道士40多人，房舍数十间。相传养、蔺二妃三次接旨而不往。二人住过的"萃元洞"石屋，皆为整块大石雕凿而成。门楣、滴水、户臼、棚面都一次铺排停当，至今完好如初，令人惊叹。可见"静庵静修道，石屋石心人"。

百福庵庙宇建筑，传承了中国古建筑的风格，皆为石柱木架梁单层框架结构。主体用料粗壮，甚为坚固。只是屋盖过重，水平抗剪和节点强度不足，砌体与框架无拉结，这也是导致坍塌的原因之一。

抗日战争时期，日军曾轰炸百福庵。时至今日，大殿和三殿尚有断壁残瓦，二殿却已荡然无存。

笔者粗勘古庵原势，并草绘成图，以期将百福庵原貌展现于今。

百　福　庵

宋立嘉

百福庵位于城阳区惜福镇铁骑山之阳。该庵创于宋徽宗宣和年间（1119—1125）。据传，二尼姑于初创时，居于萃元洞中，后建简陋房屋，内祀菩萨，奉佛教，原名"百佛庵"。清初扩建后，庙初具规模。山门东向，前后二院。前院建倒坐殿，祀菩萨；中殿穿堂，祀三官；后院玉皇殿。二院各建两厢。殿堂、道舍皆为木砖结构，殿堂均为"硬山式"建筑。玉皇殿建筑宏伟壮观。殿高6米，重梁起架，前出檐，四棱石柱挺立，朱漆雀替。灰砖雕甍，高50厘米，镂空云龙戏珠，两端饰"螭吻"，檐角装饰"嘲风"，顶披小瓦，殿内梁架朱漆，华贵古

雅。现仅剩断壁残垣。百福庵于扩建后改奉道教，系马山龙门派支，平时即可响乐器，故被称为"外山派"。1933年重修。共有房屋48间，占地面积3390平方米，建筑面积593平方米。庵内有"萃元""娘娘"两洞。1982年，被列为市级重点

萃元洞

文物保护单位。此庵背山面涧，松竹环绕，环境清幽，1949 年后多作看山的临时住所，保护较好。现在的百福庵是推倒重修的，外廊初具规模，为旅游观光的好去处。

重修后的百福庵

新建的百福庵分三殿三门，正殿正门最宏伟，有骑楼二座。登骑楼，墙外白果伸手可摘，门外脆竹清脆喜人。正殿还保留些许旧庵痕迹。后殿和中殿的西侧是著名的萃元洞，这还保留着古色古香的浅洞，给后人留下更多的思考。我觉得这是百福庵的点睛之处。西门外有挡水墙，仔细一看大吃一惊，竟然是原百福庵的旧瓦当和檐角，如此珍贵的文物，随意堆放在外面，令人叹息连连。东门外有小亭，开始还纳闷亭为什么没有顶，近处一看，才知道是井亭。这眼井是百福庵的命脉。想当年，庵内汲水烹茶煮饭，留下多少故事，沧桑历史尽藏井中。

探访关帝庙

若 凌

崂山东麓，仰口湾畔，距太平宫一望之遥，有崂山唯一现存的关帝庙。

关帝庙，俗称"关爷庙"，1949年前的崂山，几乎村村都建有关帝庙，只是规模都不大。那时奉祀关公的庙宇多与土地

关帝庙遗址

庙并列或作为道院的附设单祠，如太清宫就在三清殿与三皇殿之间单设一祠，把关公和岳飞供奉在一起，称"忠义祠"。而崂山现存的这座关帝庙因主祀关羽，且规模较大，显示了它的独特。

这座关帝庙始建于明万历年间（1572—1620），由太平宫道士张通元创建，规模不大，奉全真道华山派。据明嘉靖年间（1522—1566）重修碑载，关帝庙本系太平宫下院之一（另一下院为东华宫），清光绪十二年（1886）方从太平宫分出独立。1929年，由道士刘太清、贾太成。1936年，经道士刘祥球等相继主持修葺才

具有了较大规模。1948 年时，有大殿 3 间、道舍 26 间，为二进式院落。进山门为前院，中殿有三间，穿堂的两旁有 2 米多高的彩塑关平、周仓立像。后院为四合院，有大殿三间，内祀 2 米多高的彩塑关羽坐像，四周墙壁上有彩绘的关帝生平故事，如桃园结义、千里走单骑、华容道、单刀赴会等内容。画面比例匀称，画工细腻工整，算得上崂山壁画的上品。关帝神像两旁的楹柱上书有楹联，上联为"兄玄德弟翼德德兄德弟"，下联为"师卧龙友子龙龙师龙友"。此联运用了关羽的口吻，而且对仗工整，非常有韵味，看后感觉到关羽不仅是一员猛将，而且很有文采。大殿两旁各有配房三间及东西厢房各四间，皆为砖木结构之硬山式建筑。庙内藏有经书四部，院内植芍药、耐冬、黄杨等。

作为太平宫的下院（脚庙），关帝庙和东华宫远不如太平宫声名远播。也许正因如此，近年来它们缺乏人们的关注和保护。如今，东华宫已难觅其踪了，关帝庙的命运又如何呢？大殿内关羽的坐像及供器虽在"文革"中被毁，但从地上残留的

关帝庙壁画遗迹

香灰，仍能看出百姓对英雄"关爷"的崇敬，感受到这位三国人物留下的灵气。两侧墙壁上残存的壁画依然散发着光彩，"桃园结义""刀挑红袍""华容挡曹""单刀赴会"让人的怀古之情油然而生；那壁画上涂抹的泥浆和石灰，仿佛又诉说这座庙宇几百年来所经历的风雨沧桑；而院中几株百年老树依然枝繁叶茂，让人眼前又浮现出当年耐冬、黄杨、桂花与院外的古槐交相呼应，庙中花繁叶茂、四季飘香的勃勃生机。站在庙外远眺，海天一色，群鸥集翔。蓝天、白云、碧海、青山，令人极目畅怀，心旷神怡。

让人欣慰的是，关帝庙先后被崂山县、青岛市人民政府于 1984 年、1989 年列为县级、市级文物保护单位。

明道观寻古

不 同

明道观也叫棋盘石庙，位于崂山东麓招风岭前。830 多米的海拔高度在崂山宫观洞庵中位居第二，只比铁瓦殿稍低。但铁瓦殿早已荡然无存，而明道观的殿舍尚有。尽管地势较高，但周围群峰环抱，形成了一个极为幽静独特的小环境。

明道观的建筑始建于唐代，之后多次修缮。据《崂山地名志》载，远在唐玄宗天宝二年（743），这里就有过建筑，是奉唐玄宗李隆基派遣来崂山采药炼丹的孙昙的山房，距明道观西南不远处有孙昙记事刻石为证。明道观还曾是道姑孙不二的修炼之所。

明道观现在的建筑是清康熙五十三年（1741）由白云洞道士田白云的传人宋天成创建的，占地 1380 多平方米。观原分为二院，东院为"玉皇殿"，西院为"三清殿"，内有玉皇、三清彩色塑像。现房子倒塌过半，已

明道观遗留建筑

成一院。光绪年间（1875—1908）道观鼎盛时期，有道士 18 名、土地 70 多亩、房舍 32 间。1939 年，日本侵略者在崂山扫荡。一日内，白云洞、神清宫、明道观皆被焚毁。明道观元气大伤，到 1949 年前仅有道士 5 人，香火几近断绝。1949 年后，改为林场用房，林场人用辛勤的双手植树造林，树长起来了，草也茂密了，植被也厚了。20 世纪 80 年代，崂山林场改制，住在明道观的林场人也搬出了几乎与世隔绝的明道观，明道观建筑渐现败落。

从东边的山门拾级进入，右侧有清宣统二年（1910）石刻"明道观"三字。山门外的 3 株银杏默默站立见证着历史，古银杏树树龄有 800 多年，树高都在 20 米以上，最高的近 30 米。拿尺子量其中的一棵，其树干的周长竟有 3.5 米。3 株银杏均为雄性，是有意种植，还是雌树死亡，

明道观古银杏

这给我们留下谜团。走进明道观，整个道观原来是一个方形院落，东西长 30 米，南北长 25 米。正殿 3 间，左配殿 6 间，右配殿 3 间。正房 12 间和南房 1 间保存较好。屋内雕栋画梁，可见当时建造花费不少工夫。东西厢房各 4 间，现在部分已坍塌，东面 3 间仅剩框架，有地洞一个，从房中设施判断是厨房，地洞应属菜窖之类；西面厢房仅存房基，西墙基外是水道，所以此处石基建造得非常牢固和高大，厕所竟然还能使用。南房墙基镶有石碑一块，记载重建时间和捐款人名。院内北侧还有一张石桌，是古时遗留下来的，两块两米多长的石条拼就石桌，在桌上吃饭喝茶特别惬意。院外有井三口，有两口分别立有石碑，可惜字已模糊不清。水是天然泉水，喝一口甘甜如饴。没有石碑的井，水较浑浊，估计是冲厕用的。

明道观奇峰怪石、神话故事颇多。因道路蜿蜒崎岖，"养在深闺无人识"，游人较少涉足。这里古木参天，竹林幽幽，是旅游的好去处。从明道观出来有 8 条线路，可到崂顶、滑溜口、华严寺、泉心河等地。

白云庵考察记

青　山

白云庵，位于巨峰南麓，背靠自然碑，海拔 800 多米，始建于唐代（有资料说建于北魏），原为佛刹，后倾圮。明嘉靖年间（1522—1566），全真道士朴一向和徒弟李阳兴募集资金，经多年修建，规模比原先扩大了许多。白云庵分上庵和下庵。上庵在金刚崮旁，紧靠慈光洞。

白云庵历史上为尼姑和道姑修行的地方，宋、元两代，佛道和睦相处，庙内同时供奉如来、老君的情况并不鲜见。明代道姑刘贞洁，在崂山明霞洞和白云庵修行多年，被慈圣太后赠号"慧觉禅士"。清初，即墨望族黄培遭文字狱陷害被杀后，

黄培之子黄贞明将其父灵柩迁葬至水清沟南山，然后隐居崂山。黄贞明的妹妹也到潮海院削发为尼，法号喜岩，居室内悬挂父亲遗像，后来她又迁到白云庵静修多年。白云庵前的白木槿即这位尼姑手植，至今

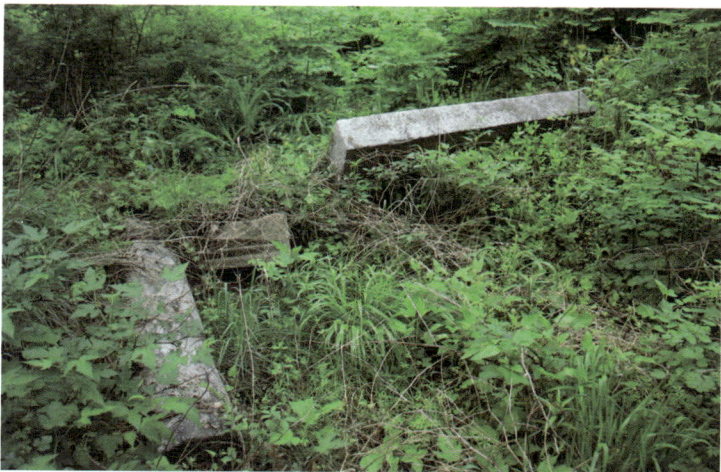

白云庵遗址的石碑和石柱

仍十分茂盛。

铁瓦殿为白云庵下庵，上覆铁瓦，内祀玉皇，又名玉皇殿。清康熙年间（1662—1722）一场大火把铁瓦殿烧成废墟，连带着整个白云庵也销声匿迹了。余下的几个小庙如慈光洞、紫英庵、牛石屋（元、明时称白云洞）等，因山高路远，交通不便，也逐渐倾圮。

白云庵上庵有古石刻四处，其中有两处因年代久远，字迹漫漶不清，另外两处字迹较清晰。其一为"大明正德六年（1511）八月二十五日吉"，其二为"大明嘉靖二十七年（1548）九月初一吉"。我和山友还找到了一些古砖瓦碎块、一个做工精致的立柱底座、一个石鼓，还有一些石制构件和石料散落在灌木和树丛中。我们认为，此处遗址确为崂山古代白云庵上庵遗址无疑。两块字迹模糊不清的石刻，证明崂山白云庵创建年代久远，最低也可追溯到唐代。石刻"大明正德六年八月二十五日吉"，可以证明在1511年崂山白云庵有过一次大修工作。石刻"大明嘉靖二十七年九月初一日吉"，可以确认嘉靖年间全真道士朴一向和徒弟李阳兴募集资金重建崂山白云庵的时间为1548年，而目前所有的书籍资料都笼统说是嘉靖年间（1522—1566）。

阴凉涧庵

宋立嘉

阴凉涧庵在崂山南线，大平岚和八水河之间的阴凉涧上方。我们从南线游崂公路经过的时候，一边是波涛汹涌的大海，一边是山奇林茂的悬崖，汽车行驶在路上，满目青翠，绿化之佳令人惊叹。在这里，我们会发现"共青团林"和"共青团林碑志"石刻。石刻的上方就是阴凉涧。

阴凉涧庵坐落在三面高山围起的一处宽百米、长千米的大平地上，海拔 600 米左右，现在只有遗址。阴凉涧庵是利用巨石改造而成的套二石屋。这个石屋高约 2 米，一室有石炕，有烧火的柴灶，墙壁上还有凿开的孔洞，估计是放煤油灯和碗筷的；另一室比较宽敞，面积近 10 平方米。出口在南面，其他三面都是高 50 多米的岩石，抵挡北来的寒风。从山上流下的泉水汇成一条小溪，

阴凉涧庵遗址

解决了水源问题。石洞、小溪、茅草炕，这些描述像极了武侠小说中闭关修炼的地方，让人不禁浮想联翩。

听当地的老人说，这里曾经是一位于姓道士的修养之所，但我查了很多相关资料，还到处去打听，都无详细资料记载。看来，它的主人还颇有些神秘呢！于姓道士是何方人士成了一个谜。《太清宫志》记载，这座建在峭壁上的"套二"石屋，原来是阴凉涧庵遗址，是太清宫的庙产，但阴凉涧庵当初规模如何，谁在住持，没有任何记载，只留给我们巨大的问号。不过阴凉涧庵所在的阴凉涧却是一个没有被开发的旅游胜地。在阴凉涧的最高处，有几处泉水从岩石中冒出，向山下流去，拐过几个大"S"弯，在一处平坦的岩石上，水长年累月冲刷坚硬的岩石形成一个圆形的水潭和一个半圆形的水潭，看起来非常像"日月潭"。"日月潭"下就是阴凉涧瀑布了，一涧三瀑，这在崂山绝无仅有。奇特的山体、茂密的树林、潺潺的流水和长长的阴凉涧瀑布让人感觉崂山奇观果然

阴凉涧的"日月潭"

名不虚传。

这里是一片世外桃源，周围的水都汇集于此，地形很像一个簸箕，南为出口，其他三面是高岩，抵挡北来的寒风，泉水滋润着高山上的土地，土质肥沃，从周围用石头垒起的梯田还能看出古人劳作的痕迹。由于1949年后就没人在山上居住了，在这片土地上还长着高高直直的落叶松林。

从阴凉涧上部的山梁口，东可去八水河，北可到南天门，西可到大平岚。由于此处不属于游览区，没有经验的户外活动者容易遇到危险，但风光秀丽的景色还是吸引着游客到阴凉涧去体会登山的乐趣。

巨峰白云洞

房振兴

明末御史黄宗昌在其所著《崂山志》中记载：明嘉靖二年（1523）进士、授河南道监察御史蓝田，于嘉靖元年（1522）登崂山巨峰，并撰写了《巨峰白云洞记》。文中写道："即墨之东南，百里皆山焉。山之大者，曰崂山。崂山之群峰其最高者，曰巨峰。巨峰之巅有洞焉，曰白云。洞深而明，旁有水泉，可引以漱濯，甲于巨峰。虽当晴昼，云飞翁郁，则咫尺不可辨；顷刻变幻，则又漠然不知其所之亦矣。然地高气寒，又多烈风，非神完骨强者，不敢久居。其登也，缘崖攀萝，崎岖数十里，非有泉石之癖者，亦不能至也

……道人张某，得白云洞曰：'是与人境隔异，直可以傍日月而依星辰，非玄武之神，不足以当之也。'乃于其中，奉事玄武，而自居其旁，学炼形之术焉。嘉靖壬

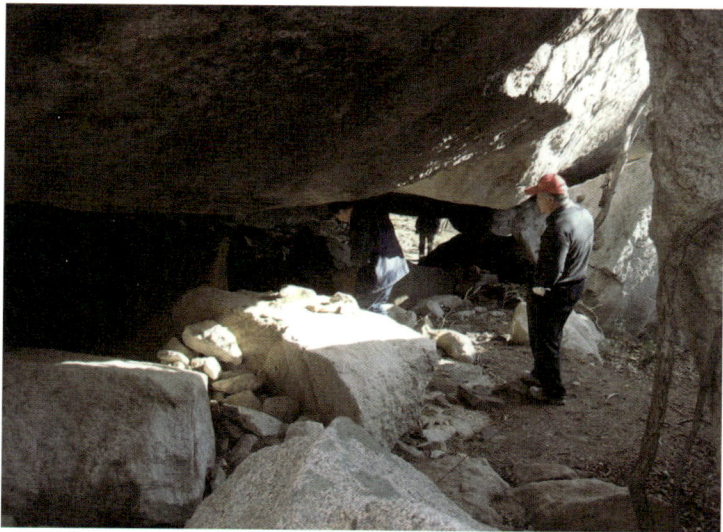

巨峰白云洞

午（1522）秋，北泉山人登巨峰之巅而望焉。面各数百里，海涛蜃气，起俯汹涌，而岛屿出于其中者，皆若飞凫来往，旦夕万状。连峰有无，远迩环绕，村墟城郭，隐隐可指数。神观萧爽，非世人耳目所尝见闻者也。夜宿洞中，援笔题于石曰：'居白云洞者，自张某始也。'"

清末黄肇鄂的《崂山续志》中载有一首蓝田咏叹巨峰白云洞的诗句。文为："石洞丹梯上，掀髯一笑留。山高碍新月，潮涨失孤舟。樵笛穿林入，鱼灯隔岛浮。客怀浑不寐，直拟访丹邱。"

据史书记载，在清康熙年间（1662—1723），一场原因不明的大火把铁瓦殿烧成废墟，连带着整个巨峰附近的庙宇也都销声匿迹了。巨峰白云洞地势高旷，位置偏远，运输极为不便，少有游客光临。巨峰白云洞的消失，是否受铁瓦殿大火的影响，我们现在不得而知，今后需要继续研究和考证。

1934 年，即墨人周至元（1910—1962）的《游崂指南》中对其描为："白云洞，俗名流水崮，去铁瓦殿东可二里，绝岩壁立，中裂为隙，水自隙中下坠，琤综有声，落地成潭，味甘而冽，为流清河发源之处。其旁有洞，穹窿朗敞，内可容数百人，为朝阳洞。往昔山民牧牛至夕，则将牛驱其中，故俗呼之谓避牛石屋。"

1952 年，周至元的《崂山名胜介绍》中记载："白云洞，在铁瓦殿东二里，巨岩下嵌中。高敞大如厦屋，内容二十余人。因过去这里的山民常将牧牛赶入洞中避雨，

故又呼为'避牛石屋'。洞旁有流水崮，崮的壁上，有响亮丁冬的流水声。但是想看一看水从哪里流下，是寻不到的。"

1993 年，周至元的遗作《崂山志》中，对巨峰白云洞的叙述如下："巨峰白云洞，在铁瓦殿东二里，俗名避牛石屋。势甚穹敞，有暗泉落石隙间，潺潺有声。蓝田诗：'石洞丹梯上，掀髯一笑留。山高碍新月，潮涨失孤舟。樵笛穿林入，鱼灯隔岛浮。客怀浑不寐，直欲访丹邱。'"

1984 年，即墨人蓝水在《崂山古今谈》中写道："由铁瓦殿东去约一里至白云洞。此明代以上所称白云洞。一状似田螺大石，斜插地中，东南向。旧时中祀神武，土台尚存。牧牛者每避雨其中，俗称牛石屋。"

除去以上几本书外，近期出版的崂山志书一类的书籍中仅收进蓝田的《巨峰白

流水崮

云洞记》，其他资料并无涉及。究竟巨峰白云洞是什么样子，现在几乎没有人知道，可以说是崂山历史中一个待解的谜团。为此，吸引了许多和我们一样喜欢研究崂山历史文化的人，多年来不停地询问当地人，记不清有多少次在山间寻找，试图解开这些谜团。

我们20多位山友又一次来到巨峰，在铁瓦殿东像撒网一样穿行于岩石之间，拨开层层荆棘，终于在悬崖绝壁之下看到一个石洞。洞内高的地方有2米左右，面积有100多平方米，地面用石块铺成，较为平整，有人工砌的断墙，洞外有石头垒的台阶。根据洞的位置、大小，很像书中描写的"避牛石屋"，由于没有看到水源，无法确认。我们就在附近继续寻找，在一处悬崖下，我们看到一个石洞，从洞中流出涓涓细流，周围有建筑物基础的痕迹。刚进入洞的里面，就听到石壁中传出潺潺的流水声，但不见水流。

见到眼前的景象，我们高兴极了，可以肯定我们找到的就是书中所说的"避牛石屋"了。可是冷静地想一想，有什么东西能证明我们找到的山洞是"避牛石屋"？更不用说证明是巨峰白云洞了。

我们又继续找。果然功夫不负有心人，在一处石壁上镌刻着两行文字。由于年代久远，有点模糊，我们仔

细辨认，原来刻的是"白云洞"和"圣水庵"6个字，每个字有30厘米大小，书法很有功底。

既然找到了石刻，就可以确凿无疑地证明此处石洞就是明代蓝田所著《巨峰白云洞记》中记载的巨峰白云洞遗址，也是周至元、蓝水所说的"避牛石屋"了。

现在我们已经可以这样确认，巨峰白云洞位于崂山巨峰之巅，海拔1000多米，在巨峰古庙铁瓦殿（白云庵）东二里，是崂山中一座归属于道教的庙宇。它建于明嘉靖元年（1522）以前。最早的创建人是一位张姓道人，他久慕崂山的仙山胜景，千里迢迢来到巨峰，在最高峰的悬崖绝壁下，找到一个很大的石洞，洞口向南，面对大海，视野开阔，水源充足，正是他心中渴望寻找的洞天福地，于是他就住了下来，在石洞中供奉玄武神，作为其修炼道法之处。因其位置高旷，常年雾气缭绕弥

"白云洞""圣水庵"古石刻

漫，故称白云洞。

巨峰白云洞由两部分组成。前面的石洞高敞大如厦，内可容数百人，为白云洞，又称朝阳洞。因过去这里的山民常将牧牛赶入洞中避雨，崂山当地人叫石洞为石屋，故又呼为"避牛石屋"。在绝岩壁立的白云洞旁的"流水崮"下有一山洞，有山泉从中流出，洞中石壁中传出叮咚作响的流水声，但是看不到水是从哪里流出来的。其甘洌的泉水，为流清河发源之处。古代修道之人称洞中流淌出的泉水为"圣水"，洞附近的建筑物为"圣水庵"。洞旁石壁上有"白云洞""圣水庵"等摩崖石刻，初步判断是明代蓝田所题写，在现今崂山文化资料中没有记载，是非常珍贵的历史文物。

通过我们的努力，多年来在研究崂山文化中所存在的谜团被解开了，它具有很高的历史文化和开发利用价值。首先，它填补了崂山古代文化的空白，给发掘和整理崂山古代文化增添了新的内容。其次，它具有很高的开发利用价值，体现在以下几点：第一，巨峰白云洞位于崂山1000多米高的悬崖下，是现今崂山所有庙宇中最高的；第二，它是现今所知年代最早记载崂山的游记（明蓝田《巨峰白云洞记》）中所详细记载的古庙宇，资料完整，考据准确；第三，在所有已知崂山的石洞中，它是面积最大的，并且风景最为壮观；第四，巨峰白云洞的"圣水泉"是崂山著名河流（流清河）的发源地。一旦条件成熟，完成开发建设，将是崂山巨峰游览区一颗亮丽的明珠。

在巨峰发现了古庙白云洞，是近几年崂山考古工作中的重大发现，我们还需要继续探索和研究它。

凝真观与熟阳洞

王 伟

凝真观位于崂山区王哥庄街道办事处庙石社区东侧，滨海大道以北 500 米左右。西面是崂山北部最高的山峰三标山，北面是虎岭顶，南面为对儿岭，东去数里是东海。这里遥山怀抱，面临平野，四周松柏荫浓，竹林滴翠，风清气爽，洁净无尘，素被誉为"地阔土沃，有竹木之盛"。

凝真观厢房遗迹

凝真观创建于元顺帝元统年间（1333—1335），名"迎真宫"。明弘治二年（1489）重修，并立碑记载，现碑已失，碑文没有留传下来。清康熙（1662—1722）初年，道士刘信常来此，重加修整，并更为现名。凝真观建有殿堂、山门、道舍、客房79间，占地面积约20亩，四周用石头围墙围住，并广栽竹林美化。

凝真观是二进院落，每进益高。有二门三间大殿，左右耳房有约3米高的天王像彩像两尊，靠耳房两侧建有钟鼓楼。影壁后是正殿，内祀三清及木雕神像21尊。凝真观建庙年代早而且规模大，在崂山诸庙宇中享有盛誉。其木雕神像之多、精、雅，在崂山诸庙宇中亦为罕见。此观附属太清宫，属崂山道流中的金山派。每年农历三月三日为凝真观庙会，届时鞭炮齐鸣，香客如潮，还有地方戏曲专场、民间杂耍、崂东秧歌等娱乐活动。盛时，有道士近百人。1949年前，观内有道士16人，拥有土地150多亩，唐家庄和庙石村在此观中借房办私塾。1951年，在观中办小学，共9个班，整个石人河流域12个村的子弟在此上学，名为凝真观小学。此观于1956年被列为市级文物重点保护单位。文化大革命中，塑像、文物全毁，房屋完好。现在原房只余东侧的客房一间和部分石头墙，原址搭起厂房。观内现存树龄1000年的雄性银杏树一棵；与之相对原有树龄相当的雌树一株，可惜被砍伐了。原殿处还有2株260年的雌银杏树，每年都能结不少果子。有直径30厘米的茉莉花树，开花时，花香四溢，几里外都能闻到香气。院中栽了不少枇杷树，五一前后成熟。枇杷在南方多见，崂山我只在太清宫见过。另外还栽植了一些近几年从太清宫引种的耐冬，花开正红。

从凝真观向西北行约1千米，虎岭顶半山腰有熟阳洞。熟阳洞也叫朝阳洞，洞敞如厦屋，因道士刘信常（号熟阳）在洞中习静养真，故得此名，后建庵于洞旁，有房十余间。刘信常死后，他的弟子、门人，念他治理、创建庵洞的一片苦心，将

熟阳洞石狮子

他葬于熟阳洞之旁，并为之雕琢一尊石像，置于洞中，按时供奉香火。石像高二尺余，雕工颇为精致。洞前原有一对石狮子，现只剩一个，头还打掉一块，摆放在凝真观内客房门前。洞前曾植大松树数十株，并有一株耐冬，树龄800余年。左右种竹，并筑一小亭，1949年后倾圮。

1949年后，熟阳洞周围开挖了3处坑道，但没有贯通，半途而废。熟阳洞因为在道路之中被炸掉，现在只有一处小石洞还依稀可以证明熟阳洞的遗址。近几年庙石村民选熟阳洞旁边一山洞，供奉刘熟阳石像，每年正月初九逢庙会。这一天村民们忙得不亦乐乎，四邻八乡的亲戚朋友都赶到这里逛庙会、走亲戚。熟阳洞下面的洞里新修了一座5万立方米的水库，一汪碧水绕秀峰，洞的周围更显得灵秀。由于滨海公路和地铁11号线的开通，这里优美的环境和便利的交通，吸引了大量的游客，以后必将是一个新的旅游热点。

崂山慧炬院

蓝信宁

崂山慧炬院位于崂山西麓城阳区夏庄街道辖内，崂山水库的北岸，凤凰崮南，前有石柱涧（又名石竹涧）。慧炬院创建年代较早，据明朝南京刑部侍郎蓝章《慧炬院重修佛殿记》载，此寺院约在隋朝开皇年间（581—600）曾经重修过。"自响石渡溪而北，萦纡石田间，至麓下马步进，涧水从乱石下出，曲折百状，潺湲可听。入门竹树幽茂，薜荔满墙，茅屋在石岩下益奇，遂留宿焉。"从文中可以看出当时慧炬院风景秀丽，环境幽雅。明朝御史蓝田有《慧炬院上人》诗云："已知世纲皆成幻，谁信禅宗独是真。洞底春云初印月，定中老衲记前身。东海青山今始归，回头四十九年非。山中老衲频招我，月下残棋未解围。解崇邢能如柳子，投荒只合礼空门。山僧留偈无多

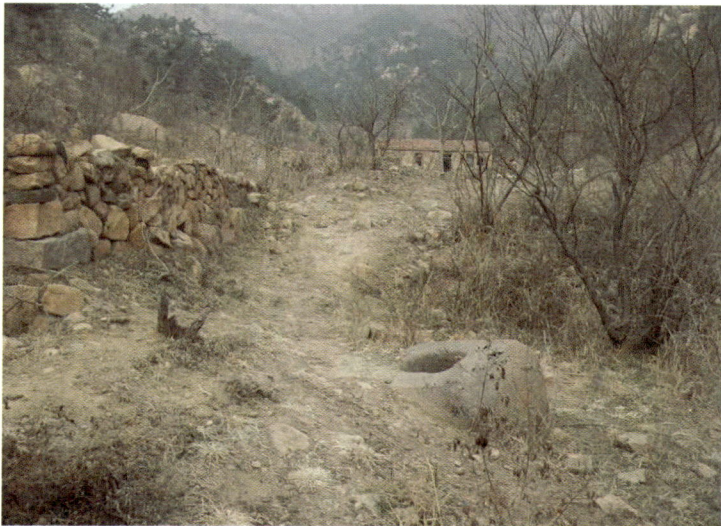

慧炬院遗址

句，石榻蒲团度晓昏。放臣飘泊醉荒村，海上禅僧赠衲裙。袍笏已还明主去，笑无玉带镇关门。"

清同治年间（1862—1874），寺僧将倒塌的庙堂改建为三间佛爷庙。1939年时，慧炬院尚完好。1966年，慧炬院被拆除。蓝水《崂山志》载："慧炬院在石竹涧……今仅存一室，像尚存，经已失。"今天慧炬院现存的遗址也不完整了，到处都是残垣断壁，杂草丛生。只是在不远处一口当时寺院和尚吃水的水井还在诉说着慧炬院过去的辉煌。明万历二十三年（1595），憨山和尚因"私创寺院罪"被谪后，海印寺被拆毁，海印寺内所藏经卷、供器、文物等全部移存慧炬院。当时的许多名士学子都聚集在慧炬院读书修行，有莱阳名士孙笃先、城阳大儒胡峄阳等。

胡峄阳（1639—1718），名良桐，后更名翔瀛，字峄阳，号云屿处士，清即墨流亭（今属城阳）人。少年时就读于洼里、慧炬院。清顺治十年（1653），16岁的胡峄阳应童子试时，守门人强令其解衣搜身，他怒不受辱，拂袖而去，发誓终生不应试，后以设馆授徒为生。清乾隆、同治《即墨县志》均载："（胡翔瀛）字峄阳，生有异禀，研精《周易》，于濂洛之学别有征契。家贫甚，一介不苟取，蓬室瓮牖，悠然自得。雅工制艺，但视

进取之途泊如也。"可见胡峄阳是一位特立独行、迥异于一般封建士大夫的文人学者。慧炬院与白沙河南的华阳书院隔水相望。华阳书院是明朝南京刑部侍郎蓝章所创，蓝章后人多读书于此。胡峄阳在慧炬院就读时，常与蓝氏子弟研讨学业，同学同游，并与蓝重毂相交甚好，两人游山玩水，探讨学问，诗词唱和。蓝重毂字念贻，号息斋，清诸生。以子中玳赠堂邑县训导，与胡峄阳为友，诸城张雯称其为"有道仁人"。著有《余泽续录》《即墨节妇录》《即墨志稿》等。

胡峄阳精研《周易》，以《易经》理论推演天道人事，预示吉凶，推前知后，料事如神。其故事几百年来在青岛地区盛传不衰。其"千难万难，不离崂山"的喻世明言，为古往今来的人们所推崇。现今青岛地区流传着许多胡峄阳的传说："胡峄阳救即墨城""胡峄阳种地""胡峄阳借

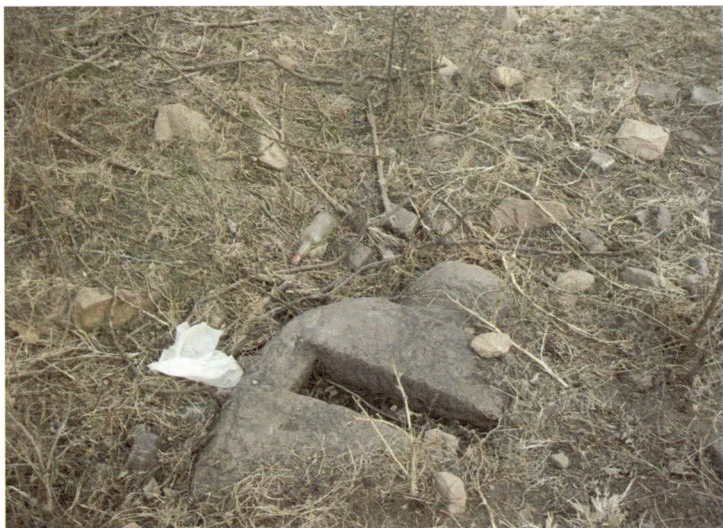

慧炬院现存的龟趺

雨"等故事流传甚广。先祖父蓝水《胡桐传》载：前坊子街有所谓西园者孙姓居住，聘峄阳为塾师。年中归探有定期，非期，忽语主人欲归探，主人怪之，命佣人以驴送之，嘱曰：注意其言语。至其家，下驴指行李曰：快搬快搬。归以告，主人茫然。未几，忽天阴如墨，狂风暴雨……

河水由其门前决口西去，虽未罹灾，惊悸几死。始知曰快搬快搬者，致其避险也。事多前知，类此。

胡峄阳卒于清康熙五十七年（1718），"年七十，预示死期，无疾而终"。著有《易象授蒙》《易经征实》《解指蒙图说》《柳溪碎语》《寒夜集》等。

三清洞

宋立嘉

戴家北山位于李沧区戴家村北，当地俗称"红石壁子"。每年的农历四月，山上的映山红就会开放，连绵数个山头，像火一样红，非常壮观。此山属于崂山石门山脉，山势陡峭，奇险无比，距李村3里地。山半中腰有一大块平地，是一庙宇的遗址，里面曾经是香火旺盛的三清洞。

上山来，叮咚的流水声不绝于耳，寻声而去，见有清溪出水蜿蜒而下。村民在泉边取水，见有客来，微笑着把水舀递给我们，喝下几口果然清冽甘甜。难怪不少城里人不辞辛苦到戴家北山取山泉水，这里的泉水养人啊。

有溪水引路进入上山的山涧，山涧两边峭壁如削，宽处不过10米，窄处仅有2米。由崖底到崖顶道路崎岖，

有5块巨石等距离排列，形似梯状，称为"神仙梯"。沿神仙梯攀登，满目的绿色让你的心境一下子变得幽静、舒畅、旷远。大自然再一次表现出它的神奇。山洞潺潺流淌着清冽的山水，如绢如丝，声声入耳，让你急不可耐地去寻找源头。山越来越高，水声越来越响，半山中恰如姊妹的神泉、寿泉，溪水相连，携手奔腾，原来这就是源头。三清洞就在这里。

三清洞是一个天然的山洞，清幽而神秘，是崂山较大的天然洞穴之一。深约11米，高约2.5米，平均宽约3米，最宽处4.5米，洞口略呈三角形。洞的尽头，有一个碗大的水坑，坑虽浅小，水却常年不涸，当地不少人视其为神水。往日的香火随时空的变迁已经远去。道观的房屋荡然无存，仅存痕迹。旁边有二小洞，小的仅能坐一人。古人耐得寂寞在这里修炼，不知今人尚有耐心在此居住吗？小洞上方有

三清洞

石壁上刻的草书大字——虎

拳大的石孔，研究半天，应是搭房顶用的檩孔吧。洞内练功，洞外搭一简易小房，遮挡风雨，遮挡阳光。

在洞口处的石壁上刻有一个苍劲有力的草书大字——虎，对面是一个天然形成的巨龟状石头，名为"龟虎把门"。90多岁的书法家张明提出不同见解，说虎字石刻应当是"簻"字，一种写法是"竹字头下面加虎字"，其含义是古代的一种竹管乐器，像笛子，有八孔。洞前还有石刻"洞天第一"，崂山盛传有72洞，此洞为第一。2002年8月12日，三清洞被列入李沧区重点文物保护单位。

三清洞原为道家面壁修炼的地方，据传盛于元代，洞外道庵为清代重修，20世纪50年代仍有道人管理。洞内原供奉"三清神"，神像为石雕，雕刻精细，栩栩如生。洞外建有备修道庵，坐落于群峦环抱的庭院中，庭院约有三亩地，周围风光秀美壮丽。文化大革命期间，"三清"神像及洞前道庵均被毁。现在洞内供奉的是三尊陶瓷的三清神像，还有些许供品。

离开三清洞后，距山顶已不远，山路更加陡峭，好在有铁链相助。由于山顶风大，不得不加倍小心，用力抓住铁链，脚踩岩缝，好容易登上了南天门，这就是顶峰了，居高望远，脚下的村庄、袅袅的炊烟、纵横交错的道路，好一派农村兴旺景象。环视四周，崂顶、浮山顶也依稀可见，景色美不胜收，难怪吸引那么多游客来爬山。山梁新修了台阶路，可以到竹子庵和世园会，以后这里定会热闹非凡。

茶 涧 庙

颂 涛

茶涧庙，也叫三元宫，位于秋千崮下，建于明代初年，历史上曾一度香火旺盛，庙内供奉"三元"圣帝。庙后有"冷云洞"，宫中道士经常在洞中修炼。三元宫与铁瓦殿、玉清宫同属徐复阳所创的鹤山派道场。茶涧庙毁于1949年前，1949年后崂山林场曾恢复作为林场驻地，1980年，全员撤出，屋顶全塌陷，存山墙，有的山墙被树撑破，一动即塌。茶涧庙地处深山幽谷，之所以能声名远播，在很大程度上依赖于茶涧庙院中的那株木兰花，学名是天女花，多年来崂山地区只此一株，移栽他处绝难成活。它每年的五六月份绽蕾开放，花大如碗，洁白芬芳，空气里弥漫着甜丝丝的味道，开花后结的果实呈红色，大如

酒盅。可惜的是现在根部有了病菌，今年的木兰开的没有往年灿烂。这里环境优美，植被保护堪称崂山第一，涧峡清秀，危岩林立，树木苍翠，举目成趣，涧底流水与巨石成景，林中鸟语与花香共生，一幅幅风景画美不胜收。

茶涧庙遗址

崂山石门庵浅探

邢学敏

崂山是闻名遐迩的道教仙山，也是著名的佛教圣地。自古以来，其壮美的山海景色吸引了许多僧道来此修身养性、参禅悟道。崂山庵观寺庙众多，历经风雨沧桑，时代变迁，如今多已踪迹难寻，只在历史的长河里留下几丝涟漪，昭示它们曾经存在甚至辉煌过。

崂山支脉石门山南麓曾有石门庵，又名石门庙，大约创建于明代中期。周至元先生言其创建无考，乾隆年间（1736—1795）重修。据现有资料可知，对石门庵最早的记载是在明代。即墨文人黄宗昌在其所著《崂山志》中云：石门庵"在石门山"。据此推测，石门庵在明代末期以前就存在了。

清同治《即墨县志》记载：石门庵"在县南五十里"，大体载明了石门庵在时即墨县南五十里的石门山上。清末，在游崂文人的记载中，我们得以窥见石门庵更加详细的风貌。光绪十八年（1892），鳌山卫廪生姚峻德在崂山游记中也提到了该庵：法海寺"东北为劈石口，两石对峙如门，上即石门庵"，点出了石门庵与崂山著名佛刹法海寺的相对位置。光绪十五年（1889）十月十四日，高密文人孙凤云游览崂山至石门庙，遇"狂飙骤起，阴云浓布"，遂宿止于该庙。时石门庙有"草殿五楹，供菩萨，东老子，西准提。东厢客房，西厨舍。西院为道人精室"。那时的石门庙有大殿、客房、厨舍、精室，结构基本齐全，能满足正常修道所需，甚至还可以为游人提供食宿。从供奉的神灵来看，菩萨是佛教中慈悲与智慧的象征，无论在大乘佛教还是在民间信仰中，都具有极其重要的地位；准提指不空绢索菩萨，或为多罗菩萨、金刚藏菩萨，是六道中救度天道及人道的观

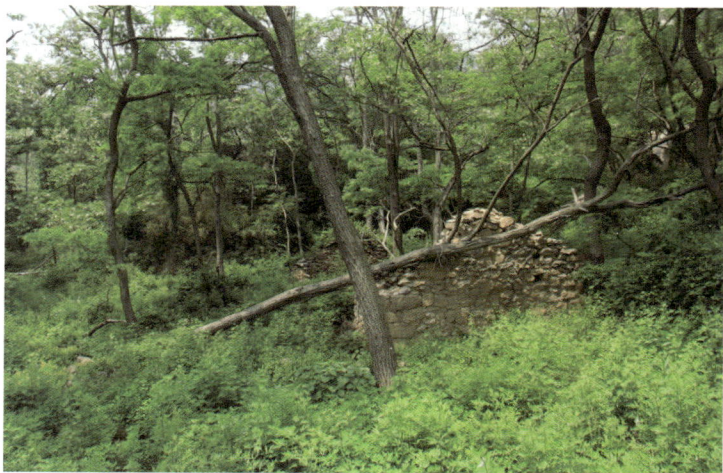

石门庵遗址（东南向西北）

世音菩萨，是释迦如来之化身；老子是道教中的最高尊神。由此可知，清末时的石门庵并非严格的佛寺或道观，而是具有明显的佛、道融合的特点。

德占青岛时期（1897—1914），德国人发现，崂山的独特景色是东亚其他地方所没有的，认为崂山非常适合发展旅游。1903年，德国人开工修筑了台东到崂山柳树台的运营线路，全长30.3千米，于1904年竣工通车。这是第一条通往崂山的旅游线路，也是中国第一条旅游汽车公路。1907年，德国人费理查开始经营青岛市区至崂山柳树台的汽车客运，每周两班，这是青岛最早的经营型汽车客运。在德国人的积极开发运营下，崂山的交通日益发达，游人日益增多。20世纪20年代前后，石门庙成为崂山的一大旅游景点，"游人颇多"。

民国时期，政府部门对石门庙进行了简单的调查登记。据记载可知，这一时期的石门庙为道教性质，有一定的房产与土地，但长期只有一名道士，大约是惨淡经营，道法不兴。1935年10月，青岛市公安局对辖境内的庵观寺庙进行了调查，时石门庙属第六区，登记地址是五龙涧村72号，有房产15间、土地4亩、道士1名。1947年7月，青岛市警察局李村分局对辖区的庵观寺庙进行了调查，时石门庙属乌衣巷分驻所，住持为五龙涧村人氏胡衍林，道士1名。

近代，即墨文人周至元、蓝水两位先生走进了石门庵，并赋诗传世，使后人得以触摸到诗中佛教性质的石门庵。周至元先生在其著作《崂山志》中，将石门庵归为"释刹"，并赋诗描写了石门庵荒凉寂寥、游人稀少、僧人精进修行的情状：

寂寂石门庵，荒凉少客过。山奔沧海尽，峰插白云多。

野鹤巢松顶，幽禽栖竹窠。老僧无一事，终日念弥陀。

抗日战争时期，日军劫掠崂山，白云洞等许多寺观遭到严重破坏，石门庵幸运地得以保存下来。1950年，即墨诗人蓝水同周至元游览石门庵，作《石门庵》诗，描述了石门庵偏僻幽静但不乏生机的超然圣境，抒发了作者的无限向往之情：

客至入林鸟不哗，僧来僻地足生涯。空中峰立几千尺，尽处路通不二家。

池有蛙栖偏生草，园无人赏自开花。何年逐步青莲后，常向劳山餐紫霞。

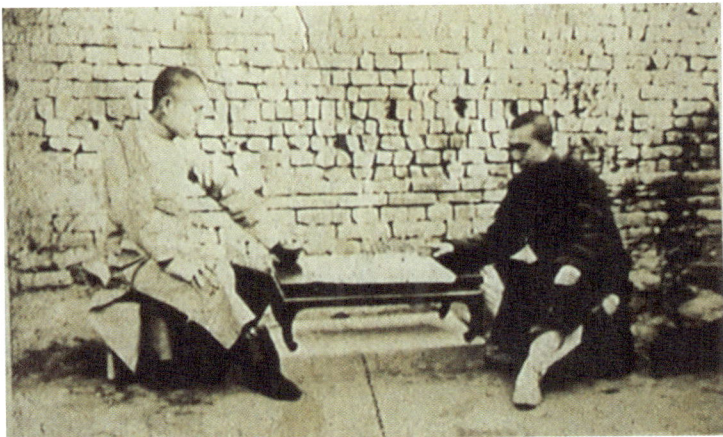

蓝水（左）与周至元（右）

当时，石门庵有修道僧果成上人，蓝水先生与其相知、相惜，曾作《庚寅游石门庵与果成上人》诗云：

门前尚有千竿竹，劫后全无万树松。十五年前暂过地，冲天依旧数峰青。

如何未了向平愿，却向空门老此身。莫漫无家美之子，伤心不异世间人。

果成上人有幼女，目生重瞳，蓝水作《石门庵重瞳女》云：

三十年前草庵中，山僧小女目重瞳。惺惺意并高低表，脉脉情含上下同。

普照乾坤诸色相，双悬日月现天空。

霸王空有乌江厄，争及道蕴林下风。

从明末到 1949 年，在名称上，或称庙或称庵，并不十分严格的称谓，在一个侧面反映了石门庵的民间私建性质；在性质上，石门庵或释道融合、或道或佛，反映了崂山释道兼有并交叉融合的包容特点。据现有资料来看，清末的石门庵香火还算旺盛，到民国时期已经十分衰落，甚至围绕其庙产林地还发生了不小的纠纷，乃至诉讼至法庭。1956 年，石门庵倾圮。现在，石门庵遗址还留有断壁残垣的痕迹，默默讲述着一座崂山庙宇的历史故事。

玄阳观的历史考察

宋立嘉

玄阳观位于青岛市李沧区戴家北山南麓东侧的半山腰处，位置独特，风水极佳。所在的位置正好有一大块平地，四周群峦环抱，风光旖旎，秀美壮丽，南临天水路，东邻青岛世园会园区，西临东王埠，北临石门山。观创建年代不详，因其初建时为就地采石垒砌的石头建筑，状如古时铃铛，故民间又称其为"铃铛石屋"。又因该宫周围多竹子，故老乡素称其为"竹子庵"。清雍正元年（1723）重修。玄阳观为崂山"九宫八观七十二庵"之一，是崂山道教文化的一部分，有着深厚的宗教文化和民俗文化底蕴。

史书中记载不一的玄阳观

现存可查的史书中有关玄阳观的记载说法不一，也让这座古老的道观蒙上神秘的色彩。据李沧文物所所长艾松林介绍，有文字最早记载的是清同治《即墨县志》中的《七乡村庄图》。其中，戴家村北只标注了竹子庵。1990年版的《崂山县志》以表格的形式对戴家北山的道教建筑作了如下记载：三清宫（竹子庵）（三清洞），戴家北山，清光绪初，1949年后倾圮。后来出版的《青岛市志·民族宗教志》和《青岛市志·崂山志》均载："三清宫，又名竹子庵，三清洞。位于李沧区李村东北6.5千米，在戴家北山。创建于清代光绪初年。因该宫周围多竹子，故名竹子庵，为全真派庙观。1949年后该宫渐倾，现只剩白果树一株。"近几年出版的《青岛旅游交通图》也都将玄阳观和竹子庵分别标注，甚至把玄阳观和三清洞混为一处。更有甚者，把玄阳观建观时间提前到晋成帝咸康三年（337），不知道是据何得出的结论。经笔者多次查阅资

玄阳观

料和实地走访，证实《青岛市志·崂山志》中关于三清宫的词条是有疑问的。而《崂山县地名志》中的《古旧地名一览表》把玄阳观和竹子庵分别列表："玄阳观，戴家附近，又名铃铛石屋，神像已毁，石洞永存。""竹子庵，戴家村北竹子庵，现剩白果树一株。"这明显是把玄阳观和竹子庵当成了两个地方。到底玄阳观是什么时间建的？观址在哪里？希望能找出正确答案，还历史真实面目。

玄阳观的建筑

玄阳观前方有小池塘，观附近有其所属良田，建筑有东殿与西殿，东殿三间为正殿。大殿内供奉王母娘娘，俗称老母神，其塑像端庄慈祥，与一般塑像不同的是，她手持小铜钟一尊。两旁设有配房，是居住之所。在正殿西侧有一高地，西殿就建在此处，两殿相距约 30 米。西殿也是三间，内供观音菩萨和十八罗汉。所以有的书籍把玄阳观划为佛教场地，这是有一定道理的。从历史上看，玄阳观内既有道士，也有道姑，还有僧人，这可能与明清时期的三教合一有关。也有一种观点认为，西殿建于明万历年间（1563—1620）的太清宫佛道之争的"毁寺复宫"之后，部分僧人流落于玄阳观，单修一殿供奉佛教诸神。从崂山很多庙观得知，很多都是融合了各种教派，便于村民祭拜方便。

文化大革命期间，玄阳观被毁，庙宇建筑倒塌，神像皆破碎。戴家村村民从破碎的神像中发现每座雕像的心脏部位，竟然皆有桃圆形"铜制"心脏，并且"铜制"心脏下端，还拴有色彩艳丽的穗头。主祀观音菩萨体内的"铜制"心脏较一般神像大出许多，长约 10 厘米，并且这个穗头也是又大又醒目。后来塑像里"铜制"心脏被孩子拿走玩耍，珍贵文物毁于一旦。

玄阳观的石刻

玄阳观附近遗存多处摩崖石刻和碑刻，主要有"金丹帛虎"（有人读为"金丹早成"）、"紫竹埜林""重师玄风""道义千古""灵隐玄阳""道义犹存"等。农业学大寨时，炸山造田，多有破坏。观南侧丛林中"紫竹埜林"保护完好，上有"东坡岁次乙丑"等字样，相传为苏东坡所题。观西侧"金丹帛虎"石刻，四个大篆字，

"紫竹埜林"石刻

字迹浑厚，每字约 1 平方米大小，在山下就能看到，传说系唐朝大将尉迟敬德所题。题字之人众说纷纭，也是一大怪事。2007年前后，李沧区政协文史委聘请我为文史通讯员。我负责的《记忆中的村庄》一书采访撰写的区域恰好是九水路街道，期间走访了毕家、戴家、桃园等社区。在戴家走访的时候采访了知情人，原来这些石刻大部分是村中的能工巧匠戴学林所刻。后来社区委员戴德佩带我去玄阳观后又找到一古老石刻，是清代雍正年间（1723—1735）重修石刻，距今已有 300 多年历史。石刻大意是"老清三君 老山天元洞 雍正元年（1723）重修□□"，这是玄阳观最重要的建观物证了。从这石刻可以看出，清雍正元年（1723）前后这里是道观无疑。而我查了天元洞的资料，发现还没有被有关志书和媒体记载，属重大发现。从老石刻可以推断，玄阳观重修于清代，它还有一个别名叫"天元洞"。玄阳观最后一个住持姓吴，于 1955 年遣返还乡。

玄阳观的植物

玄阳观前曾有两株银杏树，一雌一雄，一株已不存。据戴家村村民传说，1949 年前，国民党军队驻扎戴家村，到处抢、杀、烧，无恶不作，闹得鸡犬不宁。山上的树砍光了，就到玄阳观来砍这株大银杏树当柴烧。两个国民党士兵对着乱砍一通，一阵大风刮来，银杏树发威，左右使劲地摇晃，两个国民党士兵支撑不住，同时一头栽下来，当场跌得头破血流，一个吐血而亡，一个摔成重伤。当地老百姓目睹了此事，都说是报应，大银杏树显灵，玄阳观显灵。他们做了伤天害理的事，连大树都不饶他们。这个故事一直流传至今。

另一株银杏树现高 40 多米，树干周长有 5.5 米，三个成年人也合抱不过来，冠幅南北约 20 米、东西约 30 多米，宽阔浓绿的树冠盖住了整个院落。近年每遇丰产，依旧可产银杏千斤。这株古老沧桑的老银杏树，见证了玄阳观的前生今世。相传玄阳观系全真教祖师王重阳之弟子孙不二所创全真"清净派"道庵。孙不二是崂山道教史上极为有名的道姑，道号"清净散人"，由她创立的全真清净派道庵主要集中在崂山，有明道观、玄阳观等。古银杏是玄阳观的镇观之宝，周边的老百姓没人

古银杏树

不知道，一到特殊日子，都到这棵树旁系红绳许愿祈福。夏季，银杏树为观遮阳挡雨，到了秋冬季节，遇到寒流侵袭，有时候整棵树一夜之间树叶全部变黄，把周围打扮得格外美丽。这棵银杏树周边并无其他银杏，而一侧的树冠上竟然结满了银杏果，按理说这棵树是不可能结果的。后来经过工作人员调查，发现树上居然有嫁接的痕迹，也就是说，这棵树在很久之前嫁接过，实现了雌雄同体，这才出现单侧树冠结果的现象。

玄阳观素称为"竹子庵"是有道理的，这里有各种竹类15种。茂密的竹林，四季都是郁郁葱葱。这些竹子有的低矮似草，有的高如大树，细细的叶，疏疏的节，雪压不倒，风吹不折。最多的是淡竹，随处可见。从山下一直长到山上，如果走在野路上，细细的竹条排成密密麻麻的方阵，让你走不过去。附近村民常采竹叶，做成竹茶，可以清热除烦，生津利尿。

玄阳观的映山红，每年春天乍暖还寒的时候，它就会开放，连绵数个山头像火一样红，非常壮观。观附近还有柿子树、核桃树、梨树、桃树、樱桃树等植物。春天的花，秋天的果，是市民游玩后津津乐道的事情。

玄阳观的古墓

玄阳观西侧原有三座六角形墓塔，每座墓塔塔身皆为五层。现还有一墓塔遗迹，状如弃井，周围用1米长、0.2米高、0.3米宽的弧形石条垒起，应该是原来的墓塔地基。据传说，大军阀张作霖在沈阳皇姑屯被日本人炸死后，其小妾张佳林同其情夫来青后，其情夫加入"青红帮"威震一方，小妾张佳林出家匿于此观。1949年后去世，葬于此山。文化大革命时，坟墓被破坏。三座墓塔埋葬的人物没有记载，成了历史之谜。

修复后的玄阳观

2007年6月22日（农历五月初八）夏至日重新修复开放，是聘请曾修缮过明真观（沧口大庙）的曲阜市古建筑设计院和曲阜市大成建筑工程有限公司设计施工的，按照修旧如旧的原则，基本保持原貌。我有幸参加了这次开观仪式。当日举行了盛大的神像开光仪式和文艺演出，闻知玄阳观开放的消息，四邻八乡的村民扶老携幼纷纷赶到，天水路一度车满为患。道家

墓塔遗迹

仪式表演让市民大饱眼福，而吕剧演出老人听得如醉如痴。

新修的大门古色古香，门朝东开，为道家"紫气东来"之意。推开大门，映入眼帘的就是那株高大的银杏树。银杏树枝干扶疏，绿荫如盖，是国家一级保护古木，也是目前青岛长得最高的银杏树。最壮观的是绿树红绸的景象，周围的村民和游客为了寄托美好愿望，把红绸布拴在树上祈福。为了保护银杏树，修殿的时候颇费脑筋，由于树根太长，有根主根竟然横穿关公殿20多米。为了保护树根，屋里地面也没有用水泥封死，上面用活动的砖块保护，院子里的地面也同样处理，真是独具匠心。

银杏树后是正殿，殿分三殿，正殿供奉王母娘娘，左为送子娘娘，右为天山老母。东殿是文昌帝君，西殿是关公大帝。王母娘娘放在正殿，突出女性地位，也有纪念全真教祖师王重阳之女弟子孙不二之意。正殿是个四合院，院南是深涧，被郁郁葱葱的绿树保卫，苍松翠竹形成绿色的海洋。山下东面是毕家上流，著名的睡莲世界就在一山之隔的不远处，紧挨着的是王村。偏正南位置是东庵子，这是到玄阳观的主要通道，周围被果树包围。朝西是戴家村、臧家、炉房、佛耳崖。西边就是青银高速公路了，山下天水路围绕其间。

近几年，政府围绕玄阳观打造竹子公园，在上山的路上，铺设了旅游通道，增设了牌坊、太初门、三重道、休闲亭、竹园路、登山小径等景观设施，并依托山涧水开发了一条长约700米的自然水系。同时，以公园建设为契机，打造了一处竹子种植示范基地。

这里的住观道士武功高超，满腹经纶。有次我与青岛一位武术大师一起去玄阳观游玩，朋友非要和道士切磋武术。只见两人在院内转了几圈，一个抱拳说"得罪"，一个拱手说"承让"，接触没多久就结束了。回来的路上，朋友说，胳膊快断了。我才知道，这老道武功太厉害了，真是天外有天，人外有人。

玄阳观紧靠世园会，交通非常方便，离市区很近，而且不收费，现在游玩的人很多。春天到了，到这里踏青看景吧，你会感到不虚此行。

南北岭基督教堂

王昕昕

南北岭基督教堂位于北宅街道南北岭社区，始建于1873年，由北美长老会传教士郭显德牧师倡导、广大信徒自筹自建的一个山村礼拜堂。原有正房三间，东厢房

南北岭基督教堂

四间。1958年，停止宗教活动，改为仓库，1977年，落实宗教政策，重新恢复宗教活动。经1986年和1998年两次翻建、扩建，形成今日之礼拜堂，为欧式二层楼房建筑。2001年，被山东省宗教事务局评为"全省文明宗教活动场所"。

南北岭原名董家庵，是由永乐年间由内地迁来的军垦移民组成的，信仰"金丹教"。1873年3月10日，北美长老会传教士郭显德牧师，由烟台前来讲经布道。经过一个多月的慕道学习，全村有69人考核合格接受洗礼。即墨、崂山一带的"金丹教"成员也都改信了基督

教。之后又脱离了以长老会为背景的烟台总会，设立庵岭支会。信徒自筹自建了一个正房五间、东厢房四间的山村礼拜堂。共举董立宗、孙文伦为长老，董思江、董思海为执事。平日里作为教会小学校舍，组织儿童入校读书。

1897年，董家庵由郭显德牧师改名为南北岭。郭显德牧师曾多次前来布道，外籍牧师库雷海常年于南北岭等地教会巡回讲授圣经，著名布道家宋尚节博士也曾经来南北岭讲道。1912年，青岛地区成立了统一的中华基督教会，南北岭教会率先加入，是中华基督教会山东大会七个分会之一，也是崂山地区建立最早、人数最多的教会。1948年春，中华基督教胶东区会主持召开了南北岭基督教会建堂75周年庆祝大会，并发行了纪念册，纪念册现已成为收藏珍品。

现南北岭教堂占地840余平方米，正堂200余平方米。外墙用崂山花岗岩垛砌而成，正面用7根石柱支撑屋体，形成整洁、漂亮、壮观的礼拜堂。门口有2株云松修剪成锥体状分列在两边，像士兵忠实地守卫在堂前，而一株百年苍松在院内见证着教堂的发展。

南北岭基督教堂在2008年已经被列入崂山区第四批文物保护名单，周围优美的环境和便利的交通条件，使这里成为旅游热点。

崂山石刻漫谈

王集钦

尝登崂山，惜无迹可寻。颇使以帝王临幸为荣者憾，进而不惜作假迹。民国初年，有北平某大学教授率学生数人来游崂山，宿太清宫。道士见教授有文采，求书秦始皇曾临崂山事以补记之。教授以清之馆阁体书"波海参天"四个大字，托为李斯在侧奏题，下横书"始皇帝二十八年（前219）游于此山书"。而秦有篆无楷书，更无清之馆阁体，显然假托。后来有人将"书"字

知有朽，始求其不朽者。金石不朽，人将名刻于石，希冀万古不朽，其迹永垂。历代变革战火纷飞，雷电石火、日灼月烁、天灾人祸，古迹时有泯灭，期万世不朽，妄想也。不朽者相对而言也。

然，亦有不期然而然之事。史云，秦始皇、汉武帝

铲平，剩有二尺方之方框。多事者又在空框上大做文章，云，始皇当年在此曾书"惜民啼寒号饥"等句，以示恩宠子民，还生出许多妙句，纷纷扬扬，遍传崂山，热闹一时。修复此刻石时，余深疑，遍查典籍无着，终于日本大正二年（1913）出版的《山东案内》一书中，查得原为一"书"字，悬念始解。"文革"时，农民尽将此凿毁，唯"波海参天"因位高而得免。

全国著名书法家黄苗子（郁达夫之侄女郁风的丈夫）游山时相中此石，在其南面刊题"东海雄风"四字，字为隶书。后随其察看时，黄见石上摔有泥巴，而显愠色。同行解释说，山地奇缺，农民见缝插针，在石下种几棵庄稼，而游人在石前竞相照相，践踏庄稼，农民摔泥以阻止照相，先生闻后始有笑容。遂料不出五载，此石因山洪暴发而翻入道中矣，孰为可惜。

倾倒前的"波海参天"石刻

拜 斗 台

雨 霏

所谓星图，是将天体的球面视位置投影于平面绘制而成的图，表示它们的相对位置、亮度和形态，是天文观测的基本工具之一。

在崂山太清宫三皇殿附近，有一块刻有古代星座石刻的石头，名为"拜斗台"。台上石刻以凿洞的形式代表天上的星图方位。石头高约 3 米，宽 5 米，最上方有"拜斗台"三个大字。字下刻有碑文，曰："本宫始祖李真人哲玄，号守中子，勑封道化普济真人，于唐天祐元年甲子（904）至本宫，拜北斗于此。"文中的"李真人"就是种植"龙头榆树"的道长。他酷

爱观星，偏爱北斗七星和三角星座。他把这两个星座刻在石头上时，当时此处还没有房子，为了在夜间观星不受寒冷之苦，他在石头的下方开了一个大洞。

拜斗台是李哲玄根据北斗星而划定方

太清宫拜斗台石刻

位的高台。北斗是夜空中在北方排列成斗形的七颗亮星，即天枢、天璇、天玑、天权、玉衡、开阳、瑶光七星，古人用假想的线予以联结，像酒斗之形。枢、璇、玑、权四星组成方形，叫斗魁，也叫璇玑。玉衡、开阳、瑶光三星组成斗柄，叫斗柄，也叫玉衡。七星属西方大熊座，可以用来辨别方向，确定季节。画一条线联结天璇和天枢，再向上延长五倍处，可以找到北极星，而北极星是北方的标志，所以这两颗星又叫"指极星"。北斗星在不同季节和夜晚的不同时间，出现于天空的不同方位，看起来是在围绕着北极星转动。道士们用初昏时候斗柄所指的方向来确定季节：斗柄指东是春天，指南是夏天，指西是秋天，指北是冬天。也可以利用斗柄所指确定一年十二月份。另外，还可以在修炼的夜晚明确方位。

八思巴文刻石

青 山

在崂山华严寺，走进山门不远处的路旁有一块大石，上面有数处石刻。在石刻"烟岚高旷"上方，有一八思巴文刻石，这是崂山中唯一一处八思巴文刻石，书者及书写年代均不详。

八思巴文是元代语言文学家八思巴（1235 或 1239—1280）奉元世祖命制定的拼音文字，脱胎于藏文字母。元世祖至元六年（1269）作为通用文字正式颁布，称"蒙古新字"或"蒙古字"，俗称八思巴字。主要用于官方文件，也译写过一些书籍，还曾用于转写汉文、藏文等，后逐渐废弃，为研究当时音韵的重要资料。

研究八思巴文对于研究崂山的历史文化是非常有意义的。例如，华严寺建于明末清初，清乾隆五十六年（1791）山东巡抚惠龄阅兵海上，行至砥柱石题写"山海奇观"，是否又到华严寺游览题写该刻石？

华严寺八思巴文刻石

如果不是惠龄又是哪位蒙古族的名人到过华严寺？史书无记载。又比如，崂山太清宫三皇殿两侧墙上有元太祖成吉思汗敕封丘处机护教圣谕刻石二方，内中汉字是不是八思巴字母拼写的对音？从研究历史和语言文字的角度来看是非常珍贵的资料。从以上资料可以看出华严寺中的这块八思巴文刻石是多么的贵重，多少年来无人知晓刻石的内容，称得上崂山之谜。

崂山的判词碑

颂 山

崂山之道教宫、观、庵最多时竟达上百个，恐怕再难有一座山能够超过它。因此，崂山成了道教名山。但旧时崂山人对这么多的道观并不欢迎，因为这些庙宇大都强夺民利，占田霸山，再用这些田地山场盘剥农民，供养自己。这就必然形成矛盾甚至争斗，这一点从那些民告道胜诉后刻立的石碑上得到了充分的证明。

聚仙宫旧址现状

据登瀛村民讲，陡阡口曾立有一碑，晚清登瀛村民王公状告韩寨观（又名聚仙宫）道士胜诉后将判词刻于其上。登瀛王公与韩寨观道士交往甚密，经常在一起对弈论道。一次道士口出狂言，称陡阡里的农民皆为该道观的佃户，王公力证其谬。道士不仅不认错，反而更加强硬，声言将随时向各户收取土地租金。王公见理劝无效，表示将诉之即墨县，让县官给村民以公道。道士狂称王公败定了。结果道士用钱财买通了县令，王公败诉，并身陷囹圄，致使其倾家荡产，连一条挑水吃的担杖都卖了。王公哪能忍下这口恶气。换了新县令后，他又一次上告。新县令较清正，感于王公为民争利，便亲临崂山私访。他查得陡阡里村民早已成为拥有土地的自主农民，同时掌握了聚仙宫道士横行蛮霸的事实，回去后便改判王公胜诉，并将判词书于红布上交王公收藏。王公回乡后就将即墨县的判决刻于石碑，立在陡阡口道旁，公示于众。可惜这块石碑在后来拓展公路时全毁掉了，而判决书据说也在"四清"时被工作组从王公后人手里索去，已不知下落，碑文也就无从考证了。

另有一块记载民道诉讼判决词的石碑在八水河。此碑石不知让何人弃于八水河附近的道旁，2004 年春被对崂山颇有研究的牟孝勣老先生发现。初验识其为判词，

观崂官契和布告石碑

第二次去，把碑体洗净，将文字全部记下。只是有20多字因碰砸和风化而消失，但对了解碑文内容无大碍。它记载了光绪年间（1875—1908）官府判决准许民众进山割草打柴等内容，这当与传诵于崂山的戏剧《太清霸》所描述的是一回事。史载，光绪二十八年（1902）太清宫道人霸占民山，不准农民入山砍柴。于哥庄农民宋京士、马鞍子村农民李月英、午山村农民王明光等率农民进山与道士进行斗争，道士败。后到官府诉讼，道士又输，农民赢得了进山打柴的权利。这一官司大快人心，时称伐山。后有人编为《太清霸》一剧演出，盛传一时。碑文所记时间内容与之相符。可惜牟老先生再次路过八水河时此碑已不知去向。

再一处是现存在观崂村的两块石碑。民国初年，距观崂村不远的太和观道士刘圆丰，欲将观崂村村民赖以生存和繁衍生息的土地与山场据为道观所有。村民们一纸诉状怒将太和观告到即墨县衙。在即墨衙门迟迟未作判决的情况下，村民还曾派出代表到济南告状。直到1926年，观崂村村民终于胜诉。为永保安居乐业，村民们筹集7300大洋从政府手中买下了村周边大约4207亩山场土地，并请石匠将当局下发的官契和布告按原样刻于石碑上，立于村口，以世代流传。今尚完好无损。

三处碑记都立于清末和民国初年。时崂山道教已处于衰败时期，道士尚且如此霸道地欺凌百姓，在它兴盛时期会如何就可想而知了。村民刻立的判词碑，对了解崂山历史特别是民道关系是有一定价值的。但是，它却不被崂山史家所重视。不管是旧崂山志，还是现在编纂的新崂山志，都找不到这些碑文，这不能不说是一个缺憾。

正堂程判碑发现经过

王瑛伦

　　牟孝勍老先生是研究崂山的专家，尤其对崂山植物的考察研究方面，取得了很大的成绩。他发现正堂程判碑纯属偶然。

　　2004 年 6 月 26 日早饭后，牟先生为了设计崂山旅游线路图，骑上摩托车直奔八水河而去，准备再详细考察一下这里的山路。到达八水河后，他将车停在公路北的一根电缆杆旁，想做一番观察。不经意间，路边一块垫石引起了他的注意。石块长方，表面平滑，极似碑碣石。在这里有块石碑恐怕不是一般的墓碑，定会有其他的名堂。他起紧把石上的泥土收拾干净，显出了字迹，但看不清。他又用水冲洗，字迹反而更模糊不清。这时他想起了在茶涧庙曾用砖粉显字的办法，便找来砖块捣成粉末，填到凹入的字划内，字迹显出来了。他粗略地看了一遍，知是一个判词石

刻。于是他拿出记录本，抄录碑文。在此处打扫卫生的人看到牟先生在清洗石碑记录碑文，便过来搭话，他说他过去看到石碑在现公厕附近立着，修厕所时被放倒并扔到这里，垫了路。可见过去没有人对碑文注意过，所以被当废石抛掉了。

　　石碑的碑头自右至左刻有"正堂程判" 4 个大字。碑体正文竖写，共 11 行，自右而左整齐排列，每行刻 33 字，共有 319 字。牟先生努力地辨认着每个字，但由于碑体被磕碰击砸，有 32 字因缺损怎么也辨认不清，十分遗憾。现将碑文抄录如下。

　　勘讯得崂山八水河至天门口东西约有十里山岭重叠其间并无□□地段太清

　　宫道人历年所完二分之粮不解指何处而云然□以□粮影射宫□其明□□此山

之大濯濯焉又已见愚民之擅伐矣厥罪
维均谁田不宜失论其罪□□其□□其他

当去其银而□□国课顾可缺额乎若以
民之苦而尽予樵民道人国属向隅即□帖

载□数拨给以荒地令纳熟粮亦不足以
昭持平而折心服兹经秉公酌断将十余里

□□□所作为十分以八分仍归官山许
居民人等取草牧放其擅伐之罪以缴债充

公免之以二分□作庙产准道人管业其
影射之罪以多年纳粮免之□断□□民人

宜惠不均毋得恃强徒为己有而不咎道
人宜安其分毋日予智仍蹈故辙而□□至

山内晶石攸关国县风脉前经示禁均不
准□行刨挖亦不准□□地亩□□事端□

□四至立石为界各宜怀□毋违此判甘
结附 光绪十年 月

几天后，牟先生把碑文拿来给我看，我十分感兴趣。但当时只认为它是太清宫道人与农民利益冲突的一个判决，并没有引起重视，这一放就是两年多。现在看来，道民争利是次，它主要说明了太清宫西界的变化过程，是一份可贵的历史资料。可是2004年9月，牟先生带上工具准备将不清的字再辨认一下，当他来到八水河公路边，石碑不见了。哪里去了呢？可能是在他又清洗又抄录又拍照时，引起了一些人对石碑的兴趣。是被有关部门收藏了，还是被人当宝物捡走了？千万别被人砸碎用掉。现在石碑不见了，令人遗憾，好在牟老先生记下了碑文，拍下了碑照。感谢牟孝勋先生，他为我们发现并记录了正堂程判碑，为深入研究崂山历史提供了可贵的证据，为丰富崂山文献作出了重要贡献。

寻找崂山地产石刻

颂 涛

崂山除了遍山的题咏石刻外，还有不为世人注意的地产石刻，此类刻石是研究崂山的重要资料。

整个崂山从山脚到崂顶过去都有归属，即官山、庙山和私山。何处分界？我找到了一块界碑刻石。在北九水景区蔚竹庵通往滑溜口的小路中段，距离蔚竹庵东 1.5 千米左右，有一"官山西至"的石刻。这块石刻的刻立者和时间不详，但它清楚地告诉我们，此处以东就是官山。此处以西，推测是蔚竹庵的庙山。在蔚竹庵的正殿内，有庙产四至的石刻，藏在屋内的地产石刻在崂山是绝无仅有的。官山南界在

后风庵，但界石尚未找到。庙岭口有"两界"石刻，以山梁为界，东为太平宫的地界，西为白云洞的地界，竟然和现在国际传统分界思路相吻合。

崂山的庙宇非常重视自己的庙产，多

官山西至石刻

立碑刻石记录。以找到的 5 块为例，蔚竹庵内墙壁上有明代刻字："大明国山东莱州府胶州即墨县仁化乡聚仙社崂山蔚儿铺所建三元殿蔚竹庵，计开四至：东到鹰嘴石，南至三教堂，西至丑薄涧，北至北大顶。主持道人宋冲儒万历二十一年（1593）三月。"在东房山地基石上有清嘉庆年间（1796—1820）的刻字，这些记录着蔚竹庵的地产。为了长久保存下去，用了砌在内墙上、刻在地基上的办法，以防止有人改动，表达了"房在石刻在、地在石刻在"的决心。

在上清宫院外东北角一石崮上，刻有一篇排列和大小不尽规范的文字："王戈庄七十五亩一卜（分）一石（厘）九毫，蒲里町十四亩二石（厘）五毫，石人河五十九亩七卜（分）三石（厘），围彪庄场园一所宅基二处一亩二卜（分），东葛村共地一百九亩，石原町九卜（分）三石（厘）八毛（毫），童王观十四亩五卜（分），外有菜园七亩，嘉庆十五年（1810）量清共计二百七十三亩十石。"这相当于现在的田亩地契文书，字迹清楚，叙述明白，刻录时间为嘉庆十五年（1810）。

先天庵附近有一处地界四至石刻，因年代久远，字迹有些模糊，内容如下："上清宫□，东南至□，南至天门，水河四至□，东北至化化浪子六里，北至大沟，西至鸡观顶，西北至大顶。"刻录时间不详，谁的地界也不明了。

在太清宫三官殿通往三清殿的夹道旁

石上刻有一段文字，记载着明万历二十八年（1600）太清宫复宫后，莱州府判明的太清宫的属地四至，文为："庙产藏经香火山场地二四一亩。东至张仙塔，西至八水河，南至大海及脚庵（窑石庵）一处，俱供香火，并无民地，永不起科。划清宫界，刻石为证。"此刻石为官府所立，并由即墨县令刘应旗"躬诣察勘得地一顷二十七亩有奇"，作为"供奉藏经地土"。以上几个例子说明，崂山庙宇大都通过石刻记录庙产，其目的是昭示自己的产业，维护庙宇利益，以避免当地农民与其争地而引起纠纷。四至有了，其具体界石在何处呢？我们先从太清宫的界碑找起。

太清宫东至石刻，笔者于 2005 年在崂山青山水库西 1 千米处发现。由于年代久远，字模糊不清，其中第 4 段被人为损坏5 个字。以前没有发现此石刻的文字记载。原文是："太清宫至分水河东，巡抚都察院分守河右道，□□□□□北至河。莱州府高密、即墨县同立。"这块石刻标明青山河南边是太清宫的地界，北边是官山地界。可这只是个说明，不是具体界石。非常有意思的是，从这块摩崖刻石西行里许的地方还有一刻石，画着非常清晰的箭头，表明真正的界碑在前面。太清宫西界碑石共找到 3 处。南端的界石刻在太平岚到八水河的梯子石上，与"梯子石"并肩而立，上刻"太清宫界"四个大字。沿八水河谷向西北行，在化化浪子也有一块"太清宫界"刻石，旁边还刻有略小的"化化浪子"字样。最西北角的"太清宫界"刻

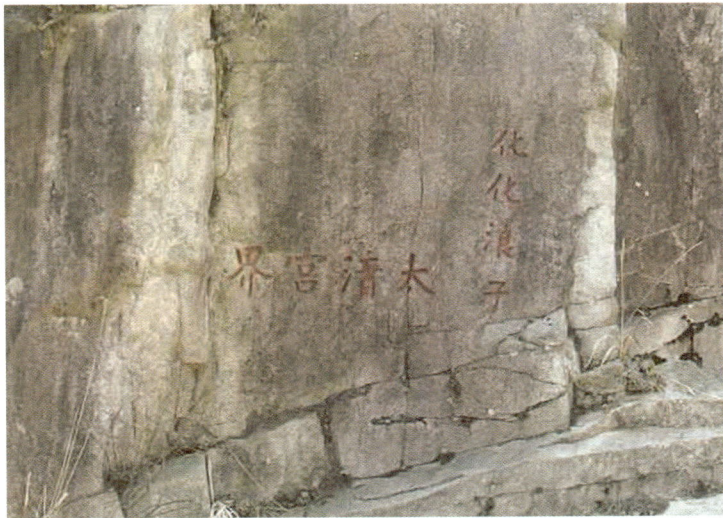

"太清宫界""化化浪子"石刻

石是前年冬天发现的。此地地势险要，人迹罕至，我和山友多次前去寻找这块摩崖石刻未果。后同伴从悬崖滚落而下，无意中发现这处石刻。"太清宫界"四字，笔锋坚实、字迹饱满，字字风采奕奕，雕凿的字"入石三分"，现在看来还清晰如初。以上界碑圈定的范围，与明朝官府为太清宫所定之界相符。可见这些界碑就是那时刻下的，这些摩崖石刻都有些年头了，最少在400年以上。

可是令人费解的是在这个圈子之外的云门峰鸡石口处，也有一处"太清宫至"石刻。根据《崂山志》和明清文化名人的记载，在天门峰有丘处机所书"南天门"三字刻在北峰间南向岩上。近几年，很多登山爱好者多次搜索无果。2006年10月21日，我们几人又登上天门峰，没找到"南天门"石刻，却意外发现了"太清宫至"石刻，这让人十分惊异。这块石刻以前没有文字记载，和太清宫内的庙产四至石刻有矛盾。太清宫西至八水河，现在西界到了天门峰。这是何时的地界，连崂山风管委的工作人员也疑惑不解。排除有人伪造的可能性后，我推断其可能有二。一是这块刻石在明万历二十八年（1600）以前，太清宫地界就延伸到这里。后来官府压缩了太清宫地盘，所以有刻石记载。二是后来太清宫自行添加的。因为太清宫历来得官府支持，声高势大，道士欺民霸山的事情时有发生。同治九年（1870），崂山太清宫道士霸占山场，不许山民上山拾草砍柴，钟家沟村民钟成聪联络午山村王明光、于哥庄宋京士、马鞍子村李月英等奋起抗争，道士不仅不让步，反而持矛伤人，双方殴斗成讼，经即墨县审判，农民胜诉，时称"伐山"。太清宫道士与民争斗失败，在诉讼中又理输，官府判决准许农民进山拾草砍柴。此界石是否为太清宫此前所立？这要靠今后更多发现来证明。寻找此类刻石艰难而辛苦，甚至有危险，但它对研究崂山庙宇经济、庙民关系十分有价值。

湮没的海印寺地界石刻

房振兴

爬山路过上清宫至青山村的梯子石时，我在路边看到过几块石刻，石刻为繁体字，具体内容为：

> 巡抚都察院
>
> 分守海右道□□□□□（以上5字系被人凿掉，用□字代替）北至河
>
> 莱州府高密即墨县同立

石刻的右边还有一行小字，文为"太清宫北至分水河界"。

《崂山志》和《崂山碑碣与刻石》以及其他石刻碑记材料，均不见有关此石刻的记载。后来从《崂山春秋》上得知，此石刻在2005年的时候，有山友已发现，并认为是万历二十八年（1600）的太清宫地界石刻。

我认为该石刻不完全是太清宫地界石刻。理由如下。

第一，明万历三十一年（1603）赵任所著《新立太清宫形胜地至碑记》记载："……郡公橄掖丞潘映、墨令刘永旗，躬诣踏看……北至分水河，准令永不起科……"而刻石记载的是："……北至河。莱州府，高密县、即墨县同立。"从中不难看出有两处不同：一处是河流的称谓不同，一石刻提到的是分水河，另一石刻提到的是河；第二处不同，也是最关键的，一次勘界的是高密县和即墨县，另一次勘界的是掖县和即墨县。

第二，从被人凿掉的5个字的痕迹来看，应是敕建海印寺5个字，但是比较模糊，不敢完全确认。难道此石刻是明万历二十三年（1595）毁掉的海印寺的地界石刻？我从一份材料中得知，在从龙潭瀑通往上清宫的路旁有一块石刻，它记载着有关海印寺的内容，但很不详细，也没有图片资料。为了查证明白，我又去上清宫找到了石刻，仔细一看，和青山路旁的那块石刻的文字内容基本一样，书写的笔迹、

青山村西海印寺地界石刻

大小、格式也完全一致。石刻的内容为：

巡抚都察院

分守海右道

□□（以上两字系被人凿掉）海印寺西北界

莱州府　高密 即墨 县同立

从被人凿掉的两个字的痕迹来看，也是敕建二字。

通过对这两份石刻的互相认证，可以断定都是400多年前拆掉的海印寺地界石刻。此发现可谓意义重大，它从以下几个方面可以体现。

一、证明了海印寺是奉敕命修建的

有关材料记载：明朝万历十一年（1583）四月，明四大高僧之一的憨山大师到东方寻找那罗延窟。他从五台山来到崂山，在那罗延窟附近修禅两年。因环境恶劣无法住人，后又到巨峰慈光洞结庐修行。万历十四年（1586），万历皇帝因在五台山求嗣而连得皇子，圣心大悦，敕颁藏经15部，散施于天下名山。首先以四部藏经置四边境，即东海牢山、南海普陀、西蜀峨眉、北疆芦芽。李太后派人送藏经到牢山，憨山大师因事先不知道，以致藏经送到时无处安置，这时地方抚台等官吏见状便请来供奉起来。收到藏经以后，憨山大师便到京城谢恩，请求皇帝和皇太后批准拨款修建寺院以安置藏经。因当时国库空虚，皇帝拿不

出银两，太后与宫中眷属各出银两，让憨山大师在牢山修建安置藏经的寺院，并预先取名为海印寺。两块石刻中明确记载是巡抚都察院、分守海右道奉敕命修建海印寺，莱州府和高密县、即墨县共同勘查地界，划定海印寺供奉藏经香火占地的四至，它完全证明了现有资料记载的准确性（据我所知，这也是唯一的物证）。

二、解开了有关海印寺地界之谜

由于万历二十三年（1595），皇帝下谕逮憨山大师进京问罪，并"毁寺复宫"，故耗资巨万的海印寺毁于一旦。原先海印寺里的碑记被破坏殆尽，有关当年海印寺所拥有的藏经香火地也就无从知晓了。现在通过这两块碑记可以知道海印寺当时地界的大概范围是东到八仙墩的海边，南到海印寺前的海边（即现在的太清宫），西北至上清宫到龙潭瀑一线（界东为海印寺所有），北至河（即分水河）。

三、两处石刻中部分字所被人凿掉的行为是太清宫道士所为

海印寺遗址

213

明万历三十一年（1603），莱州府和掖县、即墨县一起为新修的太清宫勘查地界，确定了太清宫供奉藏经香火占地的四至范围。此时的太清宫道士就派人沿着所划定的地界到处刻字，向人们宣告他们的势力范围，也顺手把与海印寺名称有关的石刻凿掉，以泄心头之恨。

通过以上分析，可以断定两处石刻同为万历十四年（1586）左右，莱州府和高密县、即墨县共同为海印寺勘查地界所立的碑记。它们和太清宫内的海印寺遗址一道见证了佛教在崂山发展的兴衰变化，为研究崂山古代僧道之争增添了新的物证。

嘉庆九年太清宫地界石刻

房振兴

2007 年 1 月 27 日，我到先天庵、上清宫考察，在上清宫通往龙潭瀑方向的路旁看见一块巨石，上面刻有许多文字。经仔细辨认，字体为竖行排列，共有 7 行，文为繁体字，内容为："嘉庆九年（1804）

太清宫西北至界刻石

八月奉宫保巡抚都院盛 登莱青备道李 莱州府正堂邓 即墨县正堂李 委鳌山司巡检邹和鼎重立 太清宫西北至界"。

查看有关资料知，崂山在古代时，村民和庙宇之间、庙宇和庙宇之间为争夺山峦土地，曾经引起多次诉讼。当时的州、县衙门派人到崂山勘查地界，并立有莱州府、即墨县判词石刻碑多处，可惜大部分已被破坏。

据资料记载：太清宫原先有一块"清嘉庆九年登莱青为二宫争界事判辞"石碑，现在石碑已被破坏，具体内容不清楚。

我发现的这块嘉庆九年（1804）太清宫地界石刻，

在现有的研究崂山石刻碑记资料中均无记载。此石刻在风景区内，又是在路旁，位置很显眼，为什么在有关介绍崂山石刻的资料中就没有记载？宋太祖赵匡胤为道士刘若拙敕建太平兴国院（即今太平宫），太清宫、上清宫同为太平兴国院的下院，经元朝至今，同属王重阳创立的道教全真派，它们之间也能因为土地争执引起诉讼？带着许多疑问，我查看了许多书籍资料，经研究得出以下结论。

一、嘉庆九年（1804）太清宫地界石刻和明万历年间（1563—1620）海印寺地界石刻都刻在同一块巨石上，地理坐标一致，一个是海印寺西北界，另一个是太清宫西北至界。两块石刻的字迹几乎连在一起，海印寺的石刻字迹大，不仔细分析就会误认为是同一个石刻。因此资料上只记载着海印寺的地界石刻，而嘉庆九年（1804）太清宫的地界石刻就没有记载。

二、虽然太清宫、上清宫在古代是太平兴国院的下院，又同属道教全真派，但是从南宋以来，道教分为很多流派，就是王重阳所创立的全真派，内中也分出许多派别。太清宫是王重阳的弟子刘长生（刘处玄）所创立的随山派，是"子孙庙"。它不接待外来的道士住宿和修行，庙产是全真道随山派所有，被认为是"道教全真天下第二丛林"，在崂山的道教庙宇中是首领地位。上清宫属全真道华山派，是王重阳的弟子郝太古（郝大通）所创立，是"丛林庙"。外来的道众"访山"，都到上清宫"挂单"，庙产是道教所共有，崂山上清宫在全国道教的宫观洞庵中的声望是很高的。由此可见，太清宫和上清宫是两个单位，资产所有制性质又不同，因为山峦土地的归属发生争执，进一步引发诉讼，府、县判决勘界，都是在所难免的。

三、从石刻中反映出来的问题看，在嘉庆九年（1804），太清宫和上清宫为争夺庙产引发的诉讼很激烈，巡抚都察院、登（州）莱（州）青（州）备道、莱州府正堂、即墨县正堂、鳌山司巡检共同审理勘界，在古代也是不多见的。

发现的嘉庆九年的太清宫地界石刻可谓意义重大，它是历史记载清嘉庆九年（1804），登（登州）、莱（莱州）、青（青州）为二宫（太清宫、上清宫）争界一事的最好物证，也是现在所知材料中唯一的物证。它对研究崂山道教和庙宇的兴衰变化显得异常珍贵，给研究崂山古代庙宇和山民争地、庙宇之间争地增添了新的史料，是研究崂山古文化难得的资料。

石门山蓝宅书院地界石刻

房振兴

2007 年 1 月 7 日，我们一行 13 人来到了崂山西麓的石门山，准备对石门庵遗址进行一番考察研究。当我们走到一座山头上的时候，队中的王师傅发现一块大石上刻有许多字。此石有 5 米多长，4 米多宽，最高处有 2 米多高，倾斜地矗立在树木丛中。由于该石刻年代久远，字体模糊不清。拨开荆棘，清理杂草树叶，仔细辨认，石刻的字体是繁体字，竖行排列，内容为"蓝宅书院西南界 石门东北界"。

经查找有关资料，初步确认以下结论。

一、该石刻在《崂山志》和《崂山碑碣与刻石》及其他资料中均无记载。

二、经查明、清两代的《即墨县志》，崂山的"蓝宅书院"为史书资料中所称"华阳书院"。

三、石门指的是石门山。

石门山蓝宅书院地界石刻

217

蓝田画像

四、石刻内容反映石门山的山岚土地在明正德十二年（1517）前后归属官府。该石刻是地界的界碑，指的是此山东北坡归属蓝宅书院，西南坡归属官府，声明任何人不得侵占（此山岭呈东南—西北走向）。

据史书记载，华阳书院在华楼山前华阳山的南麓，故名。黄宗昌《崂山志》载："华阳书院据山之半，少司寇蓝公建置于此。"

少司寇蓝公即蓝章，明成化二十年（1484）进士，官至都察院右佥都御史，又任南京刑部右侍郎。明正德十二年（1517），告退归里，来到石门山东坡筑华阳书院隐居，自号大劳山人，教子蓝田、蓝困攻读诗书。该书院位于华阳山前，山明水秀，景色幽丽，占地亩余。东西建有两幢木砖结构平房，各3间，取名紫云阁、文昌阁。蓝氏后代多就读于华阳书院。至清道光年间（1821—1850）该书院废弃。

蓝姓是即墨古代史上的五大家族"周、黄、蓝、杨、郭"中的显赫官宦人家。在华阳书院读书成就最大的蓝章后代是蓝田。蓝田，字玉甫，号北泉。嘉靖二年（1523）进士，官至河南道监察御史，巡按陕西。因此，华阳书院在古代崂山是很有名的，历代文人墨客留下许多脍炙人口的诗句与文章。

华阳书院由于年代久远，加上战乱影响，现在已很难寻找到当年的遗迹。这次发现的距今已有500多年的华阳书院界碑，可见意义非常重大，给我市文物古迹发现增加了新的内容，建议有关部门妥善保护。

锥子崮上的明代石刻

房振兴

　　锥子崮，又名锥儿崮。它位于王哥庄村西南 4 千米处，在崂山区北宅街道磅石村后，海拔 670 米，属崂山三标山支脉。2007 年 1 月 21 日，我们 20 位山友从劈石

锥子崮

口沿着起伏的山路，穿过几座山峰，来到了高耸入云的锥子崮旁。大家仰望高耸入云的锥尖，欢呼雀跃，兴奋不已。正在大家忙着照相的时候，忽听一山友呼喊："快来看，石刻！"大家急忙奔过去一看，只见在悬崖的石壁上刻有三行字，由于年代久远，字迹模糊不清。我们小心翼翼地走过去，仔细辨认，刻字为繁体字，文为："蓝宅北至文笔峰岭顶"。

　　联系我们 2007 年 1 月 7 日在石门山西麓一处山岭发现的"蓝宅书院西南界、石门东北界"地界石刻，基本可以肯定当时蓝家地界四至的北界、西界、南界（因为

发现的"蓝宅书院西南界"的山岭呈东南—西北走向），蓝宅地界东至的具体位置有待进一步发现。

蓝宅是古代即墨五大显赫家族周、黄、蓝、杨、郭中蓝家的住宅，简称蓝宅。崂山在古代属即墨县，蓝家的子孙蓝章在明成化二十年（1484）考中进士，官至都察院右佥都御史（正四品），又任南京刑部右侍郎（正三品）。明正德十二年（1517），告老还乡，来到崂山，在石门山东坡筑华阳书院隐居，并教育后代在此读书，自号大崂山人。当年蓝章位居三品御史，官位显赫，可谓有钱有势，蓝家当时在崂山拥有的山峦土地应该很多。究竟有多少，已无从查起。

此石刻在《崂山志》和《崂山碑碣与刻石》及其他有关资料中均不见记载。又根据该石刻的风化程度，判断刻石的年代应该在明正德十二年（1517）以前，距今已有500多年了。

从石刻内容可以得知，现在的锥子崮在古代叫文笔峰。文笔峰一词只在蓝水的《劳山古今谈》中见过，在其他书籍、地图中从未见过。《现代汉语词典》是这样解释的："崮，四周陡峭，顶上较平的山。""峰，高而尖的山头。"由此可见古代人称其为文笔峰是最恰当不过了，它充满了浓厚的文化色彩。如果把锥子崮改称锥子峰是最形象的。

此石刻的发现对于研究崂山的古文化可谓意义重大，它为研究崂山华阳书院的兴衰变化提供了有力的物证，它为考证崂山古石刻增加了新的内容。

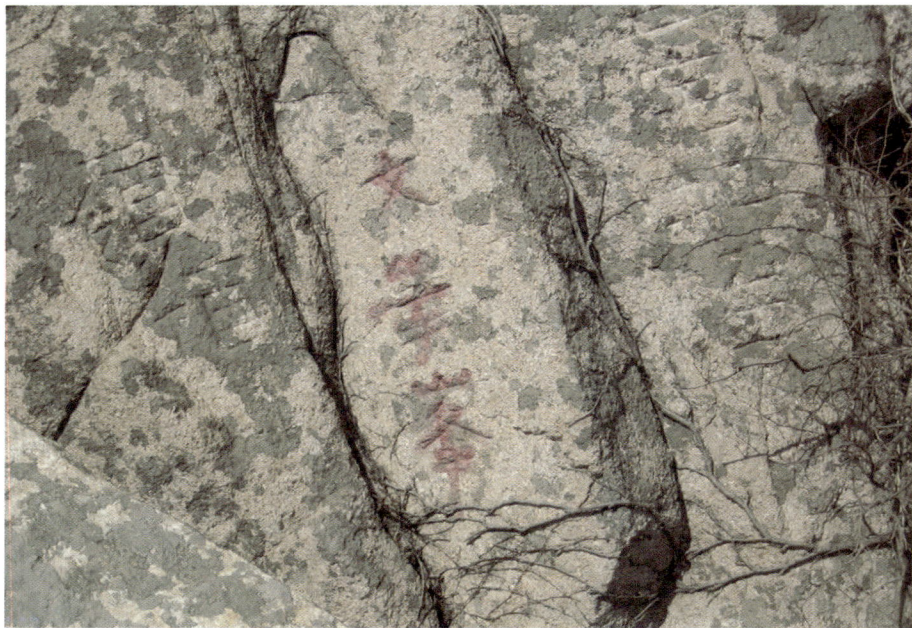

锥子崮上的石刻

铁瓦殿遗址的明代石刻

房振兴

春节前，我和朋友到崂山游览，中午时分，我们来到巨峰下的铁瓦殿遗址。

铁瓦殿又名玉皇殿，属于崂山古庙白云庵建筑群的一部分，传说建于唐代，最早是一座佛教古刹，后又改为道教的庙宇。据史书记载，在明朝嘉靖年间（1522—1566），白云庵年久失修，房屋建筑已经倒塌。全真派道士朴一向师徒三代用了31年的时间，陆续修复了白云庵，并且有所扩大。尤其新建的三间玉皇殿，正殿供奉玉皇大帝，重檐高啄，雕梁画栋，彩绘精美。殿堂上面覆以铁瓦，瓦长二尺，瓦当龙形，瓦上铸有男女捐者的姓名，因此又名铁瓦殿。包括铁瓦殿在内的白云庵，是当时崂山道教最大的道场，有道众近千人。清朝康熙年间（1662—1723），一场原因不明的大火把铁瓦殿烧成废墟，连带着整个白云庵也销声匿迹了。

铁瓦殿遗址，面积有1000多平方米。

铁瓦殿遗留的石柱

废墟中大树灌木密布，在荆棘丛中矗立着六七根石柱，地面上横七竖八地躺着许多石梁、石柱和歪斜倒塌的石台阶。它仿佛在向人们诉说着辉煌的过去，同时给人一种历史沧桑的感觉。废墟内的石柱高大，做工精致，卯榫结合部位严丝合缝，石柱上留有不少模糊不清的石刻文字，可以判断出当年建筑的宏伟和壮观。由于铁瓦殿遗址附近散布着许多建筑物废墟，许多崂山古文化爱好者趋之若鹜。

我和朋友每次走到铁瓦殿处，都四处寻找，期颐有所获得。这次也不例外，我们不顾疲倦，在铁瓦殿东部一带山岩树丛中搜索。冬天的崂山，许多树木和灌木丛落了叶子，视野比较开阔，是探索考察的最好季节。果然功夫不负有心人，我们看到一块布满苔藓的大石，在离地面 2 米高处看到一处石刻，镌刻着"玉虚岩"三字。字体方形，每字高 30 厘米左右，为阳文石刻，书法工整，字体隽秀，清晰可见；落款为阴刻，由于年代久远，大部分字体模糊不清，只隐约分辨出"明正统甲子吉日"等几个字。此石刻在有关崂山石刻资料中没有记载，属于首次发现，是崂山古石刻中的珍品。

玉虚岩

根据汉语词典解释，玉虚，指仙宫。道教称玉帝的居处。又比喻洁净超凡的境界。

明正统甲子吉日指的是明正统甲子年（1444）吉日镌刻。

经过以上分析我们得知，在全真派道士朴一向修建铁瓦殿的 100 年以前，原址处就有一座供奉玉皇大帝的神殿。

我们看到的这处摩崖石刻，它为研究崂山提供了一份难得的实物资料，它把记载崂山巨峰白云庵的时间提前了 100 多年。它同时又是一件古代书法艺术佳作。此处石刻经过 500 多年的风雨侵蚀、兵火战乱，神奇地保留了下来，具有重大历史研究和文学艺术价值，是十分难得和珍贵的，为崂山的古文化宝库增添了一颗灿烂的宝珠。

斗姆宫古石刻

房振兴

2007 年 1 月 20 日，我们一行 7 人考察了位于明霞洞西侧的斗姆宫遗址。

斗姆宫在玄武峰下，始建于元代，原来里面供奉佛像，是佛教的庙宇。斗姆宫的东面是明霞洞，相传丘处机、郝太古、孙不二、张三丰都在洞中修炼过。明嘉靖十六年（1537），瞽目僧人孙玄清听说鹤山遇真庵的徐复阳原来也是双目失明的人，后拜张三丰为师，数年后重见光明，孙玄清就弃释入道，在张三丰的精心调理下，20 年后，他也双目复明，后被皇帝封为"护国天师府左赞掌管真人府事金山子海岳真人"。明霞洞从此成为全真道金山派的祖庭。

明隆庆年间（1567—1572），孙玄清主持对明霞洞和斗姆宫进行了扩建。新建了一座宏伟的三清殿，在原先斗姆宫的地方，改建了一座观音殿。两座大殿均为砖木结构，硬山式建筑，顶面盖黑筒瓦，修饰一新的庙宇统称明霞洞。

清乾隆末年，崂山天降大暴雨，山洪暴发，观音殿被坍塌下来的巨石砸毁，从此再也没有修复。

现在明霞洞的当家人是一位姓张的道人，他非常友善地领着我们四处参观，耐心地讲解，使我们增长了许多知识。他听说我们要考察斗姆宫，又特地回去拿了钥匙，开启了轻易不开的大门。我们进入院中一看，满目荒凉，整个院子有一个篮球场大小，依稀还能分辨出观音殿和道人住房的轮廓，院中堆放了不少建筑垃圾。最吸引人的是院中的一棵有着 120 年树龄的紫玉兰。据道士讲，春天树上开满了花朵，非常美丽。院中分布着 5 株黄杨树，有

"入圣超凡"石刻

有 600 多年的树龄，崂山很多道家庙宇都有栽培。据说一是象征着紫气东来；二是道家参拜星斗，紫薇树象征着紫微斗数。

我们出院门时，不经意间，抬头发现观音殿院门上方有一石刻门匾，上刻几个篆字，边缘笔画不甚清楚。回来后，我对照字典，确认为"入圣超凡"四字。又查遍手中石刻资料，均不见记载。根据石料风化程度和在古建筑中的位置判断，是最初修建观音殿的遗留物，有 400 年以上历史。此石刻字体隽秀，刻工精细，是崂山石刻的上品。

700 多年的树龄，是原先斗姆宫院中栽培，遗留下来的名贵树木，至今生长良好。还有两株银杏树，树龄也有 800 多年。观音殿门口还生长着一株紫薇花，又名百日红，

"面壁洞"与"灵鹫庵"石刻考证

房振兴

据史书记载，明嘉靖年间（1522—1566）翰林院侍讲、山东参政和提学使陈沂，于嘉靖十二年（1533）到即墨县视察科举考试情况，在御史蓝田（即墨人）的陪同下，遍游崂山，撰写了《鳌山记》（又名《劳山记》）和 20 多首脍炙人口的诗句，记叙了五日之游程，对崂山各处景观介绍颇详。

其中，《鳌山记》中记载："巨峰下，数石百仞壁立。梯穷径绝，有两石若劈处，见一窍，上闻犬声。一僧垂木梯下，请升，遂援之而上。由壁中行，转至一茅庵，甚明洁。左有佛宇嵌崖隙……是夜，余宿庵中，僧

立牖下竟夜。明日，题其夹石处曰'面壁洞'。纪同玉甫来游事及侍从之名。洞上壁，大篆'灵鹫庵'三字。"

几百年过去了，灵鹫庵在哪里？陈沂题写的石刻又在哪里？各种介绍崂山的书

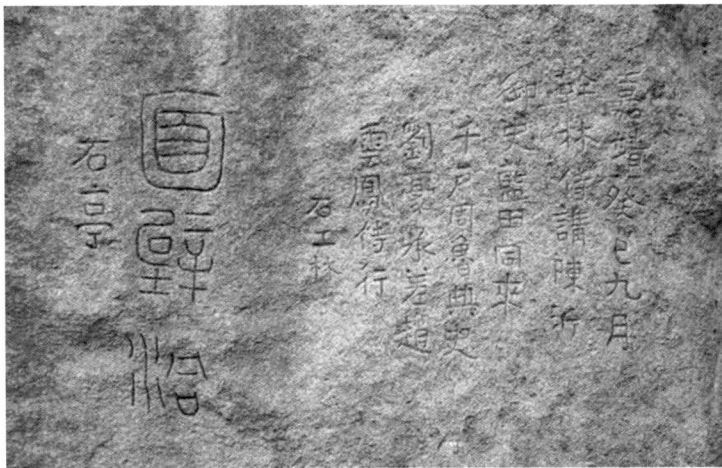

面壁洞石刻

225

籍中均没有灵鹫庵的记载，有关崂山石刻的资料中也没有"灵鹫庵""面壁洞"等石刻的影迹，近代研究崂山的人谁也没有见过石刻的真面目。

灵鹫庵与附近的石刻随着历史的变迁湮灭了。为此，许多文史爱好者在崂山苦苦寻找。

最近，听说几位登山者在巨峰找到一处石刻，详细情况不得而知。

为了察看石刻，2011年春节刚过完，我约了三位喜欢研究崂山的朋友一同去巨峰探察究竟。

经过很长时间的寻找，我们终于在铁瓦殿遗址上面的悬崖峭壁上找到了石刻。

石刻共两处，分别镌刻在两块巨型花岗岩上，风化严重，字体模糊，辨认困难，经过技术处理后，勉强可以辨别。

一处巨石的左面镌刻着"面壁洞"三字，字体为篆字，约有25厘米×25厘米大小，落款为"石亭"；右面镌刻的是"题记石刻"，字体为行书，约为12厘米见方。文为："嘉靖癸巳（1533）九月，翰林院侍讲陈沂、御史蓝田同来。千户周鲁、典史刘豫、录差赵云凤侍行。"落款为

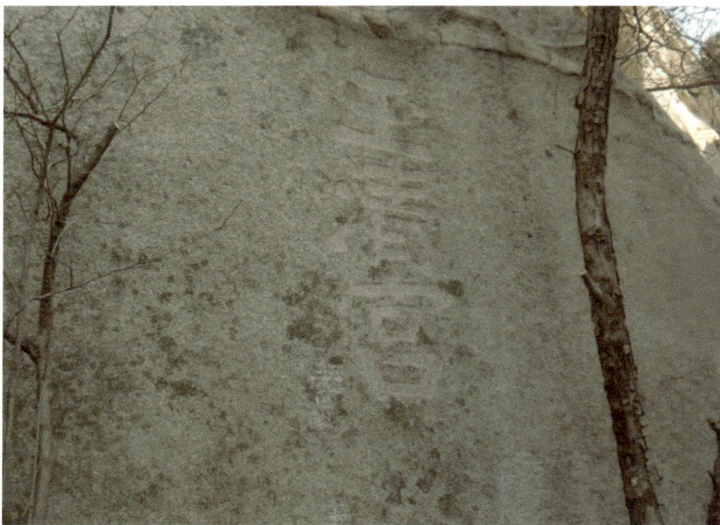
玉清宫石刻

"石工 林 □"（因字体模糊，无法辨认用"□"替代）。另一处巨石的上半部分刻有"玉清宫"三个大字，字体为楷书，30厘米×30厘米大小，书写工整，镌刻精致；下半部分镌刻着"灵鹫庵"三个大字，因风化和遭到不明原因的破坏，仅能辨认出大致轮廓，落款为"石亭陈沂"。

灵鹫庵旧址找到了。"面壁洞石刻"和"题记石刻"也找到了。这几处石刻的发现，很有研究价值。首先，填补了崂山历史资料的空白，给崂山旅游增添了新的内容。其次，新发现的"玉清宫"石刻，给崂山文史工作者研究崂山佛教和道教庙宇间的兴衰更替提供了有力的依据。

崔应阶《华严庵》诗刻

房振兴

我和山友在华严寺山顶的望海楼看到一块石刻，由于风化严重，有些字体模糊

崔应阶手书《华严庵》诗刻

难辨。回来后，经查找有关资料，对照原件仔细研究，原来是清崔应阶的一首诗。文为："傍海依山曲径通，华严深处有琳宫。云归叠嶂千峰翠，日浴扶桑一点红。清磬出林闻梵语，玉琴横膝响松风。此中已隔人间世，得住何惭绿发翁。"该诗把华严寺的山海风光，琴语松风，古寺梵唱，渲染得淋漓尽致，使人顿生超凡入圣之心。

此诗在历史资料中有记载，名为《华严庵》，但在有关崂山石刻的资料中没有记录。根据现有不完全记载，崔应阶游览崂山留有七言律诗八首，《华严庵》只是其中之一。其他七首分别为：《狮子峰》《美人峰》《黄石宫》《华楼》《上清宫》《巨峰》《鱼鳞口》。而在崂山留有手书真迹的石刻目前只记载三处。第一处为太平宫后石崮上的《狮子峰》，字迹难辨，

1982年修复；第二处是镶嵌在崂山太和观东墙壁上的《鱼鳞口》，文化大革命期间有人用砖封住，得以基本保存完好；第三处《华楼》在华楼山。现又在望海楼发现了一处《华严庵》，字迹风化严重，亟待修复。到目前为止，总共有四处崔应阶在崂山的题诗真迹。

崔应阶，字吉升，清代湖北江夏（今属湖北武汉）人。父相国，官浙江处州镇总兵。应阶，荫生，官授顺天府通判。乾隆二十二年（1757），迁山东布政使，乾隆二十八年（1763）六月，擢升山东巡抚。乾隆三十三年（1768），擢升闽浙巡抚。官至太子太保、刑部尚书，迁左都御史。

崔应阶满腹经纶，才华横溢，喜爱山水，诗词文章非常有名，有《拙圃诗草》

崔应阶手书《鱼鳞口》石刻

流传于文史。在任山东布政使时，施政廉洁，地方工作卓有成效，后任山东巡抚，治理水患，消灭蝗灾，声望名震朝野。

乾隆三十二年（1769）前后，他在山东治理水患，来到崂山巡视，随即被崂山那绮丽的风光深深地吸引住了。最先映入眼帘的是黄石宫（也称黄石洞），赋诗曰："曲径逶迤上下分，清游到此乃无氛。仙洞高出凌黄石，古洞行穿碍白云。壁底流泉添夜雨，庭前柏子拂朝曛。名山胜迹今初步，足力犹堪领后群。"诗中对环境的描写细腻传神，令人向往。诗人虽是初到崂山，比较劳累，可豪情满怀，有一览到底的决心。

他从黄石宫来到华楼山，在游览华楼时，充满了对华楼风景的赞赏和对道家生活的仰慕："第一名山海上留，华峰谁到最高头。琼浆已涸玉盆水，仙髻罢妆梳洗楼。烟峦遥连翠屏合，天门中豁白云流。道人何事攀缘上，玉盏徒增墨吏羞。"

紧接着他饱览了内外九水迷人的风景，来到鱼鳞瀑（现在叫潮音瀑），他被眼前的奇观惊呆了，回到住处，留下了传世佳作《鱼鳞口》，诗曰："何处冰崖万壑雷，高峰云静石门开。盘空瀑雪飞涛落，拂面吹花细雨来。碧天澄潭堪洗涤，青松白石任徘徊。支笻未尽游观兴，樵夫遥从天际回。"

他来到上苑山，晚上住在太平宫，早晨"枕上初闻晓寺钟，起来月色尚溶溶"。乘着月色，拿着拐杖就登上了狮子峰，此时天已蒙蒙亮，"碧浪已浮沧海日，白云犹锁万山松"。诗人不禁被眼前的景色陶醉了，发出了"耽游千里谁言老，选胜搜奇兴颇浓"的豪迈激情的感慨。此《狮子峰》一诗对山对水的描写信手拈来，恰到好处。

在上清宫，诗人看到"尽日探奇路欲穷，巨灵平劈躲天工。千峰涧水双桥下，万壑松声一径通"的奇景，深深体会到"坛影生寒凌峻岳，海门入夜隐丰隆"，不禁联想起"载童鞭石真成错，宝藏徒归撒手空"。诗人在《上清宫》一诗中体会到官场险恶，产生了脱离宦海的念头。

站在巨峰最高处，环视群山"叠嶂层岩拥巨峰，帝居呼吸可想通。乘云欲假庄生翼，破浪无须宗悫风"。诗人不禁豪情大发，手拿拐杖，指点山海，发出"且览全崂归杖底，任教海水泻杯中。凭虚纵目何空阔，指点扶桑别样红"的感叹，手中笔墨一挥而就，诗名《巨峰》，派人刻在山下醒目的地方。

身在巨峰最高处，俯视西北方向的美人峰（又叫比高崮），不禁被美人峰那清秀可爱的身姿深深吸引。其诗中是这样描写的："山色真如清净身，凭虚独立迥难亲。洞中未可逢仙子，天外空教侍美人。薜荔做裳云极润，芙蓉为面黛眉新。莫将雾鬓云鬟意，错拟山头姑射神。"

自古以来，崂山虽然景致非凡，因辟出海隅，山林陡密，一般人不易登临，因

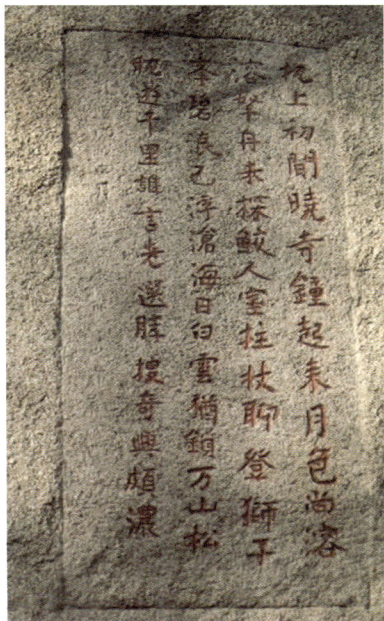

崔应阶手书《狮子峰》诗刻

此，崂山也少为世人知晓。丘处机有诗云："只因天涯海角背，不得高名贯九州。"在为数不多的记述崂山的游记、诗文中，崔应阶对崂山的奇峰异石、山海奇观、流泉飞瀑，都做了淋漓尽致的描写。

崔应阶在乾隆年间（1736—1795）是非常著名的人物，做官几十年，足迹遍布大江南北。他来崂山虽时间不长，但在全国影响很大，是古代游览崂山的重要人物，他游览崂山留下的诗词，对我们研究崂山文化而言是十分珍贵的，现在发现的石刻，是崔应阶留给崂山为数不多的手书真迹之一，其价值不言而喻。

崔应阶《巨峰》诗刻

曲海波

最近在崂山小河东北山爬山的时候，听当地一老人讲山上有字，不知道是谁写的，也不知道写的什么内容，这引起我的好奇。在一王姓老人带领下，登山找到了石刻。

沿小河东村里的水泥路一直向北走，到一个"Y"形路口再往右前方走，走到房屋尽头便是山路了。沿山路上山到水渠，沿水渠往东走，到水渠尽头是一处带栏杆的平台。站在平台上看，刻石就在其左下方。站在刻石位置往正东看，正对着凉水河，而河边就是小河东社区和大河东社区。

经仔细辨别和查阅大量资料，判定是崔应阶石刻，其全文为：

叠嶂层岩拥巨峰，

帝居呼吸可相通。

乘云欲假庄生翼，

崔应阶《巨峰》诗刻位置

破浪无须宗愍风。

且揽全崂归杖底，

任教海水泻杯中。

凭虚纵目何空阔，

指点扶桑别样红。

巨峰 乾隆丙戌四月 崔应阶

崔应阶（1699—1780），字吉升，号拙圃，别号研露楼主人，湖北江夏（今属湖北武汉）人，为清代著名戏曲家。曾任河南南阳知府、河南驿盐道，后升任安徽按察使、山东布政使、山东巡抚，官至刑部尚书、迁左都御史。作为诗人和戏曲家，崔应阶对号称"神仙窟宅"的崂山心仪已久，无奈做官之地与崂山远隔千里，虽心驰神往，却一直未能成行。乾隆年间（1736—1795）他终于得机会到山东任职巡抚。公务之余，于乾隆丙戌年（1766）来崂山游览。

诗刻在崂山小河东社区黄崖坡一巨石上，面向东，整篇刻石竖排6行，字径5厘米，虽经历200多年的风雨侵蚀，至今仍清晰可辨。由于石刻位置在崂山景区外，此石刻没有记录在册，属新发现。

该石刻附近有老雕石象形石，还有著名的崂山"红旗渠"。因靠近大河东水库，交通方便，若添加旅游设施，石刻可作为景点对外开放。

慕武石雍正三年"流芳碑"

房振兴

2008 年初夏，我们爬山时在崂山慕武石村东山涧中看到一块大石，有 8 米多高、4 米多宽。石面平整光滑，呈 45°角横躺在山坡上，大石上刻有很多字，由于年代久远，字体漫漶不清，辨认起来相当困难。

在经过了简单的技术处理之后，我们发现原来大石上镌刻了两块古代石碑形的框架，大约有 2 米宽、3 米半高，两块碑体中刻有许多文字。经过仔细辨认，左边碑头上刻有"流芳"二字，右面碑头字体模糊不可辨认。在右边碑的最后一行，辨认出了"雍正三年（1734）七月十五日立"等字样，字体工整，排列整齐。由于时间

和技术方面的原因，我们没有继续辨认，留待今后有机会再去研究。

下山后，我们特地到慕武石村探访上了年纪的老人。据一位 76 岁的老人讲："在大石坐落的位置，在古代曾经有一座

慕武石

道士观，具体叫什么名称，老一辈人没有流传下来，大家管那个地方叫'庙台子'。现在庙台子附近还有原先庙中使用过的一个石碾盘和屋框基石。刻有字的大石在庙的旁边，具体大石上刻的是什么字，由于老一辈人没文化，没有知道的。经过多年的风吹雨淋后，现在石头上的字又看不清楚，因而现在的人谁也不知道。听老辈人讲，早年庙中有个道士姓马，力气很大，在附近很有名气，大石上那些字就是马道士刻的。"

经查有关历史文化资料，我们得到以下结论。

一、在所有对崂山历史上曾经存在过的佛、道庙宇的统计资料中，没有看到慕武石村东山涧中曾经有一座庙宇的记录。

二、在慕武石发现的石刻流芳碑，在现存的崂山碑碣与石刻中没有记载。

三、明朝万历十七年（1589）进士周如砥家的祖茔就在慕武石。周如砥家族是古代即墨明清两代五大家族（周、黄、蓝、杨、郭）之首，直至清末，周姓人家不断有人攀桂折枝，金榜题名。

四、慕武石原名磨五石。在清康熙年间（1662—1723），姜氏祖福元从夏庄宅子头迁此居住。姜姓来此之前已有一孙姓人在此居住。

根据以上资料初步判断，清雍正年间（1723—1735）在崂山慕武石东的山涧里曾经有一座道士观。石刻"流芳碑"是一个功德碑，它记载了周家为了修建庙宇所做的贡献（因为土地是周家的，当时仅有2家住户，估计是给周家看山的）。至于道士观修建于何时，规模有多大，有待于对遗址和石刻做进一步考察研究。

笔者认为，石刻"流芳碑"有280多年的历史，该石刻无论在内容、镌刻年代、石刻规模上都很有保存和研究价值，现在仅仅是发现而已，希望引起有关部门和史学界的重视，组织人力和物力去进一步研究和保护它。

崂山周鲁石刻浅考

李知生

周鲁，明代嘉靖至万历年间（1522—1620）登州府蓬莱县人。据《登州府志》和《蓬莱县志》记载，他于嘉靖六年（1527）考中武进士，历任登州卫把总、

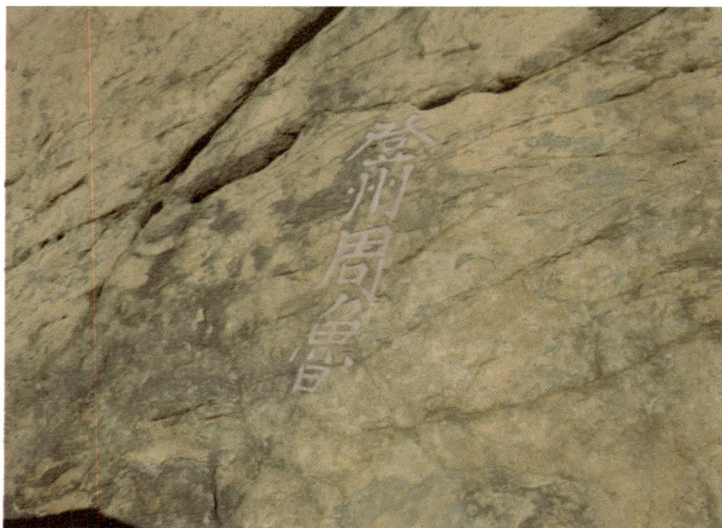

登州周鲁

千户，后来任即墨营武官。由于明清的几部《登州府志》和《蓬莱县志》上，都没有给他立传，所以其他生平不详。他由登州卫来即墨营任职后，在崂山、鹤山等许多有名气的景点上，留下了大量石刻。有据可查的，他自己具名或和别人一起具名，加上陪同上级官员来崂山游览的记事石刻，共有十四五块之多，是崂山有石刻历史以来，以地方驻防武官身份留下石刻最多的一人。据笔者亲自拍照和所知的有以下几处。

鹤山"一线天"诗作石刻、鹤山遇真宫后陪同陈沂游崂山石刻、太平宫白龙洞

石刻、明霞洞石刻、上清宫石刻、玄真洞侧诗作石刻、巨峰面壁洞陪同陈沂游览石刻、华楼宫山门侧石刻、华楼宫翠屏岩玉皇洞石刻、王乔崮石刻、黄石宫石刻、仙古洞石刻、黄庭观石刻、云水洞石刻、神清宫石刻。

周鲁的石刻有以下几个显著特点。一是分布广，几乎崂山上有名气的景点，都有他留下的石刻。二是多数留下本人名字，不具年月。唯有陪同陈沂进崂山游览的那次例外，当时召集跟随其游览的石匠，根据急促写就的草章立即上石，所以字体小且潦草，纵横之间不匀称，并且石面均没有清平。三是字体硕大，譬如王乔崮上的"登州周鲁"四字，每个字都在60厘米以上。而且王乔崮和黄石宫一带的镌刻，均为勾勒出字体的大小框架后，再将框架内的石面镌平，在崂山花样繁多的各种字体石刻中，显得别具一格，为崂山明代石刻文化的代表作之一。四是记事和诗词一类的石刻少，据我所知，仅有鹤山和玄真洞两块诗词镌刻。五是从明、清两代驻防即墨地方武官在崂山的石刻数量来看，周鲁的石刻达到了前无古人、后无来者的程度。他的名字字体之大，超过了元明两朝京官和省、府等地方官府来崂山题刻的所有官员。

在鹤山滚龙洞"一线天"上的周鲁《题七登石楼》诗刻，无论是字体大小，还是镌刻工艺，为鹤山元、明、清时期的上乘之作。在这块石刻的落款上，周鲁自称为武进士。在遇真宫后东北侧石壁上的

那块石刻，是周鲁和蓝田等人一起，陪同山东提学陈沂来崂山游览时，镌刻的记事石刻，那上面周鲁的身份是千户。这块石刻上的指挥朱继祖，由于年代久远，有的字体漫漶不清，鹤山管理人员没认出那个"祖"字，所以没有描红。据青岛一带的地方史料记载，朱继祖为灵山卫的世袭指挥。石刻上的承差赵云凤，也是胶州千户所的官员，在《灵山卫志》中有其名。在华楼山一进山门西侧那块孤立岩石上，镌刻的落款为把总。

在今天黄岛马濠公园里有周鲁名字的那块石碑，是蓝田应同科进士、时任山东副使的王献之邀，在马濠运河开通典礼上撰写的《新开胶州马濠记》。由此可见，周鲁在即墨营任职时，代表地方驻军活动频繁。据即墨蓝氏后人修撰的《北泉集》里，有蓝田《周将军总登州营》五言诗一

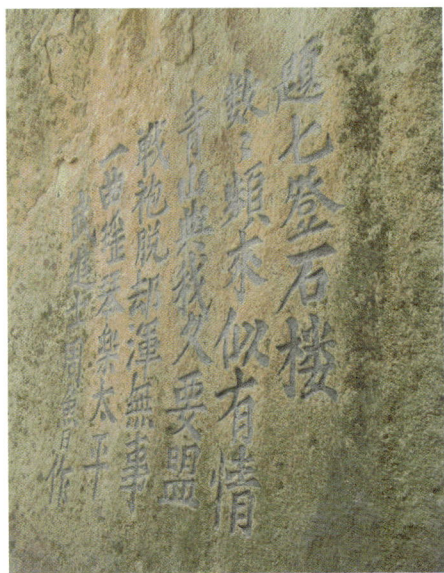

周鲁《题七登石楼》石刻

首："天上麒麟阁，周郎定策名。射雕云外落，草檄盾头成。岛夷惊八阵，海市对双旌。楼船谁废斥，辛苦会清兵。"据蓝氏后裔蓝信宁说，这首诗很有可能就是蓝田当年写给周鲁的。

明代的把总，品级为正七品，职位相当于今天的连、营一级军官，多数出现在营的军事单位里，如山东东部沿海的三大营（即墨营、安东营、文登营）。千户为正五品武官。爵位为武德将军，多数为世袭制，分封固定在某一地区的军事单位里。当时设在即墨境内的浮山所和雄崖所的主官，都是千户职衔。营的指挥使、守备、千户、把总等武官，均为流官，随时可以奉调各地军营任职。周鲁当属那一时期典型的流官。他于嘉靖五年（1527）中武进士，历任登州卫和即墨营的武官。他在崂山的石刻上有把总、有武举、有武进士、有千户等各种不同称谓，可见他在即墨营

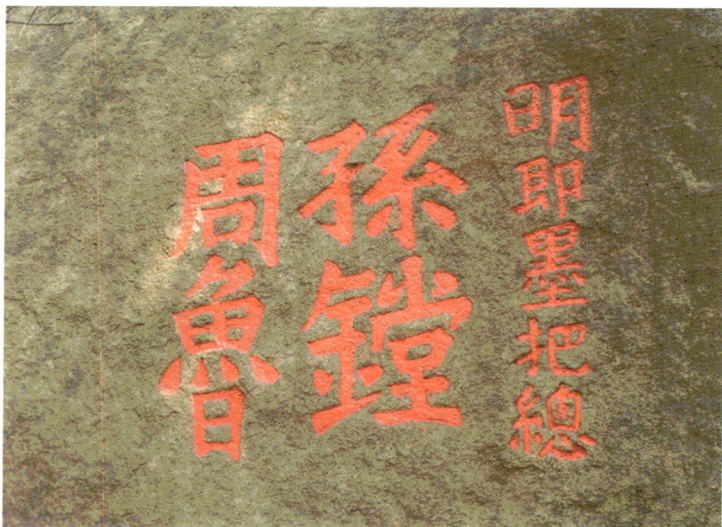

华楼山周鲁石刻

期间的官衔和职位之变化。

周鲁在《登州府志》和《蓬莱县志》上虽然没有传记，但在《武进士》一章中，有他中进士的年代和任官职的简单记载。而在他任职即墨营武官时期的史料和在《即墨县志》里，却没有只字半句。即墨第一部县志修撰于万历七年（1579），离蓝田去世不过20年。如果说此志对鳌山卫和浮山所、雄崖所都有所记载的话，就不应该淡忘了周鲁这个数十年前曾经活跃于即墨官场的名字。从今天的角度来分析万历《即墨志》，可谓太过简略，许多章节的标题下，就是一个编纂人员的一首无关痛痒的诗，就将其应该记述的内容概括了过去。如陈沂游崂山的鹤山石刻上，有镇抚姚鸣凤、典史刘豪，而其名志上都没有记载，直到后来清同治《即墨县志》上，才有姚鸣凤的名字出现。可见东莱泱泱大县即墨，号称有2300多年的历史，而直到400多年前的明代后期，才修撰了地方志，由此也可知古代对地方史料采集记录的局限性。

周鲁于1527年高中武进士，在来即墨营任职以前的明正德六年（1512）春天，即墨营的驻军曾经遭遇了一场灭顶之灾，即墨营城被刘六、刘七农民起义军一举荡平，主将战死，营城中的财物被抢掠殆尽，房屋也被烧毁。周鲁来即墨营任职期间，

正是那场战乱过后的天下承平期间。从周鲁在崂山一带留下的大量石刻来分析，当年周鲁在驻防即墨营期间非常活跃，其文才也非鳌山卫、灵山卫的那些世袭指挥、千户可比。譬如那位同时陪同陈沂来崂山游览的灵山卫指挥朱继祖，在鹤山石刻上虽然有他的名字，但再没留下具名诗词一类的镌刻。再有鳌山卫的廉清和朱鑑两个指挥，仅在遇真宫后的石壁上留下带领军民等人维修庙观的石刻，也是没有其他的记载。

"数数频来似有情，青山与我久要盟。战袍脱却浑无事，一曲瑶琴乐太平。"（《周鲁·题七登石楼》）作为大乱过后大治的驻防即墨营武官周鲁，赶上这么一个天下"浑无事"的"乐太平"的好时候，乐得结交像罢官闲居在家的蓝田这样的地方名宦文人，写写诗词，弹弹琵琶，游山玩水，酒席应酬，过一些潇洒无拘的太平生活。这从上面引用的诗里，淋漓尽致地表露了出来。

在明霞洞后玄真洞北侧小洞口处石壁上也有周鲁题诗："白云留住须忘归，名利萦人两俱非。莫笑山僧茅屋小，万山环翠雾中围。"这首诗的字体较小，且风化严重，和鹤山一线天的那首比较起来，显得粗糙简略。这是我在崂山看到的周鲁的第二首诗刻。另外较有名的跟周鲁有关的石刻有"周鲁书仙古洞"、巨峰面壁洞石刻等。

周鲁生活的那个年代，距今已400多年，但他在崂山留下的大量石刻，多数仍旧完好无损，是崂山乃至青岛地区的宝贵历史文化遗产。从这些璀璨的石刻中，可以发掘许多当年为地方志书所遗漏的历史。今天的人们应该而且有责任保护好这些宝贵的文化遗产，传承下去留给后人观赏品读。

白云洞的石刻

宋霁

白云洞位于崂山东部海滨的雕龙嘴村西约海拔400米的山顶上，因洞口四周大多数日子里都白云缭绕而得名。白云洞建于唐天宝二年（743），占地面积约1500平方米，建筑面积为400平方米左右，原有房舍24间，属道教"金山派"。白云洞不但以它的风景而闻名于世，并且有大量的石刻而享誉海外。

从雕龙嘴村上山，蜿蜒的梯子石引导我们进入景区，在大仙山南分岔路口上的一巨石上，"上道"两个大字映入我们的眼帘。这字据说是丘处机所书。丘处机在崂山著名道观都留有"道山""上道"等字样的石刻，有点占"字"为王的感觉，据说有了这几字，附近的山林都归道家所有了。

继续上行，到了大仙山的脚下，有《登大仙山观海》的石刻："海上名山初次临，天寂山镜悄尘心，风催白痕千堆雪，日照苍溟万道金。七级庄建文题，民国二十五年四月。"

"登大仙山观海"石刻

在二仙山有《登二仙山观海赏月》的石刻："上得名山是二仙，东洋一目在身前，显明彼岸天拍接，堪寂高峰月乍圆。七级庄建文题，民国二十五年（1936）四月。"这几处石刻是1936年即墨的四个文人留下的。同样的石刻在白云洞到关帝庙的山梁十字路北的《海天一览》也有记载："民国二十五（1936）秋，尚味谦，落配来，陈坐庵，来游题字。"由于历史和时间的原因，字已经模糊不清，有的字可能猜测错误，请知情者帮助补全补正。

在十字路南有山洞，钻洞可见天梯，天梯顶峰端有"三步紧"石刻，攀过三步紧，是会仙台，在椅子背上有崂山的独字石刻——"仙"。沈从文在青岛两年期间曾六游崂山。有一次，他同杨振声、梁实秋、闻一多、赵太侔到崂山游览了六天之

"仙"字石刻

久。他们从海滨沿山径到白云洞，对白云洞的风景是赞叹不已，在大仙山、二仙山玩了个痛快，并有文字描述攀"三步紧"的经过。

十字路西下的木瓜树下，有抗战石刻"青保总队七中队第九班"，估计是抗日部队战士站岗放哨时所为。而另一块"白云为家"则比较出名，是原青岛市市长李先良所题，内容为："余在崂山抗战时，移市政府于华岩寺，以白云洞为迎宾馆，遇敌焰披猖辄，以洞为掩蔽之所，□□□□□□□民国三十六年（1937）二月。"从这里可以看出当年崂山抗战的历史。抗日战争期间，抗日部队曾经在白云洞建枪械所，与日寇周旋斗争。李先

良还曾经手书"迎宾馆"三字，今已不存。"白云为家"石刻东面，有石刻已经被破坏掉了，可能是"杀敌剿匪"四个字。而"白云为家"误传为道士田白云所书，侥幸保留了下来。

进白云洞院内，里面石刻更多，高大雄伟的青龙阁门楣上，"青龙阁"三个大字嵌镶在墙壁中，老远就能看到。而下面的"卧风窟"三个大字篆刻在岩石上，传为丘处机所书。丘处机在燕京白云观亦曾有此类题书。过青龙阁，在白云洞上方有尹琅若（字琳基）手书"白云洞"三个大字，字体雄浑，很有气势。字的左面有大门碑记："玄清老族十代弟子，王生本赵体顺李性元，大清乾隆三十

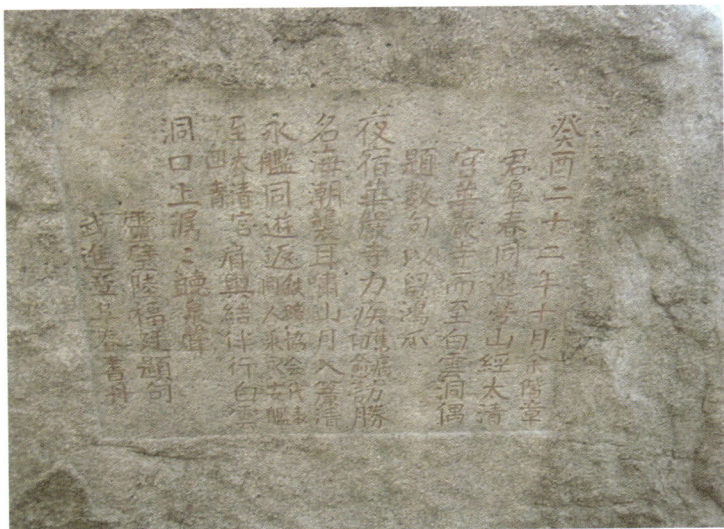

白云洞青龙石上石刻

四年（1769）二月。"在洞的右面地面上原有"清白云洞历代碑"，是乾隆三十五年（1769）王生本立，内述开山鼻祖田白云之功果及其祖师海岳真人，文化大革命中被毁，现在还残存断碑，碑文已佚，凌乱地散落在院内。笔者几次想把碑文记述下来，但由于一半以上的字模糊不清，看不出是什么字，只好作罢。洞内曾有"藏园老人"傅沅叔题壁："夜月清皎，海气苍寒，玩石抚松，飘然登仙。"

在白果树的东面青龙石的石壁上刻有"癸酉二十二年十月余偕辛君阜春同临劳山经太清宫华严寺而至白云洞偶题数句以留鸿爪：夜宿华严寺，力疾访胜名。海潮袭耳啸，山月入帘清。永舰同游返（铁路协会代表同人乘永安舰至太清宫皆回青），肩舆结伴行。白云洞口上，潺潺听泉声。

灵壁陆福建题句，武举章阜春书丹"。从石刻中可以看出，当年到白云洞非常艰难，先要从青岛栈桥坐船到太清宫，然后才能转走北路，和我们现在四通八达的交通不可同日而语。

白云洞下还有普照洞、清虚洞，门楣上都有洞名石刻。另外还有大量的墓碑石刻，很多遭到破坏。而笔者于 2007 年 6 月 15 日，在白云洞西 1 千米处一竹林里发现保留完好的石塔。石塔上的石刻极其珍贵。上写书，"金山派 平度州 泣清十三代羽士王浮德之墓 道光十年孟冬吉日立。"道光十年为 1830 年，至今已经有 180 多年历史。这座石塔保留完整，实在幸运，主要是在密林中不易被发现，有关书籍和照片都没有记载。

先天庵的石刻

房振兴

今年春天和朋友一起爬崂山，在先天庵后面看到一块巨石，2米多高，3米多长，2米多宽，顶面倾斜，被杂乱的树木遮挡住。我们爬到石头上，隐约发现上面有刻字，由于年代久远，被青苔、泥土遮盖，辨认不清。我们用手清理了部分杂草泥土，看见原来是有关地界一类的石刻，字体大小不一，排列也不整齐，许多字被树根泥土交织盖住。由于没带挖掘工具，无法得知全部内容。

由于没有能够洞察石刻的全部内容，我们一直在心中惦念此事。今年秋天，大部分树叶落了，我和山友一起带上工具，专门去清理了泥土杂物。经辨认，原来是上清宫的山场地土四至石刻，每个字的大小有15厘米×15厘米大小，排列不规整，从8个方位标明了上清宫所拥有的山场地土的范围。虽然字体凌乱，但非常详细，在现今已知众多的崂山地界石刻中是唯一一个标注8个方位的。石刻内容如下：

"上清宫：东南至豆腐石，西南至天门，东至拔水河，东北至花花浪子六里，北至大沟，西至鸡冠顶，西北至大顶，南至陡口，四至俱有界。"

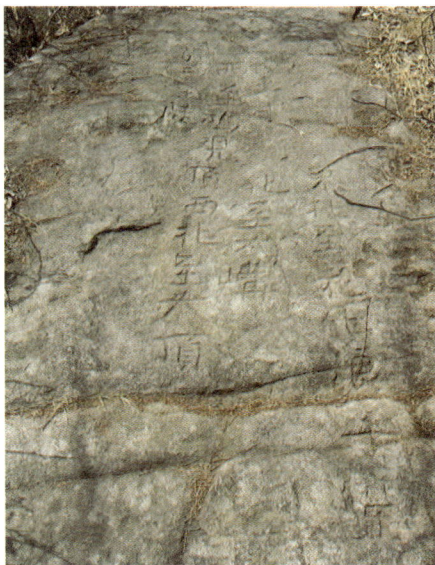

先天庵里的地界石刻

先天庵位于崂山上清宫西北，天门峰东北的天门后。从流清河进山，经天门涧到达天门峰。天门峰绝壁悬空，两座山峰对峙如门，俯瞰沧海，烟波浩渺，天门上刻有丘处机手书的"南天门"三个大字。从峰的东北下山，途经一处山谷，当地人称其为天门后。天门后一带奇峰环抱，风景如画，有山路通往上清宫、明霞洞、巨峰等处。

据史书记载，先天庵建于元顺帝至正年间（1341—1370）。传说丘处机曾在此修炼，亲笔题写了"先天庵"的庵名［实际丘处机早在元太祖二十二年（1227）已仙逝］。庵内祀玉皇，最早属全真教龙门派道场。明万历初（1572—1620）年，全真道士齐本守跟随师父阎不夜（龙门派）从山东寿光来到崂山，因喜爱先天庵的风光，遂留居于此，潜心修行。他二十一年如一日，采石伐木，修造不辍，亲手为先天庵增建殿宇3间及两廊配房。万历三十年（1602），齐本守去世，皇帝敕封他为"上元普集宏道真君"。自此，先天庵成为了道教全真"龙门派"的支派——"金辉派"的道场。明天启年间（1621—1627）重修过一次。清代中期修缮过两次。1941年春，日本侵略者扫荡崂山时放火烧毁先天庵。1949年后，崂山林业部门曾修复作为植树造林的基地，现已无人居住，房屋倒塌，只有两棵高大的银杏树见证着过去兴盛的历史。

先天庵离上清宫有五六里远。根据庙中的石刻分析，先天庵应该归属于上清宫管理，是上清宫的下院（脚庙），但史书中没有记载；而且，先天庵里的山场地土四至石刻，在许多有关崂山碑记与石刻的史书资料中也没有记载。上清宫的山场地土四至石刻为什么镌刻在先天庵里？由于石刻没有落款，究竟此处石刻是什么年代镌刻的？带着问题，笔者查找了有关资料。

一、上清宫位于太清宫西北，简称上宫。上清宫始建于宋太祖建隆元年（960）。这一年，赵匡胤陈桥兵变，黄袍加身，为歌颂太平盛世，闻崂山道士刘若拙修行有道，召之进京，欲留京阙。刘道士坚决要求还山，太祖即敕封他为"华盖真人"，拨赐巨款，敕修太清宫，并新建上清宫和太平兴国院（即今太平宫）作为刘真人修行的庙堂。上清宫后毁于山洪，元成宗大德年间（1297—1307），道士李志明（"华山派"）再次重建。到明代中期，上清宫复倾圮败落。隆庆（1567—1572）初年，明霞洞道士孙玄清（初为道教全真"龙门派"道士，后成为道教全真"金山派"始祖）组织人力重新修复。后又经过多次重修，在清代末年，因遭暴雨，上清宫庙宇为洪水冲垮，崂山华楼宫道士刘本荣（华山派）又主持修复。从此以后，上清宫就一直作为道教华山派的道场，是崂山众多道观中唯一的丛林庙。上清宫院外东北角有一石崮，上面刻有清嘉庆十五年（1810）庙产量清数目，字径大小不一，小则十几厘米，大则20多厘米，排列不规范。文字为："王戈庄七十五亩一分一厘九毫；蒲里町十四亩二厘五毫；石人河五十九亩七分三厘；围彪庄场园一所、宅基二处，一亩二分；东葛村共地一百九亩；石原町九分三厘八毫，外有菜园七亩。嘉庆十五年（1810）量清共计二百七十亩七厘，四至坐落在地册上。"

二、据王集钦《崂山碑记佚文辑录》，太清宫原先有清嘉庆七年（1802）莱州府为二宫（上宫、下宫）争界事判词石刻和清嘉庆八年（1803）登（登州）莱（莱州）青（青州）为二宫争界事判词石刻。现在石碑已被破坏，具体内容不清楚。

三、近几年我们找到的与此有关的两处地界石刻。一处是在青山村通往上清宫方向路旁石崮上的嘉庆七年石刻，内容为：

青山嘉庆七年地界石刻

"嘉庆七年（1802）六月，莱州府正堂、即墨县令，重立太清宫北至分水河界。"另一处是在上清宫通往龙潭瀑方向路旁巨石上的嘉庆九年（1804）石刻，文为："嘉庆九年（1804）八月，奉宫保巡抚都院盛、登莱青备道李、莱州府正堂邓、即墨县正堂李，委鳌山司巡检邹和鼎重立太清宫西北至界。"

根据以上资料，初步考证先天庵早在清代中期就成为了上清宫的下院，庙中的山场地土四至石刻是在嘉庆七至十五年（1802—1810）期间镌刻的。理由如下。

一、在嘉庆（1796—1820）初年，二宫为争山峦土地发生激烈的争执，以至于多次诉讼到官府，致使官府在清嘉庆七年

（1802）和八年（1803）两次审理太清宫和上清宫之间为争地的诉讼，并数次派人来到现场勘测，重新确立各宫的山场地土四至并在有关位置镌刻地界石刻，以示众人遵守。我们现在看到的许多与二宫之间有关联的地产石刻都是在嘉庆七至十五年（1802—1810）其间所镌刻的，其前和其后都没有。

二、先天庵中的山场地土四至石刻和上清宫里的庙产量清数目石刻其雕刻手法一样，都是雕刻时未先书写上石。而由石工直接用直刀式刻法，随意镌刻，字径大小不一，小则十几厘米，大则20多厘米，排列也不规范。根据字体，似是一个人所刻，这种刻石方法在崂山众多的石刻中是少见的。

三、根据道教全真派各庙宇流派变化的历史记载，我们从中发现一个规律，道教中无论哪个流派的庙宇出资修复了破败的庙宇，此后新修的庙宇其资产就归该庙所有，也同时属于该庙的下院。先天庵在明万三十年（1602）以后是道教全真"金辉派"的道观，明天启年间（1621—1627）重修过，应该仍然是"金辉派"的道观〔因为明代中期，上清宫复倾圮败落，隆庆（1567—1572）初年，"龙门派"组织人力重新修复，那时上清宫应该属于

早在清代中期就成为了上清宫的下院；庙中的山场地土四至石刻是在嘉庆七至十五年（1802—1810）期间镌刻的。

我们在先天庵中发现的上清宫地土四至石刻给崂山古石刻文化增加了新的内容，给研究嘉庆年间（1796—1820）二宫之间的土地诉讼官司增加了新的资料，使我们得知了先天庵是上清宫的下院，丰富了上清宫的地产资料。它对研究崂山道教庙宇的兴衰变化显得异常珍贵，是研究崂山古文化珍贵的资料，希望有关部门到现场去进行实地考察，并采取措施予以保护。

由于笔者掌握的资料和水平所限，以上考证内容还很不完整，有待今后进一步补充和完善，不足之处，请有关专家和学者给予指正。

先天庵遗址

"龙门派"或者是"金山派"]，只有在清代中期修缮的时候才成为上清宫下院的。

先天庵位置偏僻，坐落在上清宫经天门后到聚仙宫的必经之路上，是上清宫出入崂山理想的落脚点。再者，上清宫庙产富有，有能力出资，也需要修复先天庵，作为自己来往于山外的中转站。

根据以上几条，基本可以证实先天庵

徐绩《崂山观日出记》碑

阎 林

月初曾游华严寺后的狮子岩，不由想起了徐绩的《崂山观日出记》。狮子岩是崂山观日佳地，该文描写的就是这里的情景。

徐绩（？—1811），字树峰，清代汉军正蓝旗人，举人出身。乾隆三十六年（1771）十月至乾隆三十九年（1774），十月任山东巡抚。乾隆三十九年（1774）夏，因阅兵来即墨，游览崂山并撰写了《崂山观日出记》和《崂山道中观海市记》。自古以来诸多诗文描绘了日出的壮观，但崂山日出更有它的神奇之处。"顾前代观日出者，但云浮金万里，以是为宇之奇观，如余所见其形状且数变，昔人未有言及者。"对这一特点生动形象的描写正是该文独特之处。1989 年出版的《崂山诗文选》记载：

华严寺内的残碑

"《崂山观日出记》一文原在华严寺有刻石，今已不存。"联想到数月前曾在华严寺见到的石碑，不禁使我对此产生了怀疑。通过照片与现有文稿比对，更证实了这一点：《崂山观日出记》在华严寺的碑刻依然存在。

此碑现存于华严寺内，与杂物堆放在一起。有别于常见的立式碑，碑体卧式横向，高35厘米，宽85厘米，表面呈银灰色，痕迹斑驳，字径2厘米，字迹较浅。关于清代华严寺诸石碣，周至元《崂山志》曾记载："有在庵前，有在庵庭中，嵌垣中"，不知当时此碑安放在何处。刊刻时间根据徐绩任期及相关诗文分析（李中简《树峰中丞崂山看海市图歌》、朱孝纯《寄题树峰中丞海市四截》），应当在徐绩游华严寺后不久。

与此碑存放在一起的还有两块一米半高的石碑，较大面积的碑文因风化而剥落，通过所剩不多的文字判断，是乾隆三十八年（1773）秋山东督学李中简等人游华严寺的赋诗和《崂山华严庵游记》一文。其中的游记碑在现有资料中没有记载，另一块根据记载也已不存。依照石碑目前的状况，如不及时加以保护，过不了多久这些宝贵的历史财富就会荡然无存。

崂山之功德碑

颂 山

2003 年新编纂出版的《崂山志》中收录了碑记 53 篇，大部分是庙宇碑碣，少数记事碑和墓碑。就其内容而言，有 10 篇是歌颂官员功德的，只涉及四人，即童公、康公、尤公和沈公。

童公者，童恢是也。东汉灵帝光和五年（182）出任不其县令。他在任期间"兴利矣，除害矣"，"不图荣华富贵，专事倡导农、桑、牧、织等业"，"以礼化民，囹圄空虚"，"民之感戴永矢弗谖"。"不但民受其福，即物亦感其诚"，吃人的老虎受其训诫也弃恶从善。民间流传他的轶闻很多，其训虎的故事至今妇孺皆知。童恢死后，不其百姓在今傅家埠立童公祠，筑衣冠冢，年年祭祀。从碑记得知元朝延祐年间重修过童公祠，碑已佚。清康熙（1662—1722）、嘉庆（1796—1820）和道光二十年（1840）又三次重修，都立碑颂其功德。1000 多年民众敬仰不衰，足见其爱民之诚，富民之实，感民之深，真乃为官之楷模。

康公，是康熙九年至十一年（1670—1672）的即墨县知县康霖生。其"以民生为任"，行土地清丈法，按亩稽税，除"田归大户，赋责贫民"的宿弊。使上任前"历年逋赋债千万""民乏生意"的即墨县"不受钱粮之害"。特别是见崂山地薄民贫，审视山岭宜种花椒，遂派人回其故乡运来椒苗，教授种植。数年后，山民深得花椒之利。康公卒于任所，崂山人民感念这位"爱民扶贫"的好县官，便在华阴杨家村修建康公祠，历年祭祀。康熙二十六年（1687）立的"康公祠碑"，就是赞颂他这些功德的。

清朝还有一位乾隆年间的知县叫尤淑孝，崂山也有他的功德碑。赞颂他"锄豪恶，清狱讼，固守圉，兴学校"。人们不忘他"洁己爱人、兴利除弊""仁明莅民"

"东坡仁里"残碑

的德政，所以为他树了"磐石犹存碑"。

　　民国时期的青岛市市长沈鸿烈，人们在崂山为他立了四座碑，歌颂他剿匪、修路、办学、恤民和发展青岛经济、开发建设崂山的功德。颂沈碑同前面的不同，前三人都是后世立的碑，此四碑却是当世所立。足见沈氏感民之深。

　　这都是在史的颂官的功德碑。尚有一座没入史的独特的颂民美德的碑刻不能不提及，它当归入功德碑之列。那是立于王哥庄社区崖下村的"东坡仁里碑"。据一本写崂山故事的小册子介绍，宋神宗熙宁九年（1076），苏轼在密州太守任上，巡游崂山，宿于庄子庵。夜闻百姓相呼结伴进山砍柴，为之感动，连赞该村为"仁义之里"。崖下村苏姓村民邀苏轼到村中做客，并热情款待。宋神宗元丰八年（1085），苏轼赴登州任过仰口湾，再访太平兴国院道士，又应邀做客崖下村。村民的热情好客给他留下极深的印象。后来他遣使专程到崖下村替他立下了这块"东坡仁里碑"。碑的背面写明了立碑的经过。可是历代写志者，对此碑所记不予采信，无一家认定苏轼到过崂山。因此，该碑也入不了史书。笔者是史学门外汉，无法证明苏轼是否到过崂山，但认为崂山人民友善互助、热情好客的品德是客观存在的。崂山人进山打柴，向来是结伙同进同归，有柴共享，如有伤病，不仅将人背回家，柴草也给扛回。至于他们的热情好客、善良友爱更是随时可以体验。所以，"东坡仁里碑"所赞颂的山民的美德是真实的。而崂山有一座官颂民的石碑，更是珍贵无比，其价值在他碑之上。

　　功德碑是民心铸造的一面镜子，主宰地方命运的官员经常在它面前照一下，可以正身。

崂山的德文石刻

宋立嘉

年初爬崂山巨峰，在茶涧发现了德文石刻2处。这两块摩崖石刻保存完整，刻字清晰，其书法端庄古秀，令人叹为观止。一处石刻文为："1898. 1912. PRINZEN-

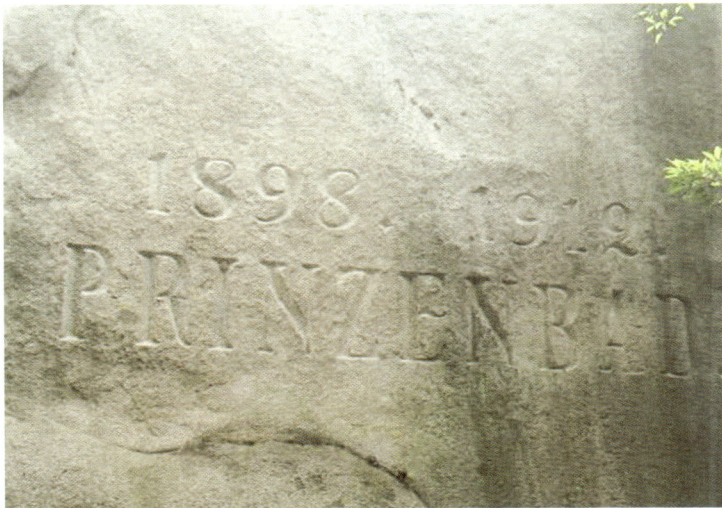

"王子沐浴处" 德文石刻

BAD."请教专家得知意为"1898. 1912 王子（亲王）沐浴处"。这个亲王，应当是德国海因里希（Heinrich）亲王，是当时的德国皇帝威廉二世（Wilhelm II）的弟弟。他1898年来青岛与清政府划边界立界碑，1912年来视察。自然两次他都去了茶涧，还在茶涧洗过澡，并在洗澡处留下该石刻作为纪念，这是崂山德文石刻中刻字最大的。另一处原文是："NUR MUT MEIN FREUND BIST DU ERST OBEN WIE WIRST DU TRANK UND AUSSICHT LOBEN."翻译为："振作起来，我的朋友，当你到达上头时，你将会畅饮，并赞赏这美景！"

后在爬山过程中又在凉水河发现两块，使得崂山里被发现的德文石刻增加到四块。一块石刻为："Dem Maultier macht viel Lust und Spass, zu steigen auf den Hoffnungspass." 直译为"登上这条希望之路，让这头骡子感到非常有趣，它很高兴。" 另一块的原文是"LERCHE"，据考证是德国人的一个姓"莱尔切"的工程师设计修建了在茶涧的德国避暑楼，并制作了这块大理石德文石刻。当地叫这个地方为大圈子，德国人1898年盖了一个饭店，叫"Irene, Baude"，就是"伊伦娜旅馆"，Irene（伊伦娜）是海因里希亲王妻子的名字（青岛还有一条Irene路，即今湖南路）。这是一个山中小旅馆，俗称鬼子楼，在夏季总是开放的，向过往的游客提供饭菜和饮料，旅馆有3间房子可以提供10个床位，价格与麦克伦堡疗养院相

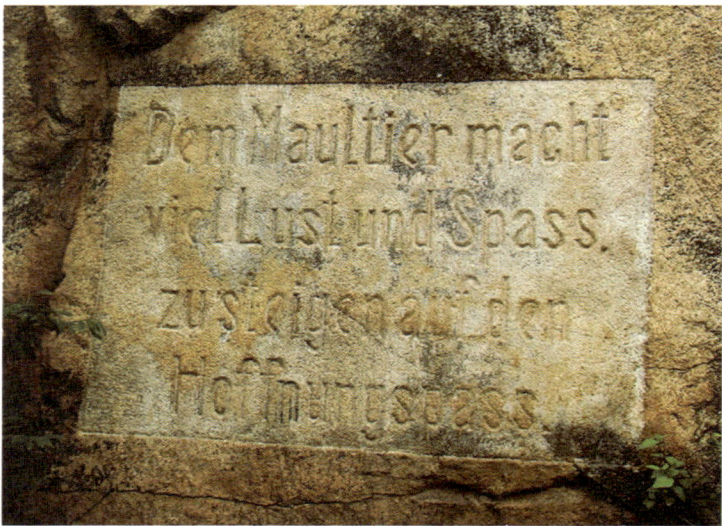

凉水河德文石刻

同。1900年，毁于风暴。1902年，由在青德人登山协会投资重建。1914年，日占青岛后因无人管理而倒塌。

这几处德文石刻都无政治倾向。蓝水曾作诗："茶涧得名信不虚，考盘往返忆当初。德人亦解爱奇秀，留有摩崖斗大书。"这"斗大书"应指德文石刻。崂山的德文石刻，是德国侵略者侵占崂山时留下的历史证据，在现阶段是爱国教育的宝贵资料，值得保护和研究。

承载着沉重历史的"堀内山"石刻

房振兴

在柳树台附近海拔 731 米的青峰顶最高处的岩石上有一处石刻。由于年代久远，石刻上生满苔藓，字迹模糊不清，经过一番技术处理，才看清楚原来是"堀内山"三字。

经查找有关资料，发现该石刻在崂山石刻资料中没有记载，崂山山脉中也没有"堀内山"的山峰名称。"堀内山"三字究竟是古代山的名字，还是有其他含义。

新华词典中，堀（kū），同"窟"。《说文解字》云："堀，突也。"段玉裁注："突为犬从穴中暂出，因谓穴中可居曰突，亦曰堀，俗字作窟。""堀内山"三字，简单地按照字义讲，是洞穴内的山，或窟窿中的山。可是，在中国汉语词汇中就没有"堀内"这个词。何况，根据环境来看，此解释又没

"堀内山"石刻

有道理。为此，考证工作陷入困境。

后来，在研究日本第一次占领青岛的那段历史时，联想到青峰顶上的石刻是否和日本堀内支队在崂山仰口登陆，攻占柳树台，进而占领青岛有关。经过多次查找资料，反复求证，又会同岛城有关研究德日青岛战争方面的专家一起到现场考察，最后基本确认，此处石刻是在日本第一次占领青岛期间，为"表彰"日军军官堀内文治郎少将指挥部队在崂山仰口湾登陆，继而又夺取了德军重要据点柳树台的"功勋"，命名柳树台附近的一处制高点为"堀内山"，并在山顶镌刻了文字，以示此山是在其殖民统治范围之内。其依据如下。

一、此石刻位于日占殖民地范围内，是当年日德战争激烈争夺的地方。据记载，1914年7月28日，第一次世界大战爆发，日本帝国主义欣喜若狂，他们认为出兵占领山东和青岛的时机已到。于是，立即进行战斗部署，制定了进攻青岛的作战方案。

1914年8月23日，日本正式对德宣战。同一天，日本海军第二舰队封锁了胶州湾。日本对德宣战后，迅速分两路向山东出兵。一路由神尾光臣中将率领，于9月3日在龙口登陆，长驱直入，过平度，抵即墨，到胶州。沿途抢占民房，强购物品，伤毙人命，奸淫妇女，无恶不作。

另一路是日军独立第十

八师团左翼攻击集团第四十六联队，由少将堀内文治郎率领，于1914年9月18日在崂山仰口湾登陆，迅速占领了王哥庄南侧、西侧高地。登陆后的堀内联队，以一部分兵力击退了鳌山卫警戒的德军，而后向即墨攻击。其主力部队兵分两路：一路攻占了劈石口，占领了大崂，向李村推进；另一路经姜家村、马头涧，占领了土岭口，19日上午占领了河东村，准备下午进攻柳树台。

柳树台位于竹窝村北，在折崮顶西北，是台东至柳树台公路的终点。柳树台地势高旷，海拔500余米，东西两山夹立，中豁一口。从这里行12千米可东上巨峰，北去1千米可达北九水疗养院。1897年德国侵占青岛后，曾在此处建有疗养院，并修筑了台柳路，由此可达青岛市区。柳树台为德国殖民地政府官员和德军官兵提供了一个集休假、疗养、避暑、观光于一体的多功能场所。德人还在这里建有自己的兵

堀内在浮山观察德军

营、水源地、洗衣房、餐厅和物资仓库等服务设施。在日德两国交战前夕，德军在柳树台村东西两侧高地上修筑简易火炮阵地和散兵壕，驻有德军一个40多人的小分队，把守通往河东村和北九水方向的隘口，试图在此地阻击日军的先头部队。

进攻柳树台的日军，下午3点占领了观崂村，5点从观崂村两侧山岭迂回包抄德军。经过激烈的山头争夺战，在死伤了50多个人后，7时许，日军堀内支队攻占了柳树台。随后日军将残破的度假别墅略微整修了一下，临时充作日军登陆后的物资中转兵站。大部队则沿着南九水河推进。到了汉河后，又分出一路兵力，担任左侧卫，过南宅、沙子口，向湛山方向前进；主力则过南龙口、牟家、枯桃，在张村附近集合。9月27日、28日两天，日军夺取了德军的前沿阵地，占领了近郊的孤山、浮山。10月31日，日军向青岛德军发起总攻。11月7日，德军投降，签订了停战协议。11月10日，日军正式接受德国的投降，占领了它图谋已久的青岛。

二、在日本文字中，"堀内"（日语读作：ほりうち）是借用的中国汉字，是经常在人名中出现的一个词汇，是日本人诸多姓氏中的一个。"堀"，日语中解释为壕沟或护城河。

三、日本打败德国占领青岛后，把占领区内的一些道路、山头重新命名为带有日本色彩的名字。例如现今的中山路，日占时期叫静冈町，江苏路叫万年町，贮水山叫若鹤山，信号山叫八幡山，等等。现在青岛的伏龙山当年叫神尾山，就是以率领日军独立第十八师团攻占青岛、战后青岛守备军司令神尾光臣中将的名字命名的。

根据以上三点，基本可以确认青峰顶上的石刻是在日本殖民统治时期，日本侵略者为了"表彰"日军堀内文治郎少将率领部队与德军作战勇敢，而将该山命名为"堀内山"。"堀内山"三字带有严重的殖民色彩，它是日本帝国主义侵略者对美丽崂山的侮辱。

德日战争是在中国领土上为争夺中国土地而进行的一场帝国主义之间的战争。战争给中国人民带来巨大灾难，严重侵害了中国的主权。交战区内，民居被驱赶一空，房屋、财产被损坏。市区"商业停滞，市面萧条，炮火所及，庐舍为墟"，许多人被袭身亡，无数居民逃往他乡。如，

1914年9月18日，日军在仰口湾登陆

1914年9月18日拂晓，当堀内支队驶抵大管岛海域，即向仰口湾地区的村庄、高地开炮，炸毁了许多房屋，死伤了很多村民。日军登陆后，在仰口附近地域内布满了帐篷和木板房，战马数百匹，粮草、弹药堆积如山，毁坏了大批庄稼。日军盘踞在仰口3个多月，经常四处奸淫掳掠，无恶不作。附近村民的锅被揭走，粮食、柴草被抢走，鸡、鸭、猪、牛被抓走。一村民不让日军抢东西，当场被刺一刀。日军还三五成群到村里作恶，如桑园、王山口、浦里等村数名妇女被蹂躏。村民们已无法生活下去，被迫逃进山里，或投亲避难，挣扎在苦难中。

青峰顶上的那处石刻，见证了发生在中国青岛的那段屈辱的往事，承载着青岛人民不堪回首、充满血泪的历史。它的发现，具有非常重要的政治意义和历史研究价值，给研究青岛、崂山近代史增加了新的内容，是进行爱国主义教育难得的实物教材。

在崂山发现"六乡区道路图碑"

房振兴

在 2008 年初春，我们爬山经过南九水大石村附近，在路边看见一块石碑，高有 2 米，宽有 0.7 米，碑体的石质为灰色大理石，由于历经沧桑，碑上雕刻的字体很多已模糊不清。

碑正面的上半部分为《青岛市四沧、李村、劳西、劳东、夏庄、浮山六乡区道路图》，比例为四万分之一。图中道路分布线条比较清晰，但标注的地名由于字体小多数已分辨不清。

碑正面的下半部分是 1936 年时任南京国民政府青岛市工务局局长邢契莘所撰写的碑文，经辨认，文如下：

我国接收青岛十有余载，历任主政者对于整齐市容、繁荣市场，莫不锐意经营，日新月异。

南九水"六乡区道路图碑"

民国二十一年（1932）春，海军司令沈公兼长市政，励精图治，举凡市区文化、工商、港务自治各要政均已次第进行。尤注意于农村建设，创立乡区建设办事处，内分社会公安、教育、工务、农林诸项。关于一切养民、化民、利民、保民之政，罔不积极筹办。其属于工务者，如辟路以利交通，掘井以便民，用筑坝以防水患，力主官民合作，皆于农隙从事，材料则有公家负担，不以丝毫累民，故能用力省而收效巨。

契莘忝掌工务，窃秉斯旨，督率乡区建设办事处以时招集民工分段筑路。四年以来，计成新路一百九十六条，综长四百五十公里。材料石工暨修筑桥梁涵洞概由公款支给，所需畚锸之役则由村民分任，无害农时，有裨路政。虽当事者负指导之责要，亦地方父老协助之力居多，是不可以不志，爰将各路名称、长度、段落及嗣后岁修办法分别列表绘图泐石以垂久远云。

民国二十五年（1936）十二月工务局
邢契莘敬识

石碑的背面是《青岛市四沧乡区道路筑造及修养工程纪要》，石碑上的文字模糊，大部分已不可辨认。

经查资料得知，从1922年中国政府收回胶澳租借地开始，至1938年1月日本侵略者第二次占领青岛为止，记载当年南京国民政府建设崂山交通的石碑有："民国十九年华严寺沈鸿烈功德碑"（1930年）、"民国二十年大庄修路碑"（1931年）、"民国二十二年斐然亭碑"（1933年）。笔者查遍所能找得到的资料，没有看到有关1936年所立的"青岛市四沧、李村、劳西、劳东、夏庄、浮山六乡区道路图碑"的记载，更不知原先此碑立在何处。

虽然该碑有部分内容是对当年青岛市长沈鸿烈进行歌功颂德，但也客观记录了崂山地区的群众在1932—1936年期间对改变落后的山区交通所做的巨大贡献。该碑传递的信息很珍贵，补充和丰富了崂山地区的文献资料，对于我们研究崂山交通发展史非常有参考价值。

由于历史上的原因，"华严寺功德碑""大庄修路碑""斐然亭碑"都已荡然无存。现在"青岛市六乡区道路图碑"的发现，就显得异常珍贵。

邢契莘在崂山的石刻

宋立嘉

关于邢契莘及其在崂山的石刻，2003年版《崂山志》在石刻一章中简单提到，只记载了"思危"石刻。经过多年的调查，发现邢契莘在近代崂山的开发上发挥过重要作用，其石刻至少有5处。

邢契莘（1887—1957），字学耕，号寿农，浙江嵊县太平乡（今浙江嵊州长乐镇）坎流村人。清宣统元年（1909），考入保定直隶高等学校，为优贡生。次年，考取清华，为第一批公费留学美国学生，与后来任清华大学校长的梅贻琦等一同留学美国，入麻省理工学院造船造舰系学习。1914年毕业后，继续选修造舰专业，兼习航空机械。1916年，获硕士学位。1917年回国后，任大沽造船所工程师，并执教天津工业专门学校。1918—1920年，任马尾福州船政局制船主任，并在马尾海军飞潜

学校任教9年。1920—1922年，任北京航空署技正、科长，北平航空署机械厅厅长，东北航空处技师、处长等职，执教于国立

邢契莘

北京农业专门学校及中国大学。1927—1932年，任东北航务局及东北联合航务局总经理、东北造船所所长。在任职东北造船所期间，造船40余艘，盈利50余万元。在东北航空处工作时，自行配备飞机，工人由50余人增至800余人，成绩显著，为全国之冠。1937年4月，任国民政府航空委员会机械处处长。次年，转任滇西中央飞机制造厂监理官，修建南山大型机场，作为盟军对日作战的基地。后因眼疾，返重庆休养。1943年3月，任农林部总务司司长。抗战胜利后，任大连港务委员会主任委员（未就任）、交通部塘沽新港工程局局长、水利部珠江水利工程总局局长，获五等景星勋章。1948年，任水利部珠江水利工程总局局长兼广州港工程局局长。1949—1950年，寓居香港。后去台湾，先后任台湾交通主管部门设计委员会委员、台湾省渔业增产委员会委员。晚年信仰基督教。1957年病逝。著有《葫芦岛筑港记》《松黑两江航政刍言》《青岛市政工程之研究》等书。

查青岛市档案馆馆藏工务局档案，邢契莘任青岛市工务局局长时，正是沈鸿烈主政青岛时期。做为沈的一员大将，邢契莘在青岛建设方面颇有建树，特别是修道路、建桥梁、盖学校，留下很多政绩。值得一提的是青岛的旅游业，由邢契莘牵头编制的《青岛市施行都市方案计划方案初稿》明确将青岛定位于"兼工商、居住、游览"等功能于一体的城市，为现在的青岛旅游业打下了基础。邢契莘在崂山建设

方面，下了很多力气。除配合沈鸿烈到省政府申请崂山新界成功外，还率领工务局，开辟进崂山的道路。比如1934年新修的柳树台到北九水的公路，使游客直接可到北九水，现在仍然发挥作用。另外还新修了北大路（北九水到大崂观），并与五大路（五里岗到大崂观）连接，从而改变了游客从台柳路（台东到柳树台）到崂山游玩要原路返回的状况，可使游人作环行游览。在崂山旅游设施的建造方面，构思巧妙，狠抓质量，至今崂山旅游景区的梯子石还发挥作用。

邢契莘和妻子刘云璇共生育三子二女。妻子1946年病亡后，邢契莘于1947年底与钟葆琛再婚，婚后未生育子女。钟葆琛于1963年改嫁。1935年，邢契莘出资在青岛市信号山路27号购买土地二亩一分三厘三毫，建造三层楼房一幢。现在房

邢契莘所写的观瀑亭亭柱对联局部

子还在，其后代在此居住。

现在查明邢契莘在崂山的石刻有5处，第一处是北九水观瀑亭（1933年8月），第二处是南九水的"板房桥"（1936年4月），第三、四处是南九水九水沟生态观光园和青岛博物馆里的"六乡区道路图"（1936年12月），第五处是崂顶的"思危"（1937年4月）。分别介绍如下。

潮音瀑北侧崖顶有一亭，这就是"观瀑亭"。亭古色古香，在门楣上有题字"观澄"两字，支撑亭子的六根石柱刻有文字，是邢契莘的题联，可惜的是字被水泥封住，看不出原题字的模样。亭内还有刻字"鱼鳞口为劳山泉之大瀑布，游人玩赏，每作勾留，特辟此亭，藉供休憩。沈鸿烈，民国二十三年"悬于上方。"观瀑亭"是北九水最古老和珍贵的小亭，经历了80多年的风风雨雨，小亭完好无损，刻字清晰如初。后来有网友带了一些"考古"工具，考证楹联为：

试循一水二水以至九水历尽白石清流始叹观止，

无论闲人忙人凡是游人来从红尘热民那不意消。

德占时期，1900年前后开始修建由青岛台东镇经河西、李村、九水至崂山柳树台的台柳公路，路宽5米，可通汽车，这是山东省内的第一条公路。在柳树台下经过的第一座跨河石桥，名叫"板房桥"。这三个字被刻在桥中间的石护栏上，两边都有。板房桥是一座单拱石桥，厚重的石料砌起的这座石桥，外形看起来相当坚固，初由德国人修建，1934年后重建。

1929年，由青岛市政府出面，雇佣和征调大批工匠、民夫，拓宽旧路，增建新路，开辟新的旅游线路，修建了大量的乡村道路。1936年，由时任青岛市工务局局长的邢契莘撰写碑文，并找工匠刻出六乡区道路图，在青岛主要交通要道树碑。市民和游人可根据道路图，明确自己所处的地理位置，方便自己的行程，这在当时信息不发达的旧社会，无疑是功德无量的好事。在今天看来，石碑补充和丰富了青岛地区的文献资料，对研究青岛的交通史有重大意义。

《六乡区道路图》全称为《青岛市四沧、李村、劳西、劳东、夏庄、浮山六乡区道路图》。当时在青岛设有多处该石碑，

青岛市博物馆院内的"六乡区道路图碑"碑文

统一制式，灰色大理石碑身，花岗岩底座，

"思危"石刻

碑高 2 米，宽 0.7 米。经历 80 多年的风风雨雨，碑上雕刻的地名还很清晰，很多地名没有什么大的变化。地图下半部分就是邢契莘撰写的碑文。石碑的反面是《青岛市四沧乡区道路筑造及修养工程纪要》，文字模糊。目前青岛市还有 2 块这样的石碑，一块在南九水九水沟生态观光园附近，

一块在青岛博物馆东院内。其中博物馆的这块有说明："乡区道路筑造纪念碑"沈鸿烈是 1931 至 1937 年期间，国民党统治时期的青岛市市长，对青岛市政建设及旅游景点建设有过一定的贡献。乡区道路筑造纪念碑记载了青岛道路建设历史中的一段史实，奇怪的是有关文字和图片资料都没有"乡区道路筑造纪念碑"的记载，《崂山志》只记载有此石碑，但没有收录碑文。

在崂山巨峰南侧最高处有一处石刻，上有二大字"思危"，下有竖排草书："余掌青市公务五载有年，披荆斩棘，深惭无忆。值兹国家多故，每登此山谷，怀水润爱，镌其以念来兹。中华民国廿六年（1937）四月嵊县邢契莘"。这块石刻保护很好，但一直没有文字和照片详细记载下来。20 世纪 80 年代，王集钦先生的《崂山刻石录》也没有收录其中；而 2003 年版《崂山志》虽有记载，可惜把邢契莘记为"邢契华"，留下遗憾。笔者从 2007 年开始多方查证，纠正错误，使"思危"石刻重现天日。

"白云为家"是谁写的

宋立嘉

由于优美的风光和独特的历史，古往今来很多文人名士纷纷慕名来到白云洞，给我们留下宝贵的文化遗产。明代末年，白云洞的道士田白云在白云洞山径一巨石上刻有"白云为家"四字。这是一般志书的表述。那么"白云为家"是谁写的呢？

1999 年出版的《青岛市志·崂山志》是这样记载的："摩崖刻石'白云为家'篆刻在白云洞山径前一巨石上，传为明代末年创建白云洞的田白云道士所题刻。"

2003 年出版的《崂山志》也是这样记载的。

2007 年，我多次实地考察后，在《齐鲁晚报》发表

《白云洞和名人》云："明代末年白云洞主持田白云在白云洞山径一巨石上刻有'白云为家'四字，抗战胜利后，青岛市市长李先良在此字左方派人刻字，记载抗战经过。"

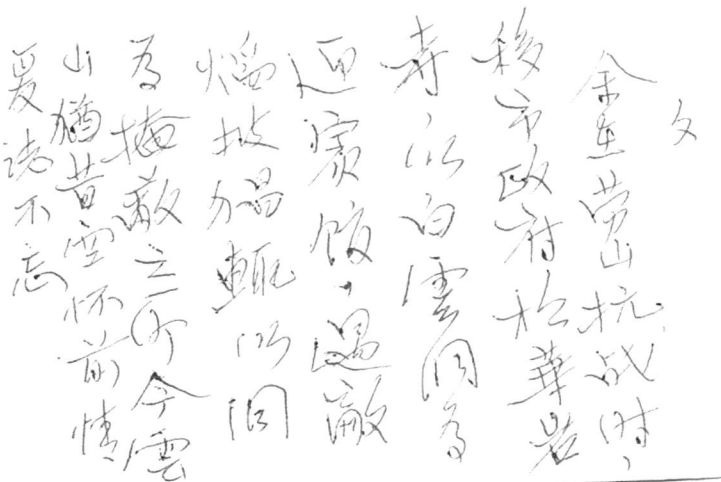

李先良的手迹

后来我多次调研，反复论证，特别是看了《鲁东及青岛抗战纪实：李先良回忆录》得出结论——"白云为家"是民国青岛市市长李先良所题。"余在崂山抗战时，移市政府于华岩寺，以白云洞为迎宾馆。遇敌焰披猖，辄以洞为掩蔽之所。□□□□□□□，民国三十六年二月。"从这里可以看出当年崂山抗战的历史。抗日战争期间，抗日部队曾经在白云洞建枪械所，与日本侵略者周旋斗争。李先良还曾经在白云洞手书"迎宾馆"三字，今已不存。"白云为家"误传为道士田白云所书，侥幸保留了下来。而"白云为家"左方小字不全，被人凿刻掉的痕迹非常明显。这些字要是补齐，该是多好的事情，被破坏掉的石刻是什么？成了我这几年苦苦寻找的事情。

功夫不负有心人，李先良的后人在媒体上看到我发表的《李先良在崂山的石刻》就与我联系，并且把李氏后人从海外

"白云为家"石刻旧影

寄来的 70 年前的老照片《白云为家》和李先良的手迹都给了我，照片的字迹很清楚，我把这些字补齐了。原文如下：

"余在崂山抗战时，移市政府于华岩寺，以白云洞为迎宾馆。遇敌焰披猖，辄以洞为掩蔽之所。今山犹昔，空怀前情，复志不忘。民国三十六年二月，吴县李先良题。"

我们应该将白云为家石刻进行保护，把破坏掉的石刻根据李先良手迹补全。同时做好准备，在新志书出版时，改正以前的错误，还历史真相。

李先良的"表海雄风"石刻

张信喜　林先建

20世纪70年代以前，在崂山区王哥庄街道黄山社区村南排列着三块大石，当地人称为"三叶肝"，在其最东面的那块大石上镌刻着"表海雄风"四个大字及百

余字的撰文。1973—1979年，黄山大队安排部分石匠将"三叶肝"开采成盖房用的丈石。当时黄山村盖的新房大多用的是"三叶肝"大石上的石材。"三叶肝"被开采成石材，"表海雄风"及其百余字的撰文也遭到破坏，已不存在。

随着《黄山村志》的编修，在梳理黄山历史发展的过程中，这一湮没在历史大潮中、逐渐走出人们记忆的石刻线索又重新呈现在大家的面前，既让人感到惋惜，又让人觉得欣慰。惋惜的是，珍贵石刻的消失；欣慰的是，已经被遗忘很久的"表海雄风"石刻又被人记起并记录

《表海雄风》手绘印象图（张信喜绘）

于史志，也为广大热爱崂山的人们提供了一条挖掘崂山历史风物的线索，希望在大家的共同努力下能获得关于此石刻更多的历史资料。

"表海雄风"石刻是为纪念抗日战争中国民党青岛保安总队同黄山村民在 1944 年秋拔掉日伪军盘踞在黄山村的两据点而镌刻的。抗战胜利后，时任青岛特别市市长的李先良来到黄山村，感怀发生在此的黄山战役，亲自提笔撰写"表海雄风"四个大字，并题写了百余字的撰文。由晓望石匠刻在黄山村南洼崖的"三叶肝"大石上。"三叶肝"与原两据点相望，"表海雄风"横排在最东面的那块大石上，大石高约 4 余米，宽近 10 米。四字高约 1.5 米，每字宽约 1 米，深度约 0.15 米，红漆涂描，一进村便醒目可见。

关于百余字的撰文，由于未有相关记录，具体内容已不可考，但从李先良在此撰写"表海雄风"的目的可以推断，撰文的内容是为纪念赞誉黄山之役的。李先良在其《抗战回忆录鲁东及青岛抗战纪实：李先良回忆录》中记述了"崂山区黄山之役"与其他战斗，无论从文风、详细程度上都有很大不同，或许我们能从中捕捉到撰文的一些信息。

黄山矗立海表，形势雄峻，敌在南北两山各建碉堡，分驻伪军百余人，犄角互应。民国三十三年（1944）九月七日我令高总队长率部进攻，伪军凭险顽抗。黄山有敌伪据点二处，控制崂东南北咽喉，至关重要，令高总队长率部务必攻下此二据点，高乃以第一大队防止自王哥庄来援之敌，在太平宫一带戒备，以第三大队防止李村来援之敌，在青山一带戒备，而以第二大队及特务队攻击正面，取包围形势，于午后二时开始总攻，首先将南碉堡附近重要山地占领，继迫近碉堡激战一小时，南碉堡即被攻下，当场击毙伪小队长一名、班长一名，余众遂降。高总队长以鉴于南碉堡攻克之后，士气益壮，乃乘势向北碉堡进攻，该碉堡建于山巅，至为坚固，且以伪中队贾惠卿习顽异常，激战五小时未克，天近傍晚，犹未攻下，高乃选派奋勇队员，以机枪及手榴弹之威力，猛烈冲击，战况空前激烈，经三小时我军突近碉堡，投以炸药，继而蜂涌而入，敌遂被俘。该山遂入我掌握，是役计俘伪中队长贾惠卿一名，伪军四十余名，击毙小队长一名，伪军十余名，掳获步枪三十二枝，自来得手枪二枝，电话机一部，我阵亡上等兵刘永世，及二等兵吕英显二名，伤三名。

崂山在抗战时期是国民党的游击根据地，以华严寺作为战时市政府，以太清宫作为军事干部及保甲长训练的基地，以白云洞为修械所，以太平宫为军需品粮秣库，崂山成为青岛国民政府对抗日本侵略者的中枢。当时李先良在崂山留下多处有关抗日的石刻，华严寺山门前大石壁曾凿有"抗战"两个大字，旁边有"奉行国策，坚持到底"八个小字；白云洞题字"白云为家"并有说明记载了抗战经过；汉河西山岗上的一块巨石石壁上，刻有"光我河山"四个大字；在太清宫后的石壁上刻有

"山海重光"四字及"抗战八周年"五字。

"表海雄风"石刻虽已消逝多年，只是存在于一些上了岁数的人的记忆当中，遗憾而又欣慰，它所反映的那段风起云涌的抗战历史及崂山人民的抗战精神永不会磨灭。

注释：

表海：（1）临海，滨海。《子华子·晏子问党》云："且齐之为国也，表海而负嵎。"宋曾巩《明州谢到任表》云："来廷之国，实为出入之途；表海之城，方始经营之绪。"

（2）为东海之表式。春秋吴季札至鲁，鲁为之歌齐诗，季札闻乐云："美哉，泱泱乎！大风也哉！表东海者，其太公乎！"（《左传·襄公二十九年》），王闿运《丁文诚诔》云："顾表海之泱泱，胡鲸鲵之跋扈。"

铭记骨气的『光我河山』石刻

胡保泰

走在李沙公路汉河段上，路西侧约20米山坡巨石上的"光我河山"四个大字不免映入眼帘。青翠的松林和磐石护卫在其周边，爬山虎的藤蔓勇敢地从一侧攀登到石壁的顶端，愈加显出了字体的刚毅和苍劲风骨。我站立在"光我河山"石刻前，脑中思绪万千，浮现出一个个当地广为流传的抗日故事的画面。

东海崂山地形奇特，沟壑居多，道路多数是沿山脚沟崖而修建。汉河村路段位于李沙路与贾汉路交叉处，呈现为"Y"形，蜿蜒的路穿织在周边几座大山当中，向西通往李村；向北通往北九水及崂山巨峰，向南通往沙子口及登瀛村、青山村。路旁山体陡峭，是进出崂山的交通要道，历来为兵家所重视。据史料记载："德军于1897年11月14日侵占青岛。七年后，即1904年，为巩固对青岛的广大地域统治，其中在汉河村西山之巅的巨石前构建暗堡——瞭望哨所，直接俯视公路。"

日本侵略者第二次占领青岛期间，经常进入崂山扫荡，为巩固其统治，除在李村设有办事处外，还驻有大批日伪军，同时在崂西区的沙子口、汉河、柳树台、登瀛、大崂村设据点五处，在夏庄区法海寺等设据点两处，在崂东区的王哥庄、黄山设据点两处。可以说是据点密布，碉堡林立，若对路径不熟，想进崂山是寸步难行。正是在日本侵略者这种严密的控制下，李先良题写"光我山河"四个大字，刻于汉河村西的巨石上，以志抗击侵略者、光复中华的决心。

日本侵略者控阻交通要道，在汉河村周边垒起3米多高的围墙，村民出入村庄必经其村口设置的栅栏门，并在汉河村西山，原德军所

1943年，青岛市代市长李先良（右戴孝者）与高芳先在"光我河山"前合影

建暗堡处构建碉堡。碉堡高三层，状如小楼房，老百姓称"炮楼子"。碉堡内驻扎着"二鬼子"（即伪警），他们指令汉河村长派壮丁为其轮流值班，每班两人，一个人在炮楼子，另一个人在村公所。值班人员担负挑水、抹桌子、扫地、送饭、送信等事宜。

1940年夏天，即将收割小麦，赤日炎炎，日本军队要在汉河西山修碉堡。崂西区所辖的竹窝、柳树台、王子涧、大石、九水、汉河、南龙口、北龙口各村都被要求出人干活。炮楼修在山坡上，车上不去，运来的石料放置在村西山脚下场院，然后由石匠加工凿好，再让人抬肩扛运往山上。当时只有伪警监工。

有一天中午吃饭时，突然有人喊："巡官被打了！"人们跑到场院一看，姓薛的伪警躺在地上，身上挎的枪没有了。这可激怒了伪警，他们把所有修炮楼的人集合起来，并在外面围成了一个圈。许元吉是南龙口村带队的，刚从上海做工回来，穿戴整齐，被伪警叫了出来，不问青红皂白，就是一顿拳打脚踢，刚要开口解释，又上来四个一顿毒打。同村人上前解释，又遭棍棒打。然后伪警按各村点名，发现王子涧少一人王立准，伪警便让王子涧的民工带领他们到王立准家。结果他不在家，于是就把王立准的母亲和弟弟抓了起来，逼着他们交出人来。

王立准没有找到，最后把南龙口村修炮楼的许元吉、许方高等8人，押送到李村日本人监狱受审，用尽灌辣椒水等酷刑。

因为看到许元吉穿着新鲜整齐，伪警认为他是谋划者，是卧底，所以对南龙口人严加审讯，把许元吉拷打得几乎不省人事。最后汉河乡长出面解释，各村又赔款，这才把人放了。

王立准年轻力壮的，平日见到"青保"队员身挎盒子枪打鬼子的威武劲儿，很是羡慕，一直期盼着加入"青保"。但在当时，青岛保安总队有个规定，要加入"青保"，必须要从敌人手中夺得一样武器作为条件，称为"见面礼"。于是在场院运石料时，王立准看准了时机，出其不意，给姓薛的伪警当头一扁担，将其打昏，抢走了伪警身上背的盒子枪，向山上跑了，实现了他的愿望。

碉堡修成后危害当地百姓，控阻交通，行人路过汉河村提心吊胆，老百姓愤愤不平。青岛保安总队也早将这颗交通要

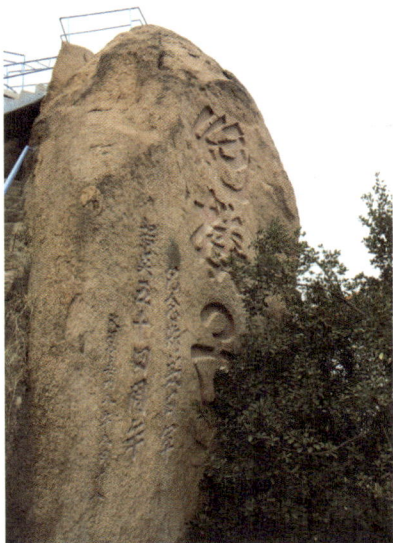

汉河炮楼子石刻

道的"钉子"列在拔除的计划中。1944 年 6 月，"青保"为巩固和扩大自己的势力，扫清日本侵略者插在崂山的"毒刺"，开始对崂山日伪据点逐一拔除。攻占时间持续三个月，他们采取了"联伪打伪"的策略各个击破。1944 年 7 月，青岛保安总队攻夺崂山日伪据点之初，一是利用人事关系和威胁等手段，规劝伪军投降；二是先攻弱点，而后集中攻坚。命令下达后，第一大队长孙克送部，要将驻扎在鸿园村的伪军 30 余人缴械；第二大队长于承芳，要乘敌不备夜袭汉河据点迫使伪军缴械投降；总队长高芳先则亲自率特务队，将驻扎柳树台日伪军 10 余人缴械。

在夺取汉河据点之前，"青保"首先按计划攻克大崂据点。大崂是通往崂山北部之咽喉，日军在大崂村北构筑了三层楼的碉堡，驻有胶州调来的伪军中队共 100 余人协力防守，并在碉堡周围挖了 3 米深、3 米宽的壕沟，沟外布有坚固的铁丝网。1944 年 9 月 28 日下午 3 时，青岛保安总队长高芳先率第三大队长董修璋部、特务大队长许京武部等向碉堡围攻。敌人凭恃碉堡坚固，用机枪扫射，一时无法逼近。"青保"年轻队员胡维仓（北龙口村人）以勇士的气魄，抢起了大铡刀上前请战。高芳先一看欣喜，马上调集火力，让机枪射手渡贯峰作（投诚"青保"的日本士兵）等用

机枪压住敌人机枪，掩护胡维仓劈开了栅栏门，给部队进攻扫清了障碍。爆破队员顶着钉上湿棉被的方桌，冒着弹雨贴近碉堡，用炸药将敌碉堡炸塌。在全体官兵的奋勇攻击下，击毙伪军 37 人，俘虏伪中队副石荣超及小队长刘子甫等 49 人，获机枪 2 挺、步枪 52 支、自来得手枪 3 支、掷弹筒 1 个、手榴弹 27 枚、战刀 6 把。战后，高芳先赞许胡维仓的勇猛，叫他"好孩子"，邀胡维仓摔跤，要教他武功。激战中"青保"班长刘悦智及战士张先吉、高泽华 3 人阵亡，伤 5 人。

攻克大崂据点的胜利鼓舞了士气。1944 年 9 月 30 日，"青保"计划在返回崂山的途中，拔掉汉河碉堡。在事先派人察看敌情的基础上，将进攻时间选择在晚上。在汉河村西北距离山上碉堡三四百米通往九水的岔路旁的场院里，堆放着人们刚从山上割的晒干的柴草堆，"青保"计划趁天黑看不清人，派人点着柴草垛，趁乱攻

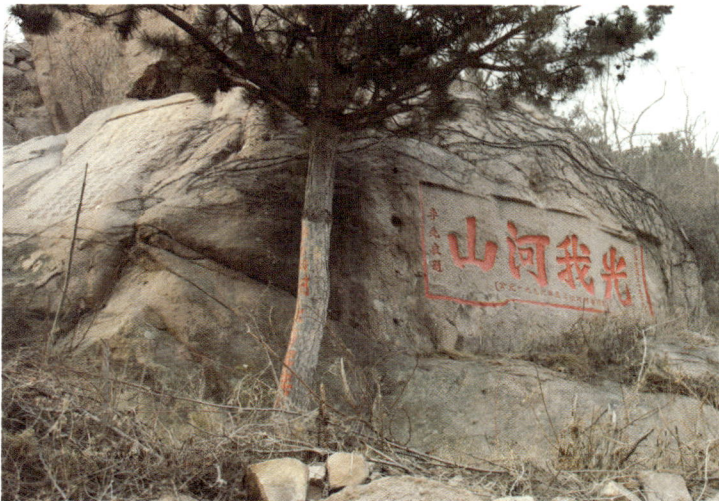

"光我河山"石刻及铭文

下碉堡。晚上 9 时，突然大火熊熊，火光冲天。有人喊："快救火啦！"这时村里的人们跑出来挑水救火，人们的呐喊声夹杂着"噼里啪啦"燃烧的柴草声，人们只管忙着救火，目光都集中在火场，就连碉堡的伪警也跑出来看着救火的光景。就在这时，"青保"第二大队在队长于承芳的指挥下，队员早已经从龙口岗沿南山埋伏在碉堡周围树林里。一看山下场院大火冲天，时机一到，一声令下，"青保"队员们趁敌人无防备，迅速冲进碉堡，给敌人一个措手不及，没放一枪，就迫使伪警缴械投降。"青保"队员顺利地将碉堡拿下，俘虏了碉堡内所有伪警。"青保"队员向场院着火方向呼喊，后来人们才明白，"青保"点火这是用的一计。

1946 年 9 月，崂西区百姓为纪念抗战胜利，铭记拔除汉河据点的功绩，在"光我山河"石刻旁镌刻了青岛保安总队攻克汉河村西山伪警据点的铭文，全文如下：

汉河为青岛市通劳西区必经之大道，河水映带，秀峦耸峙，形势冲要。敌占青岛之翌年，即在村西山麓构建伪警据点，控阻交通，妨害至钜。民国三十三年（1944）九月三十日，我保安总队于攻克大劳返程途中，以破竹之势，将汉河伪警据点攻克之，数年妖氛於焉廓清。是役计俘伪警士十二名，卤获步枪九支、手榴弹十三枚、电话机一部。

劳西区全体民众敬志
中华民国三十五年（1946）九月

70 多年的风云变幻，青山巨石依旧在。"光我河山"四个大字铭记着中国人的骨气，这气概回荡在崂山大地，气壮胶州湾畔。

（本文根据南龙口村许方高、北龙口村胡孝信口述整理）

曾琦夫妇游崂山留下的石刻

李知生

曾琦（1892—1951），字慕韩，1892年9月25日生于四川省隆昌县响石镇涟鱼荡的一个富裕官宦家庭。他年轻时曾经到日本和欧洲留学。1923年，在法国成立中国青年党，任青年党领袖。北伐时期，曾琦曾经会见孙中山，反对孙中山提出的"联俄联共"的政策。1946年11月，曾琦参加国民党召开的国民大会，被指定为大会主席团主席。1947年4月，曾琦代表青年党，与蒋介石、张君劢等签署《共同施政纲领》，正式参加蒋介石政府，出任国民政府委员。1947年夏，蒋介石决心"剿灭"共产党，曾琦积极为蒋出谋划策，得到蒋介石的鼓励和嘉奖。1948年3月，曾琦参加国民党的"行宪国大"。4月19日，他代表青年党致电国民党，祝贺蒋介石当选"行宪第一任总统"。会后，曾琦被聘

为总统府资政。1948年10月，曾琦被国民党政府委派，到美国进行外交活动。同年12月，中共中央公布第一批国民党战犯43名，曾琦名列第42名。1951年5月7日，病死于华盛顿，时年59岁。

曾琦在20世纪30—40年代，曾经多次来青岛到崂山旅游。1944年曾琦在天津和周若南结为伉俪后，于1946年秋天到青岛时，受到市长李先良的热情接待。曾琦夫妇曾经住在北九水疗养院，在崂山游玩多日。曾琦在崂山游览时曾经写下多首游山诗，在其后人编纂的《曾慕韩先生遗著》文集里收录有四首。其中由夫人周若南书写、在崂山华严寺前华严路石壁上镌刻的有两首：一首是赞扬青岛市市长李先良当年率领"青保"在崂山抗战的，另一首是步憨山大师韵和诗。

曾琦赞扬李先良崂山抗战的诗刻

赞扬李先良在崂山抗战的诗文为：

倭陷青岛，李先良君以文人率兵守崂山，始终未失，越八载卒获光复，故物爰赋一绝以纪其功。

百战犹存射虎身，临淮韬略信无伦。

崂山胜地凭君护，我欲移居东海滨。

民国三十五年（1936）九月二十九日蜀南 曾琦 周若南书

曾琦的这块诗词石刻，镌刻于华严寺塔院下方 30 米处、舒壮怀[1]书写的"壮游"一石的东南部位。20 世纪 50 年代初期被凿掉，如今原石被凿掉的痕迹犹在。

另一首是《游崂山华严寺次憨山大师原韵》，其诗文为：

避地齐东愿久荒，偶携良友一褰裳。

名僧佳句留禅寺，大海潮音送夕阳。

蹑足未能登绝岩，濯缨犹喜在沧浪。

劳人例合崂山住，且枕诗囊卧石床。

憨山，明代江南著名高僧，曾担任杭州灵隐寺住持多年。他来崂山后，曾经在太清宫前建庙宇海印寺。海印寺在万历年间（1572—1620）被毁。文化大革命前，华严寺藏有他书写的中堂字幅和诗词真迹，书法均为上乘。憨山大师的原作为：

独上高台眺大荒，飞来空翠湿衣裳。

一林寒吹生天籁，无数昏鸦送夕阳。

厌俗久应辞浊世，濯缨今已在沧浪。

何当长揖风尘外，披服云霞坐石床。

曾琦在华严寺游览时看了憨山大师的书法真迹，步韵写了这首和诗。如今，曾琦这首和诗的石刻也在 20 世纪 50 年代被凿掉，没有资料照片可供参考。

曾琦夫人周若南为浙江（后迁天津）周姓大家闺秀，书画皆工。其伯父周善培，是民国著名风云人物。由曾琦作诗，周若南书写的夫妻石刻，在崂山还是罕见。如今在老照片中看到的这块夫妻石刻，大概为崂山石刻中的唯一一处。

注释：

①舒壮怀，日伪时期北京伪华北政府工务局局长。1940 年 7 月 18 日，曾经遭京津青年学生自发组成的"抗日杀奸团"刺杀，但只受伤未毙命。阴阳差错的是，汉奸的石刻被保留了下来，却把曾琦赞扬李先良崂山抗战的石刻凿掉了。

黄苗子的崂山石刻

宋立嘉

崂山这座海上名山，自古以来就吸引了许多名人大家涉足其间，奇峰秀石上，也留下了众多名人的书法佳作。每一处石刻都是一个有价值的人文景观，石刻背后都有一个与名人有关的故事。

黄苗子是享誉海外的老漫画家、美术史家、美术评论家、著名书法家。在专攻书画的同时，兼有美术论文、散文诗词等作品发表。纵观他的艺术生涯，最大的成就当推书法。黄苗子自12岁师从书法家邓尔雅，90岁高龄时仍笔耕不辍，于2012年去世。

1981年夏天，黄苗子、郁风夫妇来到青岛，游览了崂山，应时任青岛市委宣传部部长董海山之请，书写了郁达夫1934年咏蔚竹庵的诗："柳台石屋接澄潭，云雾深藏蔚竹庵。十里清溪千尺瀑，果然风景

黄苗子书郁达夫咏蔚竹庵诗刻

似江南。"这首诗虽短，仅28个字，但道出了蔚竹庵秀美的特色。柳台，即庵西南3千米的柳树台。石屋，即双石屋。十里

清溪指发源于源泉的凉清河，千尺瀑和澄潭指东南0.5千米处的潮音瀑和深达5米的靛缸湾。蔚竹庵就建在这奇石、溪、瀑、潭和云雾之中，其景犹似江南山水。此诗刻于内九水的二水路边双石屋村中的巨石上，幅高4米，后有小字一行："《自柳树台游靛缸湾竹庵》诗一九三四年郁达夫作，一九八一年夏苗子书。"

"东海雄风"石刻

1981年7月25日，黄苗子在游览北九水时有感而发："游踪不到鱼鳞峡，不识崂山风景奇。三面苍崖萦碧树，千重涧水汇清溪。我初目眩疑迷幻，泉作琴音引梦思。觅句艰难终未惬，故应写出无声诗。"我们在靛缸湾仙坊的旁边可以欣赏到潮音瀑左侧黄苗子的书法石刻，领略大师的诗词内涵和书法真谛。此石刻通幅高2米。

在内三水还留有一处黄苗子的墨宝"鹰窠河"。内三水即鹰窠河，峭壁高不可攀，古时多鹳鸟栖居，刻石正当鹰窠涧与内三水相汇处之北岸。最让人难忘的是黄先生在龙潭瀑布下方的"龙吟"石刻，字写得好，刻工也非常深厚。当时刻石的时候是在冬日，借瀑布水小的时候，从瀑布上方放下吊索的脚板，由石工手工把黄先生的字一锤锤凿出。从高空中飘落的水花被风一吹，淋湿了棉衣，不久就冻成"盔甲"，脚架上的木板结了一层薄冰。石工如此辛勤工作，为我们留下了先生的书法珍品。"龙吟"为隶书，字径1米。

在游览崂山太清宫的时候，黄苗子先生还留下墨宝"东海雄风"。这块石刻位于太清宫东山路中，字面南，隶书，字径80厘米。1980年，黄苗子游崂山时自选景点而书并上石。我曾经在1983年游崂山时，拍摄下这石刻。可惜的是，1990年8月29日下暴雨的时候，石下被冲垮，岩石竟滚落下来，字也改变了方向，但先生的书法却永远留在青岛人的心里。

崂山的同字石刻

宋品毅

崂山众多石刻中，不少是同字的，即"字"相同，意思相同。

"海上名山第一"

目前有 4 处。分别在巨峰景区、太清景区、八水河景区和华楼山景区。

巨峰"海上名山第一"石刻

巨峰南观景台"海上名山第一"是同字石刻最高的一处，是我国著名书法家武中奇先生 95 岁时题写。苍劲的笔下挥出的既是字又是画，蕴含着老人对崂山的无限深情。

太清景区"海上名山第一"六字之字径 15 厘米，行书，镌在由公路入太清宫之盘道左侧山峰上，即大通口道旁"太清胜境"处，此处右转即可进入太清宫，直行可到垭口，由王梦凡书。值得一提的是，这是崂山 20 世纪 80 年代前唯一带有印章的书法题字石刻。

八水河景区"海上名山第一"石刻位于八水河停车

场上方，巨大的"海上名山第一"题刻是此同字石刻字最大的，吸引游客纷纷到此石刻前合影留念。

据考证，华楼山的"海上名山第一"石刻是此同字石刻最古老的，其字为明代山东巡抚赵贤所写。赵贤，明代汝阳（今河南汝南）人。嘉靖年间（1522—1566）进士，曾任户部主事，累迁右佥都御史，巡抚湖广，卓有政绩，终于南京吏部尚书之任。赵贤曾于万历初年游览崂山之华楼山，书写并镌刻"海上名山第一"碑于清风岭，高度评价了崂山的自然景观，可惜此碑已被破坏消失。我想，"海上名山第一"的名号应源于此吧。

"道教全真天下第二丛林"

石刻有 2 处，一处在太清宫出口处，字较小，是近几年新刻的。一处在太清宫到垭口的盘山路旁，"波海参天"刻石略北的山谷中，非常醒目。该刻石字径 1 米，王蕴华书，1980 年 5 月 1 日镌刻完成。

"仙古洞"

同字石刻分为古代版和现代版 2 处，仙古洞的洞为卵形，内壁光滑，可容一榻，明清时常有游人宿此洞并有诗咏，民间传为何仙姑渡海时曾息于洞内。明代登州武举周鲁曾题"仙古洞"三字于洞左，为丛林所蔽，游人多不知，此为古代版。1982 年，增刻"仙古洞"三字于山坡巨石上，字径 1.5 米，游人在北九水景区停车场便遥可相望。

"山海奇观"

同字石刻有 2 处。一处在崂山返岭村、公路主干道西侧、景区车停车场北边，俗称砥柱石的巨石上。面东刻有"山海奇观"四个大字，字高近 3 米，居崂山古代刻石之冠。题刻苍劲有力，一看便知是书法中的上品。书写者是清乾隆年间（1736—1795）的重臣，曾三度任山东巡抚的蒙古族官员惠龄。另一处在仰口狮子峰。刻石与"明明崖"石刻并列，为明隆庆二年（1568）冬十月江右邹善题。这处"山海奇观"刻石 1982 年修复，字径 40 厘米。

"狮子峰"

同字石刻都在狮子峰。在狮子峰下南面，有小字两行，字径 10 厘米，刻有"民国二二（1933）、六狮子峰陈介卿题"。陈介卿为东北人，又名陈兴亚，号梦歙山民，为张学良所属东北军军官，1933 年来崂山。因与沈鸿烈有故交，因此主持崂山旅游建设的邢契莘，便请陈兴亚在崂山题写了大量的石刻。另一处同字石刻"狮子峰"为草书，字径 3 米，是已故山东省政协副主席余修书，1982 年秋刻。

拍摄于 20 世纪 30 年代的"山海奇观"石刻

"山高水长"

一处在太清宫盘道左侧，徐世昌题记之左前。这是清代俊秀的馆阁体横列字，每字字径 50 余厘米。据传该字为清末即墨知县、定陶县人曹蕴键游崂山时，站在老君峰极顶面对沧海，远眺长天大海，顿发山高水长之感，于是留下了此题刻。另一处在北九水六水北岸 40 米高之悬崖峭壁上，竖排，为内九水最高最大的刻石，为全国人大原常委会副委员长楚图南书。一横一竖、一南一北，这同字石刻颇有韵味，如果体力好，一天内同赏山高水长，会留下深刻体会。

"梯子石"

山中石阶俗称"梯子石"，西起登瀛，东止于青山口，绵延 10 余千米。"梯子石"石刻一处在阴凉涧的西山高处，一处在垭口白果树西。两处均是贺中祥书。贺中祥，1952 年生，山东青岛人，为中国书法家协会理事、山东省书法家协会副主席、山东省书法家协会创作评审委员会主任。

"聚仙台"

一处在太清宫处，太清宫三官殿后之山坡上有石平如台，登台可观沧海。石上原刻有"聚仙台"三个小字，每字约有拳头大小，现已不存。1980 年 5 月又增刻字径 1 米的三个篆字，孟庆泰书。孟庆泰为中国书法家协会会员，山东书法家协会理事，青岛市书法家协会主席。一处在华楼山，陈沂，所书。陈沂，字宗鲁，后改字鲁南，号石亭，又号小坡。明正德十三年（1518）进士，授翰林院编修。任山东参政和提学使时，曾遍游崂山，留下了许多诗文。他游崂山时，带着很多石匠，题字写诗后，石匠便凿刻上石，因此在崂山的许多景点仍可见到他的勒石题刻。

"翠屏岩"

同字石刻在一个地方，真有点书法大赛的意味，镌刻在华楼宫翠屏岩玉皇洞左的是明代巡查道蔡叔逵的书法，草书，字径 70 厘米；镌刻在其下的篆书为明代大学士陈沂的书法，字径 30 厘米；镌刻在玉皇洞上面的是楷书，字径 70 厘米，为明代刻石。

"飞来石"

同字石刻有 2 处：一处在华阴北山黄

"翠屏岩"同字石刻

石洞洞口；一处在北九水景区，自脚窝石南行，有一石飞栖路左崖上，其形如象，字径80厘米。

"听涛"

同字石刻有2处。一处在华严寺，字很大，何人所书，没有记载。一处在垭口往瑶池途中。字镌于沿梯子石登山通往明霞洞和上清宫路口，俯瞰碧波万顷，环顾翠松遍山，海涛松风，不绝于耳。游人登临至此，心旷神怡。该石刻为草书，字径50厘米，杨慕唐书。

"道山"

同字石刻有2处。一处在上清宫，玉皇殿东有一石洞，石上刻此二字，为丘处机初到上清宫时所题。一处在下黄石洞洞口处，也是丘处机所题。

"太清宫界"

同字石刻在《太清宫志》中共记载有9处，目前为止共找到7处。分别是：在大平岚古代梯子石路的最高处，旁边有石刻"梯子石"；在南天门山口处的大石上，旁边有石刻大字"南天门"；在大流顶下的大石上；在烟袋锅山口的巨石上；在海门涧上游"化化浪子"石刻旁；在"化化浪子"西北方向的山涧中，旁刻有"大溝"；在阴凉涧北望海浪顶山顶，旁有"望海浪顶"。"太清宫界"同字石刻对研究崂山地产历史沿革，道家文化大有裨益。

"公司界"

石刻理论上应该有4处，目前找到3处。它们分别在崂山龙潭瀑布下方，拱桥西面的摩崖石上；大河东椒涧上方蟹子夹附近；崂顶滑溜口到崂顶的山梁路口巨石上，"公司界"同字石刻可以证实崂山的第一个经济实体——崂山森林股份有限公司的存在，对研究崂山绿化的历史，解决长期困扰地图工作者的崂山"公司涧"名称来历的困惑很有帮助。

"界"

"界"字是崂山较多的同字石刻，别小看这单独一字，意义重大。这有点像现在马路上的双黄线，其实是一堵看不见的墙，你压线就违反交通法规，要罚款扣分。同样道理，"界"也是这理：你越界打猎、割草、种庄稼，就可能被驱逐，甚至吃官司。同治（1862—1874）末年，崂山著名的"伐山"事件，村民和太清宫道士因为

"百寿峰"石刻

"界"进行械斗，惊动官府。为了缓和矛盾，后来又出现了很多"官山界"同字石刻，以表明这是政府的地盘，避免了为"界"争斗的情况。这两种同字石刻崂山最多，没有具体统计，但经常爬崂山的人会在重要的山梁口、路口的石头上轻易找到。

"寿"

仰口有寿字同字石刻。1993年，崂山风景区管委会在仰口游览区的太平峰的石壁上，镌刻了一个高20米，宽16米大寿字，中国书协代主席沈鹏欣然命笔"天下第一寿"，一并镌刻于"寿"旁。1996年，又在此基础上兼收沈鹏、启功、黄苗子、吴中启等39位书法名家的墨迹，并蓄魏碑、隶、篆、草等多种字体，在太平峰的石壁上形成了群"寿"刻石景观。表达了大寿、多寿、寿与山齐的美好祝福。

崂山"福"字石刻

白秀芳

崂山有很多石刻，其中有不少的"福"字石刻，这和旧时生活困难有关。每年过年贴"福"字，要花费不少纸张笔墨，而人工劳力相对便宜，于是找个吉祥地，刻上"福"。

在北宅有个杨家汪村，清代就消失了，村中的古井砌石上有"福"字石刻，因为没有文字记载，估计有300多年的历史了。

在华楼山与华岩山之间有一条幽邃狭窄的山涧，当地人叫它为"马虎涧"。溯涧向西南行，山涧两侧奇松怪石交相掩映，极为清幽。约行二里时，山涧分为两路。朝向南去的山涧走到尽头，四面黑白岩壁耸立如城，是一清静的山谷，叫"白鹤峪"。因山崖上栖息着许多野鸽，因此又名"鹁鸽峪"。白鹤峪南面悬崖上有一泉，泉水飞流直下，形成壁间瀑布。远处眺望，

宛如一匹白练垂挂于绝壁上，这就是著名的"天落水"。瀑布跌落涧底，水花四溅，秀美而又壮观，所形成的清澈深蓝的水潭叫"白鹤潭"。附近有镜岩楼遗址，是明万历年间（1572—1620）兵部尚书黄嘉善的三子黄宗庠所建，周围竹林围绕，梯田层层，奇松怪石交相掩映，是清幽之地。在此习字赋诗，远离官场，难怪有《镜岩楼诗集》留世。在附近的岩石有个大"福"字石刻。

最近在考察神清宫过程中发现丘处机手迹"福地"两字。据记载，从大崂沿山径而上可到神清宫，路旁石上镌有丘处机手书"访道山""游仙仑""寻真"。后二石已失，现只存"访道山"三字。在"访道山"三字对面的山崖上，刻有"福地"两字，经查资料，此两字没有记载。字是

丘处机手书"福地"

最近村民淘清水泉发现的，以前被掩盖，经清理字显现出来，好心的村民还找红油涂上。丘处机曾经在上清宫写过"福"字，经过照片判断，是丘处机手书。丘处机（1148—1227）为金元之际著名道士，金真道"北七真"之一，"龙门派"尊奉之祖师。字通密，号长春子，世称长春真人。登州栖霞（今属山东）人。曾经三次来崂山，并命名崂山为"鳌山"。丘处机在崂山留诗40首，全部镌刻于摩崖石上，分别分布在太清宫、白龙洞、上清宫，而唯一的一首词"青玉案"镌刻在上清宫东北竹林的一块浑圆石上，而在道山石上手书"福"字石刻留作纪念。

20世纪80年代，崂山开发石刻，在崂顶刻有双"福"石刻。走上登山栈道，

隔谷相望，对面岩壁上镌刻着两个巨大的福字，是仿照我国东晋时期大书法家王羲之的手书刻就的，字势雄健，十分醒目。为便于大家观赏，沿途还修建了3处观景平台，分别是"望福台""聚福台""得福台"。王羲之，字逸少，琅琊临沂人（今山东临沂），一生潜心攻研书法，博采众长，精研体势，尤其擅长正书和行书，他的字为世人所推崇。据说有一年春节前，王羲之为自家写对联，贴在门上总是被人偷偷揭去。眼看春节到了，他急中生智，又写了一副对联：上联是"福无双至"，下联是"祸不单行"。这副对联的字意很不吉利，就没有被人揭走。第二天除夕日，他在每句联语的后面各增加了3个字，变成了"福无双至今日至，祸不单行昨日行"。这副对联成为名句，流传了下来。

崂顶双"福"石刻

崂山很多农家宴饭店和住户，多喜欢在门前刻"福"字，这类"福"字石刻多的数不清。在南九水靠近河边的位置，前几年疏通河道挖出一巨石，找了名家写一"福"字，成了当地一家饭店的招牌。

龙潭瀑的石刻

宋立嘉

龙潭瀑过去叫玉龙瀑，是崂山南部最大的瀑布，也是青岛四大瀑布之一，其他三大瀑布分别是潮音瀑、泻云瀑（花花浪）和飞龙瀑。

龙潭瀑在崂山上清风景区内。在八水

河停车场下车后，沿台阶缓步上升，过龙潭水库，老远就听到瀑布的轰鸣声。循声而去，上了一座拱桥，名为"龙吟桥"。桥下流水轰鸣，桥上游人如织；桥栏杆上锁满了拴红绳的连心锁，看上去赏心悦目。

桥的北面就是龙潭瀑。此处是 20 多米高、10 米多宽的悬崖。大雨过后，上游的八水河山洪爆发，瀑布水量急增，滚翻飞腾，冲出石壁，仿佛一条玉龙横空，搅起漫天水雾，如雨似雪。尤其是在日光照耀下，弥漫于瀑布之外，"鳞甲"闪光，似白龙戏水，蔚为奇观，有崂山十二景的"龙潭喷雨"之

龙吟桥

称。瀑布下是一深潭，颜色湛绿，叫"龙潭湾"。潭边是大大小小的没有棱角的圆滑巨石。其中一块，平整如镜，约 10 平方米，人坐石上，仰望飞瀑，俯视澄潭，顿觉心旷神怡。周至元有诗赞曰："凌空乱溅沫，疑是玉龙飞。白挂虹千仞，青山环一围。抛来珠落落，舞处雪霏霏。游客贪清赏，斜阳不忍归。"在龙吟桥的东南面，有一供游客休息的观瀑亭，有 8 根柱子，亭顶玻璃瓦覆盖，有 16 条长龙盘踞亭顶，很多游客到这里，数不清楚到底有几根柱子，几条长龙。

龙潭瀑的著名不仅是因为它的风景，还在于它的刻石，书法大家的笔墨让美景更是锦上添花。

"龙吟"在龙潭瀑泻水口之极高处。水涨时，水漫石刻如帘，似潜龙啸吟；水少时，水飘散如龙，龙头伸进龙潭湾，暴饮泉水。"龙吟"石刻为隶书，字径 1 米，是 1981 年书法家黄苗子游崂山时所书。黄苗子是郁达夫的侄女婿，在崂留有多处手迹。

"潜龙飞瀑"石刻在龙潭瀑左侧下方，草书，字径 50 厘米，为 1981 年书法家沈鹏游崂山时所书。这处书法和黄苗子的书法都是 1979 年至 1983 年期间，时任青岛市委宣传部部长的董海山组织领导实施的。潭前石上有楷书"龙潭瀑"三个字，字径约 20 厘米，笔画尚端正，为龙潭瀑上游教子园村山民曲立秀 16 岁时所书刻。1949 年，国民党逃台抓曲立秀当壮丁，船行海上，曲跳海溺毙，其弟曲立祝参加此处刻石工程，将此字刻于石上。

记事刻石"崂山五四抢险救人英雄群体纪念碑"，是刻在一巨石四周的，这碑是为石建烈士设立的。

1985 年 5 月 4 日，崂山龙潭瀑洪水突然暴发，驻青岛海军一机校战士石建等解放军官兵和青岛市部分干部、职工及公安干警，在游人生命安全受到严重威胁的关键时刻，挺身救人，谱写了一曲社会主义精神文明的赞歌。石建为人民献出了年轻的生命。1985 年 12 月 30 日，青岛市举行了抢险英雄群体纪念碑揭幕仪式。纪念碑主碑是一块 100 余立方米的自然花岗岩，高 4.5 米，面向南，矗立在崂山龙潭瀑旁。碑体上镶嵌着石建烈士的半身浮雕铜像，

"龙吟"在龙潭瀑泻水口之极高处

并雕刻着表现英雄群体抢险救人的长幅浮雕。我国当代著名诗人、原国家文化部代理部长贺敬之的题诗《咏崂山英雄群体》就刻于石建烈士的雕像一侧："西望华岳颂群英，东望崂山又一峰。神州生气终可赖，思飞瀑洪热泪倾"，后署"访崂山咏英雄群体 1985 年 5 月于青岛贺敬之"，字径 20 厘米。原山东省副省长、中共青岛市委书记刘鹏题写的碑名"崂山五四抢险救人英雄群体纪念碑"，字径 20 厘米，镌刻于主碑上。此外，还镌刻了记述其事的纪事碑文，碑文由青岛市张挺撰文，孟庆泰书写，英雄群体浮雕由戴保华创作。在石建烈士的半身浮雕铜像前是观赏龙潭瀑的最佳角度。原渡桥为大方石块排列，山洪暴发，水漫渡桥，非常危险。后来建设了单拱大桥，取消了渡桥。

"龙吟桥"石刻字径 40 厘米，为书法家高小岩所题写。此字在桥栏杆下，拱桥的中上方，因为安全的问题，风管委在桥周围布满铁栅栏，防止游客下水，所以"龙吟桥"石刻，游客很难看到。

而拱桥西岩石上一"公司界"石刻，是无意发现的。2007 年 8 月 11 日，青岛出现暴雨，崂山封山，我冒险赶到龙潭瀑，拍摄下龙潭瀑壮观的喷泻照片。为躲避洪水冲击，我藏在岩石后面，突然发现崂山"公司界"石刻。位于风景区的这块石刻一直没有被发现，是什么原因呢？是因为大暴雨冲刷，把以前涂抹的油漆和杂物冲掉，使"公司界"石刻重见天日。崂山森林公司地产四至是：南至海滨，北至巨峰，

石建烈士的半身浮雕铜像与
贺敬之的题诗《咏崂山英雄群体》

东至八水河，西至民山。这块石刻估计是在崂山森林公司成立后，为防止地界争执而刻的，至今有百年的历史。据记载，1908 年清朝当局将崂山"将军槽"附近之废"官牧场"，以租借"免收租费"拨给即墨人刘锡五等筹办崂山森林股份有限公司。1910 年，由王作梅等筹股 20 多个，筹资 5 万多元，正式开办，场址在崂顶前风庵之后，约计经营面积 10 万亩。这块石刻属于当时的森林公司所有，当时的森林公司几经变更，地界也来回变换过多次，所以"公司界"的石刻应该有四处以上。崂山不光有美景，也有很多石刻，现在景区在册的摩崖石刻有上千块，还有很多尚待发现，每块石刻都是一段历史，都是很有意义的。

南天门邹善题刻勘误

李继伟

青岛崂山华楼风景游览区位于崂山西北部，崂山区北宅街道蓝家庄西，主峰海拔408米，为崂山著名山峰。华楼山因山巅的"华楼石"而得名，以奇峰名石、自然山林景观和道教名胜著称。从元代以来，华楼山就成为游崂山的达官文士必到之处，现在华楼景区是崂山的题词刻石保存数量最多的地方，多达百余处，计字数万。华楼风采，以南天门为最。南天门位于华楼宫之南一向南突出的石崖，上如平台，大可一亩，东、西、南皆临深壑。立其上，可北看华楼诸崮，西南眺石门山，南观五龙，东望梳妆楼，秀峰环列，如展画卷。

明代黄宗昌《崂山志》记有："南天门在华楼前，砥石如台，乔松之荫大如屋，居高而平，崖特出，坐卧其中，东南望巨峰诸胜，迥然心目。"而最能代表此佳处的当为明代山东提学邹善所题石刻，如下图所示。

南天门邹善题刻

邹善，字继甫，号颖泉，明江西安福（今江西省安福县）人。嘉靖年间进士，累擢山东提学佥事，时与诸生讲学，万历年间授太常卿致仕。嘉靖四十三年（1564）任山东提学使（提学又称督学）。他于明隆庆二年（1568）来游崂山，在太平宫和狮子峰留有《眠龙石》（"奇石寄海滨，时有潜龙卧。鲸波几许深，马鬃一滴大。由现代王蕴华书"）和《明明厓》（"闲玩明明崖，日月递来往。沧波渺无涯，空明绝尘想。"）《狮子峰》（"群石如鳌镇巨瀛，坐看霞彩向东生。扶桑催涌朱轮出，八万山河一饷明。"）等绝句，及"犹龙洞""山海奇观""明明厓"题刻。在华楼山将"接官亭"易名"迎仙岘"，及题刻"仙岩""叠石遥连沧海色，华楼高接太清居"等。并写下了《游劳山记》一文，文中对崂山胜景留有"海之奇，尽上苑；山之奇，尽华楼"之精辟评语。但是他在华楼山南天门留下的这处石刻，因是草书写法，前二字字形又过于相近，具体是什么内容，四百多年来却是众说纷纭，莫衷一是。

邹善本人在他的《游劳山记》一文中多次提到他在崂山留下题刻的事，其中描写华楼的一段如下：

复观仙人桥、白龙洞，眠龙石而行，约山行五十里，至华楼。月隐隐映松林间，清光逼人。越晨，观玉皇洞，涉玉女盆。复稍东，坐仙岩以望巨峰。或曰，上苑南即上宫，华楼东为巨峰，游若有未尽者。海之奇，尽上苑；山之奇，尽华楼。涉固

不能尽，亦不必尽也。复游南天门，坐平石上，石如台，前列华楼，后环攒峰，右左覆松数千株，苍翠可掬。天风飒飒，时来作海涛声，与歌声相和。于是纵歌复酌，浑如身历蓬壶中。数时矣，予复问曰："此时念尚有妄乎？"亦咸应曰："无之。"时孙二守元卿、黄大尹作孚设酌。饷罢，下华楼，见一石岩甚奇，问曰："此何石？"众曰："此所谓接官亭者。"因更之为'迎仙岘'。赋曰："相逢俨列仙，人更谢凡缘。传呼仙子避，绝倒石崖巅。"复穿黄石洞，游黄石宫。相顾慨伐树者之愚，与造石椁何异？及暮，兴尽而后归。

文中提到了"迎仙岘"，却没有提及南天门这处，这就给我们留下了诸多疑问。

清代即墨人黄肇颚在《崂山续志》认为是"最乐处"，志中云："赵守道题'华楼胜览'四大字碑。碑今仆，只余'胜览'二字。邹提学题'最乐处'三字镌地上。"原青岛博物馆研究员王集钦在他的著作《崂山碑碣与刻石》中可能也受《崂山续志》影响，认为是"最乐处"，但也提出了"极乐处""乐乐处"等诸多说法。王瑞竹先生在他的《崂山题刻今存》则认为是"乐乐处"。由崂山风管局和崂山文新局合编的《崂山摩崖集萃——华楼篇》中也认定是"最乐处"。笔者去岁盛夏在华楼做拓月余，每每去揣摩此处题刻，因只习篆隶，不辨行草，虽屡次求教于诸师友，亦未得定论。

去岁初冬，有兄张氏子超者自旅顺来青，欲往崂山访碑，问道于笔者。笔者偕

之共游华楼。行之南天门邹善题刻处，复谈及此事，笔者与子超兄凝视题刻良久。子超兄忽拊掌大呼："此'聚'也，必'聚乐处'无疑也！"笔者亦恍然大悟，与子超兄相视大笑。

访碑归来后，亦恐有谬误，复翻阅典籍，终在王子敬《省前书帖》(如下图) 中觅到"聚"字草法。

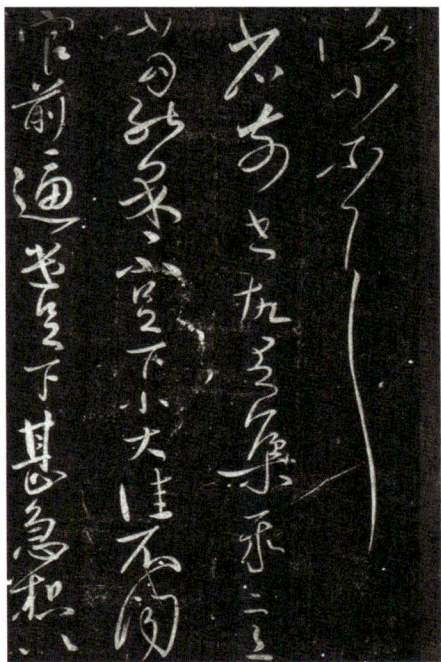

王子敬《省前书帖》局部

其文为："省别书，故有集聚意，当能果不？足下小大佳。不闻官前逼遣足下甚急，想以相体恕耳。足下兄子至广州耶？"其中"聚"字放大后则为下图。

王子敬《省前书帖》中的"聚"字

至此，邹善此题刻可做定论：众论著皆误，"聚乐处"当无异议矣，且较之"最乐处""乐乐处""极乐处"更富诗意，于理更通。

图书在版编目（ＣＩＰ）数据

史迹觅踪 / 青岛市崂山区档案局等编 —青岛：

中国海洋大学出版社，2018.11

　ISBN 978-7-5670-1371-1

　Ⅰ．①史… Ⅱ．①青… Ⅲ．①崂山-文化史-文集Ⅳ.①K

928.3-53

中国版本图书馆CIP数据核字（2018）第261617号

出版发行	中国海洋大学出版社	
社　　址	青岛市香港东路23号	邮政编码　266071
出版人	杨立敏	
网　　址	http://www.ouc-press.com	
电子信箱	cbsebs@ouc.edu.cn	
责任编辑	郭周荣	电　　话　0532-85902469
装帧设计	青岛志鉴信息咨询有限公司	
印　　制	青岛泰兴印刷有限公司	
版　　次	2018年11月第1版	
印　　次	2018年11月第1次印刷	
成品尺寸	185mm×260mm	
印　　张	18.75	
字　　数	330千	
印　　数	1-800	
定　　价	198.00元	